Kohlhammer

Stephanie Klein

Gottesbilder von Mädchen

Bilder und Gespräche als Zugänge zur kindlichen religiösen Vorstellungswelt

Verlag W. Kohlhammer

Die Deutsche Bibliothek – CIP-Einheitsaufnahme

Klein, Stephanie:
Gottesbilder von Mädchen : Bilder und Gespräche als Zugänge zur kindlichen religiösen Vorstellungswelt / Stephanie Klein. - Stuttgart ; Berlin ; Köln : Kohlhammer, 2000
ISBN 3-17-016303-5

Stuttgart Berlin Köln
Verlagsort: Stuttgart
Umschlag: Data Images GmbH
Gesamtherstellung:
W. Kohlhammer Druckerei GmbH + Co. Stuttgart
Printed in Germany

Inhaltsverzeichnis

Zweiter Teil:
Die empirische Kinderbildstudie

Dritter Teil:
Ergebnisse und Diskussion

Vierter Teil:

Ausblick

Einführung

Die Frage nach Gottesbildern und religiösen Vorstellungswelten von Kindern stellt sich heute sowohl in der Praxis als auch in der Wissenschaft in einer ganz neuen Weise. Das persönliche Verhältnis zwischen Erwachsenen und Kindern ist heute vor allen in den Familien partnerschaftlich geworden. Es ist weniger durch Weisung und Gehorsam strukturiert als vielmehr durch Verhandeln, Selbständigkeit und dem Respekt vor Frei- und Entfaltungsräumen. Eltern begegnen ihren Kindern eher als Freunde denn als Autoritätspersonen (Nave-Herz 1994, 61-64). In dem Bemühen um ein Verstehen der Kinder ist ein neues Interesse der Erwachsenen für deren Vorstellungswelten erwacht.

In der sozialwissenschaftlichen und pädagogischen Kindheitsforschung hat sich ebenfalls ein Wandel vollzogen (Honig/Lange/Leu 1999). Sie begreift Kinder nicht mehr primär als zukünftige Erwachsene, die möglichst effizient in die Welt der Erwachsenen hinein sozialisiert werden müssen, sondern als eigenständige Mitglieder der Gesellschaft und als Subjekte der eigenen Lebensentfaltung und -gestaltung. Das Kind wird als eine Person betrachtet, die ihre Umwelt aktiv mit gestaltet, als Subjekt von kreativen Prozessen der Aneignung und Verarbeitung der Wirklichkeit und der Auseinandersetzung mit ihr. Den Perspektiven, Deutungen und Vorstellungen von Kindern wird ein Eigenwert zugestanden, der einen eigenen Platz im Diskurs der vielfältigen Menschen untereinander haben muß.

Auch in der Theologie zeichnen sich Veränderungen in der Einstellung zu Kindern ab. Galt früher das Interesse vor allem der religiösen Erziehung und Entwicklung der Kinder, beginnt heute langsam die Wahrnehmung von kindlichen religiösen Vorstellungswelten in das theologische Blickfeld zu rücken (Synode 1995). Während kontextuelle Theologien die Wahrnehmung der Religiosität von Menschen aus verschiedenen Kulturen fördern, Befreiungstheologien und Alltagstheologien die Religiosität von gesellschaftlich „unbedeutenden“ und marginalisierten Menschen oder feministische Theologien die Religiosität von Frauen, und die religiösen Erfahrungen und Vorstellungen dieser Menschen in den theologischen Diskurs einfließen, steht die theologische Wahrnehmung der religiösen Erfahrungen, Deutungen und Reflexionen der Kinder bislang noch ganz am Anfang. Doch diese ist für eine gemeinsame und dialogische Suche nach den Spuren Gottes im Leben der Menschen und nach einer angemessenen und verständlichen Rede von Gott unverzichtbar. Es geht also nicht nur um die Frage, wie ein tragfähiger Glaube entfaltet und unterstützt werden kann. Es geht auch um den theologischen Diskurs. Mädchen und Jungen sind Subjekte und Trägerinnen und Träger des Heilswillen Gottes. Sie haben ein eigenes Verhältnis zu Gott und Gott hat es zu ihnen. Sie denken in einer eigenen Weise über Gott nach und entwerfen eine eigene Theologie. Sie sind eigenständig glaubende und handelnde (Mit-)glieder des Volkes Gottes. Ihr Glaube ist – so wie er ist und nicht so, wie er im Erwachsenenalter vielleicht einmal sein wird – Teil des Glaubens der Kirche als der Gemeinschaft der Gläubigen.

Diese veränderte Sichtweise von Kindern und die ernsthafte Frage nach ihrem Glauben und ihren religiösen Vorstellungswelten stellen die Praxis und die Forschung vor ganz neue Fragen. Wie können wir die religiösen Vorstellungen von Kindern wahrnehmen und verstehen? Wie bekommen wir einen methodisch reflektierten Zugang zu den Vorstellungswelten von Kindern, der nicht nur unsere eigene Sicht auf die Kinder reproduziert, sondern uns die Perspektive der Kinder nachvollziehen läßt?

Diese Problemstellung griff Mitte der neunziger Jahre das Comenius-Institut in Münster, die Evangelische Arbeitsstätte für Erziehungswissenschaften der EKD, auf. Es initiierte ein ökumenisches Forschungsprojekt zu der Frage, wie die Religiosität von Kindern über Bilder zu erkunden sei. Aus dem gemeinsamen Diskussionszusammenhang der Forschungsgruppe, der ReligionspädagogInnen und PastoraltheologInnen von Universitäten in Deutschland, Österreich und der Schweiz angehörten, entwickelten sich verschiedene Fragestellungen theoretischer, methodologischer und empirischer Art, die die einzelnen Mitglieder bearbeiteten. Die Ergebnisse der Forschungsgruppe werden derzeit in einem gemeinsamen Sammelband veröffentlicht (Fischer/Schöll 2000).

In der Mitarbeit bei diesem Forschungsprojekt und in den Anregungen durch seinen Diskussionszusammenhang liegen die Wurzeln meiner

Studie, deren Ausarbeitung ich im vorliegenden Buch vorstelle.[1] Der Schwerpunkt meiner Arbeit lag auf zwei Fragen: Zum einen interessierte mich der geschlechtsspezifische Blick auf die religiösen Vorstellungswelten und das religiöse Selbstverständnis von Mädchen, und zum anderen die methodische Frage nach Möglichkeiten eines Zugangs zu kindlichen Vorstellungswelten und eines adäquaten Verstehens.
Bislang ist über die religiösen Vorstellungswelten von Mädchen noch kaum etwas bekannt. Die Forschung zur religiösen Entwicklung von Mädchen steht noch ganz am Anfang (vgl. Schweizer 1993; Bekker/Nord 1995, Religionspädagogische Beiträge 1999). Empirische Untersuchungen fehlen noch weitgehend. Die feministische Theologie problematisiert seit langem die Androzentrik der Rede und Vorstellung von Gott in der christliche Religion. Inzwischen liegt eine Reihe von exegetischen, kirchengeschichtlichen und systematisch-theologischen Abhandlungen hierzu vor. Wenig erforscht hingegen sind die Wirkungsprozesse des christlichen Gottesbildes, das vorwiegend in männlicher Metaphorik und Symbolik tradiert wird, auf das Glaubensleben von Frauen und Mädchen. Mich interessierte deshalb die Frage: Was bedeutet das kirchlich und gesellschaftlich tradierte christliche Gottesbild für die Vorstellungswelten, den Glauben, die Gottesbeziehung und das religiöse Selbstverständnis von Mädchen? Wie stellen sie sich Gott vor? Wie gestalten sie ihre Beziehung zu Gott?
Hiermit verbunden ist die Frage, wie ein empirischer Zugang zu den Vorstellungswelten von Kindern überhaupt methodisch möglich ist. Die vorliegenden qualitativen Methoden zur Erforschung von Vorstellungs- und Sinnwelten sind aus der Forschung mit Erwachsenen heraus entwickelt worden. Sie lassen sich nicht ohne Weiteres auf die Forschung mit Kindern übertragen, da sie sich, etwa in Interviews, zentral auf sprachliche Äußerungen beziehen, Kinder jedoch Sprache noch unvollständig beherrschen oder sie anders benutzen als Erwachsene und zudem die Kommunikationsstruktur zwischen Erwachsenen und Kindern in hohem Maße asymmetrisch ist. Das Malen von Bildern bietet sich gerade bei der Arbeit mit Kindern an, weil es relativ unabhängig von der Spra-

[1] Erste Ergebnisse meiner Untersuchung werden in Zusammenfassung in dem Sammelband Fischer/Schöll 2000 erscheinen (vgl. Klein 2000), wobei es auch einige textliche Überschneidungen gibt.

che ist und die Kinder beim Malen der Dominanz von Erwachsenen teilweise entzogen sind. Doch ist die Erhebung und Analyse von Kinderbildern mit vielen methodologischen Fragen verbunden, die geklärt werden müssen. Was bringen Kinder beim Malen zum Ausdruck? Wie manifestieren sich ihre Vorstellungen im Bild? Wie können Erwachsene die Bilder von Kindern angemessen verstehen und interpretieren? Es gibt noch keine ausgearbeitete sozialwissenschaftliche Methode der Erhebung und Auswertung von Kinderbildern, die einen Zugang zum Verstehen von kindlichen Vorstellungswelten eröffnet.

Die hier vorgestellte Untersuchung ist eine explorative Pilotstudie. Zur Erhebung und Auswertung der Daten habe ich eine phänomenologisch orientierte Methode entwickelt, die ich in diesem Buch vorstelle. Durch die ausführliche Dokumentation des Materials und der Entwicklung der Methode der Datenerhebung und der Datenauswertung sollen die Ergebnisse transparent und methodisch nachvollziehbar werden. So wird es möglich, Methoden und Ergebnisse in diesem Rahmen zu verstehen, zu kritisieren, zu modifizieren oder weiter auszuarbeiten. Zur Entwicklung der Verfahren habe ich mich an qualitativen Methoden der interpretativen Sozialforschung orientiert (Grounded Theory, Erzählanalyse, Objektive Hermeneutik, Gruppendiskussionsverfahren u.a.). Hilfreich waren mir zudem Vorarbeiten und Erfahrungen in der empirischen Biographieforschung (Klein 1994). So bilden Ansätze der Phänomenologie, des Symbolischen Interaktionismus, der Ethnomethodologie und der interpretativen Sozialforschung den Hintergrund der hier entwickelten Methoden der Datenerhebung und des Bildverstehens.

Die Untersuchung begann ich experimentell und mit einem offenen Forschungsdesign. Nach ersten Versuchen mit gemischten Kindergruppen zeigte sich die Arbeit mit einer Gruppe von fünf Mädchen zwischen sechs und zehn Jahren, die sich schon lange kannten und fast täglichen Spielkontakt mit einander pflegten, als sehr aufschlußreich. Mit dieser Gruppe führte ich in drei aufeinander folgenden Jahren Gespräche über religiöse Vorstellungen, im Rahmen derer die Mädchen ihre Vorstellungen auch malten. Auf diese Gespräche und Bilder bezieht sich das vorliegende Buch. Erstmals liegt damit eine Langzeitstudie mit Kinderbildern vor.

Im Verlauf des Forschungsprozesses veränderte sich das Forschungsdesign. Wie jede Alltagsforschung war auch diese von Zufällen und unge-

planten Vorfällen und Ereignissen bestimmt. Doch oft waren es genau diese, die zu wichtigen Erkenntnissen oder zur Veränderung der Konzeption führten und zur Fortsetzung des Projekts drängten. Die Praxis der Datenerhebung und –auswertung sowie der Entwicklung von Methodologien und Theorien verlief zirkulär, was in der zusammenfassenden Darstellung nicht zum Ausdruck gebracht werden kann. Was also in der vorliegenden Darstellung nach Erhebungen und Auswertungen, Methoden und Theorien sortiert ist und hier einen logischen Duktus erhalten hat, entstand faktisch in einem zirkulären Prozeß, in dem die Praxis des Malens und Sprechens mit den Kindern, die Auswertung der Daten und die Reflexion über Methoden und Theorien immer neu aufeinander bezogen worden sind. Es ist deshalb durchaus auch möglich, die Teile des Buches in anderer Reihenfolge zu lesen.
Wenn ich mich hier auf die Arbeit mit Mädchen konzentriere und deren religiöse Vorstellungswelten rekonstruiere, dann soll dies nicht als eine Einschränkung der Kindheitsforschung verstanden werden. Manche der Beobachtungen werden in ähnlicher Weise auch für Jungen zutreffen. Gerade in ihrer geschlechtsspezifischen Fragestellung hat die Untersuchung auch für die Jungenforschung Bedeutung. Die geschlechtsspezifisch zugespitzte Perspektive auf die Mädchen, ihr religiöses Selbstverständnis und Gottesverhältnis läßt die Frage nach der religiösen Identität und der Gottesbeziehung von Jungen klarer an Profil und Dringlichkeit gewinnen. Sie legt im Bezug auf Fragestellungen und Methoden Grundlagen für weitere geschlechtsspezifische Studien in der Kindheitsforschung.
In dem hier dokumentierten Material liegt, wie in jedem Sprechen und Handeln von Menschen, ein Bedeutungsüberschuß, der eine Reihe weiterer Interpretationen und theoretischer Überlegungen möglich macht und niemals ganz auszuschöpfen ist. Die hier vorgelegte Untersuchung hat ihre Grenzen darin, daß sie nur einen bestimmten Ausschnitt an Interpretationen realisieren kann. Die von mir ausgearbeiteten Rekonstruktionen und Theorien hängen mit meinen zuvor dargelegten Forschungsinteressen und dem im ersten Teil der Arbeit ausgeführten theoretischen und methodologischen Rahmen zusammen. Es wären also weitere Zugänge, Verstehensmöglichkeiten, Interpretationen und theoretische Ausarbeitungen möglich, die ich hier nicht realisiert habe.

Zum *Aufbau des Buches:* Die Darstellung gliedert sich in vier Teile, die zwar im Duktus aufeinander aufbauen, aber auch je nach Interesse gesondert gelesen werden können. Getrost können auch allzu theoretische Ausführungen, die ich dem methodologischen oder theoretischen Diskurs schulde, übersprungen werden.

Der *erste Teil* entfaltet die theoretische und methodologische Problemstellung. Zunächst umreiße ich die Fragestellung nach den kindlichen religiösen Vorstellungswelten in der Theologie und zeige das Anliegen meiner Studie auf, die eigene Theologie und Vorstellungswelt von Kindern wahrzunehmen und sichtbar zu machen (I.1). Angesichts der männlichen Symbolik und Metaphorik von Gott und der Androzentrik der westlichen Kultur und der christlichen Überlieferung stellt sich die Frage, wie sich diese auf die religiöse Vorstellungswelt und das Selbstverständnis von Mädchen und Jungen auswirken (I.2). Dies führt zu der Frage, wie die Gottesbilder theologisch zu verstehen sind (I.3) und wie Gottesvorstellungen entstehen (I.4).

In den nächsten beiden Kapiteln gehe ich der methodischen Fragestellung nach, wie ein Zugang zu kindlichen Vorstellungswelten über Kinderbilder erschlossen werden kann. Nach einen knappen Überblick über die vorliegende Literatur zu Kinderbildern, vor allem zu Gottesvorstellungen in Kinderbildern (I.5) diskutiere ich die methodischen Fragen und lege meine Methoden der Datenerhebung und –auswertung dar, die ich im Prozeß der Untersuchung entwickelt habe (I.6).

Im *zweiten Teil* wird die empirische Kinderbildstudie vorgestellt. Zunächst zeige ich die Entwicklung und den Verlauf des Projekts auf und stelle die fünf Mädchen vor, mit denen ich das Projekt durchführte (II.1). Dann werden die drei Mal-Interviews dargestellt. An die Dokumentation der Gespräche schließt sich jeweils die Beschreibung der Gespräche und Bilder an (II.2-4). Schließlich arbeite ich die Profile der religiösen Vorstellungswelten der fünf Mädchen heraus (II.5).

Im *dritten Teil* werden die wichtigsten Einzelergebnisse der Studie abgelöst von der jeweiligen Fallstruktur, also der je eigenen Theologie der Mädchen (die freilich den Horizont zum richtigen Verständnis der Ergebnisse bildet) herausgearbeitet, mit Ergebnissen anderer empirischer Studien verglichen und auf der Grundlage vorliegender Theorien diskutiert. Es werden nun weitergehende Schlußfolgerungen gezogen. Die Mädchen bringen Gott sowohl im Gespräch als auch in ihrer bildlichen

Darstellung auf vielfältige Weise mit der Schöpfung und mit Naturerfahrungen in Verbindung (III.1). Sie denken Gott als Person und wissen zugleich darum, daß Gott anders ist als ein Mensch (III.2). Sie stellen Gott in männlicher, weiblicher oder nicht-personaler Weise dar, benennen Gott aber nie als Frau. Dieser Befund wird in der vorliegenden Literatur verifiziert, und es werden weitergehende Überlegungen zur religiösen Suche und Auseinandersetzung von Mädchen angeschlossen (III.3). Abgesehen von diesen inhaltlichen Rekonstruktionen von Religiosität von Mädchen lassen sich auch Rückschlüsse auf die Prozesse der Konstitution und Transformation religiöser Vorstellungswelten ziehen. Es sind Spuren von Bildungsprozessen sichtbar, in denen deutlich wird, wie sich diffuse Vorstellungen klären, wie die Mädchen ihre Erfahrungswelt religiös deuten, wie Aneignungsprozesse stattfinden und angeeignete religiöse Inhalte mit der eigenen Erfahrungswelt in Beziehung gesetzt werden (III.4).

Der *vierte Teil* schließt die Studie mit einigen Hinweisen ab, wie Mädchen und Jungen in der Entfaltung ihrer Religiosität unterstützt werden können (IV.1) sowie mit Überlegungen zu weiteren Forschungen zur Erkundung kindlicher religiöser Vorstellungen (IV.2).

Es ist mir ein Anliegen, in diesem Buch *Praxis und Wissenschaft* miteinander zu verbinden. Indem die Mädchen in der Dokumentation der Gespräche und Bilder selbst zu Wort bzw. zu ihrem Ausdruck kommen, wird ein Stück lebendiger kindlicher Praxis sichtbar. Es soll Einblick in die Forschungspraxis sowie in die wissenschaftlichen theoretischen und methodologischen Diskurse gegeben werden.

Das Buch wendet sich an Eltern, LehrerInnen, ErzieherInnen, an Personen, die mit Kindern zu tun haben oder sich für deren religiösen Vorstellungswelten interessieren ebenso wie an praktisch-theologische und religionspädagogische WissenschaftlerInnen sowie an feministische TheologInnen. Längst schon haben PraktikerInnen die allzu vereinfachte „Blümchentheologie" hinter sich gelassen und interessieren sich für die wissenschaftlichen theologischen Diskussionen. Wissenschaftliche Erkenntnisse gehen heute rasch in alltagspraktisches Denken und Handeln ein. Umgekehrt gerät der Alltag immer mehr in den Blick des theologischen Interesses. WissenschaftlerInnen verfehlen ihren Auftrag, wenn sie selbstgenügsam nur die Einfälle pflegen, die sie ausschließlich wissenschaftsinternen Diskursen verdanken. Gerade angesichts der Knappheit von geistigen und finanziellen Ressourcen muß Forschung auch einen Bezug zur und eine Relevanz in der Praxis haben. Doch bei diesem Spagat ist es natürlich nicht zu umgehen, daß auf der einen oder anderen Seite Ausführungen sehr kurz geraten. Es ist möglich, daß manche Teile nur bestimmte Leserinnen oder Leser ansprechen. So kann die Diskussion der Methoden und ihrer Grundlagen für Forschende interessant sein, die selbst mit Kinderbildern forschen wollen, für andere mag sie vielleicht weniger interessant sein.

Auf der wissenschaftlichen Seite möchte ich mit der Studie einen Beitrag zur Erforschung der religiösen Sozialisation und Entwicklung von Mädchen sowie zur Entwicklung qualitativer Methoden in der Kindheitsforschung leisten. Die dokumentierende Darstellung soll die Entwicklung der Methode transparent machen und ermöglichen, sie nachzuvollziehen. Die Studie wird in den derzeitigen methodologischen, religionspädagogischen und feministisch-theologischen Diskurs eingebunden; dies wird jedoch oft nur in kurzen Verweisen geschehen, um sie lesbar zu halten.

Für die Praxis möchte ich durch das Buch Anregungen geben, mit Kindern gemeinsam die religiösen Vorstellungswelten zu entfalten, die Religiosität von Kindern zu verstehen und zu unterstützen und sich selbst in der eigenen Religiosität herausfordern zu lassen. Doch dies soll nicht in Form von „Anleitungen und Rezepten" geschehen. In einer verlangsamten Weise, der Notwendigkeit zum Reagieren oder Agieren unter dem Zeitdruck des Alltags entzogen, können die Lesenden im Betrachten der Bilder, im Hören auf die Gespräche der Mädchen und im Nachvollzug der schrittweisen Auswertung auf Ideen für die eigene Praxis kommen. Ich möchte denen, die in der Praxis mit Kindern zu tun haben, Mut machen, mit Gesprächen und Bildern zu experimentieren, die Fragen und theologischen Überzeugungen der Kinder wahrzunehmen und selbst Forschende zu werden.

Ganz herzlich danken möchte ich an dieser Stelle den fünf Mädchen, die sich auf ihre je eigene Art auf die Gespräche und das Malen eingelassen haben und mich an ihrem Glauben, ihren religiösen Fragen und Vorstellungswelten haben teilnehmen lassen. Durch ihre Offenheit und Neugier und durch Bettinas Frage: „Malen wir auch mal wieder?" wurde ich ermutigt, mein Projekt fortzusetzen. Mit ihren selbstverständlichen

Vorstellungen und Überzeugungen rührten sie in mir längst von der Wissenschaft verschüttete Vorstellungswelten an und machten mir Mut, diese als einen Schatz einer genuinen religiösen Erfahrungs- und Glaubenswelt zu begreifen. Danken möchte ich auch der Forschungsgruppe des Comenius-Instituts. Die Diskussionen in der Gruppe und die unterschiedlichen Herangehensweisen machten mir ein großes Spektrum von verschiedenen Aspekten des Themas deutlich und sie schärften mein Problembewußtsein. In der Gruppe bekam ich vielfältige Anregungen. Hilfreich war es mir zudem, daß ich einen Teil meines empirischen Materials vorstellen konnte und hierzu wertvolle Hinweise bekam.

Erster Teil

Theologische Fragestellungen und methodische Zugänge

1 Religiosität von Kindern wahrnehmen

1.1 Ein Perspektivenwechsel

In der Kindheitsforschung, in der Pädagogik (vgl. Honig/Lange/Leu 1999) und der Religionspädagogik (vgl. Mette 1996) vollzieht sich seit einigen Jahren ein Perspektivenwechsel, der verstärkt die Wahrnehmung von Kindern, ihren Sinnwelten und Perspektiven in den Mittelpunkt stellt. Das Kind wird nicht mehr so sehr als „Objekt" der Erziehung angesehen, das auf das Erwachsenenleben und ein zukünftiges Leben als produktives und verantwortliches Mitglied der (Erwachsenen-) Gesellschaft vorbereitet werden muß, es wird auch nicht mehr allein aus einer Perspektive der Erwachsenen betrachtet, aus der es als defizitär, unreif und entwicklungsbedürftig erscheinen mußte. Unter der Programmatik der „Perspektive des Kindes" vollzieht sich ein Paradigmenwechsel, der die Kinder als besondere Mitglieder in einer pluralen Gesellschaft ansieht. Es wird wahrgenommen, daß Kinder von Anfang an ihre Sinnwelten aktiv konstruieren und an der Gestaltung ihrer Umwelt teilhaben. Sie werden als Subjekte der kreativen Aneignung und Verarbeitung der Wirklichkeit und ihrer Auseinandersetzung mit ihr begriffen. Sie sind vollwertige Gesellschaftsmitglieder mit eigenen Rechten. Und sie sind nicht nur Adressaten, sondern aktive Interaktionspartner von Erwachsenen, die von Anfang an auch ihrerseits auf die Entwicklung der Erwachsenen und auf deren Welt Einfluß nehmen.
Diese Sichtweise machte sich die Synode der Evangelischen Kirche in Deutschland zu Eigen, die sich im Jahr 1994 mit den Kindern und ihrer Welt befaßte (Synode 1995). Ihr Anliegen war es, die eigene Sicht der Kinder von Leben und Welt ernst zu nehmen und nach deren Wünschen und Vorstellungen zu fragen. Der Perspektivenwechsel, den die Synode

fordert, führt freilich zu einer Fülle neuer Fragen. „Wie sehen Kinder sich selbst, die Welt und die Zukunft? Wie gestalten sie die Welt und die Beziehung zu ihr? Wie bearbeiten sie ihre eigenen Probleme und Aufgaben? Können wir von Kindern wirklich brauchbare Antworten auf solche Fragen erhalten? Sind sie in der Lage, uns ihre Vorstellungen und Perspektiven im Medium der Sprache oder auf andere Weise mitzuteilen?" (Synode 1995, 54). Damit rücken auch die methodischen Schwierigkeiten ins Blickfeld, die mit diesem Perspektivenwechsel verbunden sind: Wie ist Erwachsenen ein Zugang zu den kindlichen Perspektiven überhaupt möglich? Es „müssen praktikable Möglichkeiten, wie die Eigensicht der Kinder aufgenommen werden kann, gesucht, erprobt und kritisch reflektiert werden" (Synode 1995, 57). Hier erwartet sich die Synode von den wissenschaftlichen Forschungen Klärung. „Die Forschungsergebnisse können dazu helfen, die Unkenntnis der Erwachsenen über die Welt und die Sichtweisen der Kinder abzubauen und ihre Initiativen, Zeichen, Sichtweisen, Anfragen, Rückmeldungen, in welcher Form auch immer, und ihre Äußerungen über das, was sie brauchen, zu verstehen und zu interpretieren." (Synode 1995, 55).
Als Bedingung für ein Verstehen und Erziehen von Kindern sieht die Synode eine partnerschaftliche Kommunikation, die die Fragen und Sichtweisen der Kinder ernst nimmt und sowohl die Kinder als auch die Erwachsenen bereichert. „Voraussetzungen dafür sind ein Ernstnehmen der Kinder als Partner in diesem Kommunikationsprozeß, ein Verstehenlernen der ‚100 Sprachen' der Kinder, die Bereitschaft zu verändertem Fragen und Antworten Kindern gegenüber, das Eingeständnis, daß Kinder einen (sic) eigene Religiosität, eine eigene Theologie und eine eigene Lebensweise haben." (Synode 1995, 55). Für einen solchen Dialog sieht die Synode allerdings auch Schwierigkeiten: einerseits gelten die Kinder oft als unzuverlässige Gesprächspartner, ihre Sprach- und Sachkompetenz ist begrenzt. Auf der anderen Seite konstatiert sie auch Widerstände bei Erwachsenen, die im Kern daher rühren, daß sie selbst es oft schon aufgegeben haben, nach Antworten auf die ursprünglichen und weitreichenden Fragen der Kinder zu suchen. So geht es nicht nur darum, Unkenntnisse der Erwachsenen, falsche Theorien und implizite Vorannahmen bzw. Vorurteile den Kindern gegenüber abzubauen, sondern es geht auch um ein kritisches Selbstverständnis der Erwachsenen selbst. „Kinder machen sich ein *Bild von ihrer Welt* – ebenso wie die

Erwachsenen. Sie versuchen, vielfältige Erfahrungen und Eindrücke zu ordnen und zu strukturieren, sich einen ‚Sinn' zu machen. Diese *kindlichen Deutungen* können ein *kritisches Korrektiv* gegenüber den in normative Erziehungskonzepte, auch religiöse Erziehungskonzepte, umgesetzten Theorien von Erwachsenen über Kindheit und Kindsein sein. ... Am Ende könnte sich herausstellen, daß nicht unbedingt das *‚kindgemäß'* ist, was Erwachsene so selbstverständlich dafür halten." (Synode 1995, 50f).

Der Perspektivenwechsel hat viele völlig neue inhaltliche und methodische Fragen aufgeworfen. „Bis heute gibt es in Gesellschaft und Kirche keine Tradition, das den Kindern eigene Verständnis von Leben und Welt und die ihnen eigenen Wünsche und Vorstellungen zu erfragen oder gar ernst zu nehmen." (Synode 1995, 49). Wir betreten mit dem Perspektivenwechsel inhaltlich und methodisch Neuland.

1.2 Kinder als Subjekte ihrer Religiosität – eine theologische Verortung

Die Kinder als Subjekte ihrer Religiosität haben auch theologisch und ekklesiologisch einen genuinen Ort. Der beschriebene Perspektivenwechsel läßt sich deshalb nicht als eine religionspädagogische Randerscheinung abtun; er betrifft die Theologie als Ganze. Kinder sind eigenständige Mitglieder des Volkes Gottes und der Kirche(n) als der Gemeinschaft(en) der Gläubigen. Ihre religiösen Erfahrungen, Fragen und Vorstellungen, ihre Deutungen und Benennungen des Göttlichen tragen zum gemeinsamen Wissen von Gott und vom Glauben an Gott bei.

Auch die Kinder sind „imago dei", Bild Gottes, und deshalb ist ihr Kindsein nicht nur als Vorstufe oder Durchgangsstadium zum entwickelten, erwachsenen Menschsein anzusehen. Wenn man Kindern theologisch bescheinigt und in zahlreichen Religionsstunden beibringt, daß „Gott sie liebt", daß sie also als eigenständige Subjekte von Gott anerkannt sind, müssen sie umgekehrt auch als Subjekte einer eigenen Beziehung zu Gott und eines eigenständigen authentischen Glaubens betrachtet werden. Ihr Glaube muß in den theologischen Diskurs um den Glauben der Kirche einbezogen werden. Er mag anders sein als der von Erwachsenen, aber er ist nicht eine magere und unfertige Erscheinung dessen, was sich die Erwachsenen gegenseitig als „richtigen“ Glauben bescheinigen. Bereits die frühen Gemeinden haben der kirchlichen Tradition die Kritik an einer solchen Auffassung mit auf den Weg gegeben in der Perikope, in der erzählt wird, wie die eifrigen „gläubigen” Jünger die Kinder beiseite drängen wollen, aber Jesus sie in das Zentrum des Geschehens holt und ihren Glauben den Jüngern als Maßstab vor Augen stellt (vgl. Mk 10,13-16 parr).

Der Britische Kirchenrat fordert in einer Studie bereits 1975, die eigene Theologie der Kinder wahrzunehmen. „Unsere Vorstellungen über das Christsein sind hauptsächlich von Vorbildern Erwachsener bestimmt. Erwachsene in nahezu jeder christlichen Tradition setzen voraus, wenn man zur Kirche gehört, dann habe man bestimmte Dinge zu glauben und bestimmte Dinge zu tun. Aber die Dinge, die zu glauben sind, können meistens nur Erwachsene verstehen, und die Dinge, die zu tun sind, können meistens nur Erwachsene tun. Diese von Erwachsenen her gewonnenen Kategorien von Glaube und Verhalten geben aber keinen passenden theologischen Rahmen ab, um den Platz des Kindes in der Kirche zu verstehen. Kindheit verlangt eine eigene Theologie.“ (zit. in: Synode 1995, 65).

Diese Theologie ist aber nicht eine Theologie von Erwachsenen für Kinder, sondern ist die Theologie von Kindern, dic aus den religiösen Erfahrungen und Reflexionen von Kindern entspringt und diese in deren Benennungen und Bilder faßt. Nur dann haben die Kinder ein Instrumentarium, um sich selbst in einer ihnen entsprechenden Weise verstehen und ihren Glauben zu reflektieren. Um diesen Sachverhalt hat die Pädagogik natürlich schon lange gewußt, denn die Kinder klagten ihn auf ihre Weise ein: Sie verstanden ganz einfach die Theologie der Erwachsenen nicht und konnten ihr deshalb nicht folgen. Aber früher versuchte die Pädagogik häufig, die Theologie der Erwachsenen, die sie ganz selbstverständlich für die richtige und eigentliche hielt, mit pädagogischer Intention in kindgerechte – oder was sie sich unter kindgerecht vorstellte – Sprache und Bilder zu verpacken.

Die eigenen religiösen Reflexionen und Benennungen der Kinder sind aber nicht nur für die Religiosität der Kinder, sondern auch für die Theologie der Erwachsenen – oder besser: für die theologische Diskursgemeinschaft von Bedeutung. Wenn wir angemessen über Gott nachdenken und reden wollen und die Offenbarung Gottes im Leben, in der

Erfahrung, im Glauben und Deuten der Menschen verstehen wollen, – und dies ist der Kontext, in dem die Offenbarung nur adäquat zu begreifen ist – dann dürfen wir den Glauben der Kinder nicht ausschließen. Auch er gehört zum gemeinsamen Glauben der Kirche(n).

1.3 Religiosität wahrnehmen: das Anliegen der Studie

Vor diesem Hintergrund läßt sich nun ein erstes Ziel der Studie zusammenfassen: Es ist das Anliegen meiner Untersuchung, diese eigene Theologie von Kindern, ihre religiösen Erfahrungen, Fragen, Deutungen und Vorstellungen und ihre Beziehung zu Gott wahrzunehmen und sichtbar zu machen, zu rekonstruieren, ins öffentliche Bewußtsein zu heben und so in den theologischen Diskurs einzubringen.
Damit ist meine Fragestellung etwas anders gelagert als in weiten Teilen der religionspädagogischen Forschung. Ich vernachlässige die in der Vergangenheit bereits gründlich erarbeitete Frage nach der religiösen Entwicklung, nach dem, was ein Kind schon oder noch nicht kann oder können sollte, und verzichte auch auf das in diesem Zusammenhang entwickelte Kategoriensystem.[2] Im folgenden werde ich die kindliche religiöse Entfaltung als eine ständige Erweiterung und Ausdifferenzierung begreifen, die im Zusammenhang steht mit physischen, psychischen, biographischen und sozio-kulturellen Möglichkeiten und Notwendigkeiten und die begleitet ist von Relevanzverlagerungen. Der Kinderglaube kann dabei transformiert, in andere Vorstellungssysteme integriert oder als bedeutungslos oder falsch abgelehnt werden, aber er verschwindet nicht einfach. Er kann selbst im hohen Alter noch eine eigenständige Wirkmacht entfalten, auch dann, wenn er über Jahre nicht weiter entwickelt wurde. Dafür sind negative Beispiele bekannt, in denen z.B. ein patriarchalischer Richtergott, auch wenn das Bewußtsein ihn schon längst abgeschafft hat, das Leben und Handeln nachhaltig beein-

---

2 Die religiöse Entwicklung von Kindern und die Entwicklung ihres religiösen und moralischen Urteils ist in den letzten zwanzig Jahren erforscht und in Stufentheorien kategorial gefaßt worden. Vgl. dazu: Oser/Gmünder 1984; Schweitzer 1987; Nipkow 1987; Nipkow/Schweitzer/Fowler 1988.

flußt.[3] Der frühe Glaube und das Vertrauen auf Gott kann aber auch eine Kraftquelle und ein positives Potential zur Lebens- und Krisenbewältigung im späteren Leben sein, vielleicht weil er, anders als spätere rationale Aneignungen oder Auseinandersetzungen, oft tief mit der Erfahrungs- und Gefühlswelt verbunden ist. In Grenzsituationen, wie sie in der Krankenhausseelsorge in den Blick geraten, kann an solchen Kraftquellen angesetzt werden.[4]
Für das handlungsfähige Subjekt ist es nicht nur wichtig, einen „reifen", reflektierten und begründeten Glauben zu haben. In biographischen Situationen, in denen es „ernst wird"[5] im Leben, kommt es darauf an, daß der Glaube tragfähig ist. Unter pastoralem Aspekt und im Blick auf den gesamten Lebensbogen scheint mir die Wahrnehmung der religiösen Vorstellungen und Erfahrungen, die im Kindesalter grundgelegt sind, für die Frage nach der lebensgeschichtlichen Tragfähigkeit des Glaubens in existentiellen Situationen, in denen „es ernst wird", von großer Bedeutung zu sein. Unter religionspädagogischem Aspekt stellt sich dann die Frage, wie diese Tragfähigkeit unterstützt werden kann.

1.4 Was ist Religiosität?

Bislang habe ich recht selbstverständlich von Glaube und Religiosität von Kindern gesprochen. Doch wonach suchen wir, wenn wir nach dem

---

3 Ein eindrucksvolles Beispiel dafür ist die Auseinandersetzung Tilmann Mosers mit seinem Kinderglauben, den er ablehnt, der ihn aber zugleich noch als Erwachsener in schwere psychische Nöte stürzt; vgl. Moser 1981.

4 So erzählt z.B. eine Frau, daß ihr Schutzengel sie immer wieder im Leben vor Unglück bewahrt habe und sieht mit diesem Vertrauen einer anstehenden Operation entgegen (vgl. Weiher 1999, 55f). In einer solchen Situation geht es nicht um die Frage, was ein reifer Glaube ist, sondern ob der Glaube trägt.

5 Diesen Ausdruck übernehme ich von dem Philosophen Gernot Böhme (1997). Für ihn entscheidet sich die Frage nach dem richtigen Handeln im Leben in existentiellen Situationen. Moralische Fragen sind Fragen, „*mit denen es ernst ist*" (ebd. 17). „Wie wir uns in diesen Fragen entscheiden, entscheidet darüber, wer wir sind und was für Menschen wir sind" (ebd.). Eine solche Sichtweise hat Konsequenzen für die religiöse Bildung. Es geht dann darum, daß Menschen einen tragfähigen Glauben entwickeln, mit dem sie Situationen bestehen, in denen es für sie oder für andere ernst wird.

Glauben, nach religiösen Vorstellungen und Sinnwelten von Kindern fragen?
Zunächst einmal kann zwischen Glauben und Religiosität unterschieden werden, auch wenn sich beide Begriffe zum Teil überschneiden. Seit Augustinus (De Trin. 13,2 u.a.) wird in der christlichen Tradition zwischen dem Inhalt des Glaubenssystems, also dem, woran geglaubt wird („fides quae creditur"), und dem Akt des Glaubens, dem existentiellen Vollzug („fides qua creditur") unterschieden. Inhaltlich ist der Glaube durch die christliche Überlieferung bestimmt. Doch diese ist nicht der Grund des Glaubens, entscheidend ist vielmehr die Gnade der sich mitteilenden Wahrheit selbst, die Thomas von Aquin als Glaubenslicht oder Instinkt beschreibt („gratia facit fidem": Thomas von Aquin In Io 6 lect. 4)[6]. Dieses Glaubenslicht „führt zu einer unmittelbaren Gewißheit, die nicht in der Evidenz des Erkennens, sondern in dem dem Glauben eigenen Licht und Leben gründet" (Seckler/Berchtold 1984, 99). Es wird hier deutlich, daß der Glaube immer schon als eine Gabe Gottes begriffen worden ist, die unabhängig von den intellektuellen Möglichkeiten und Fähigkeiten und den Kenntnissen etwa der biblischen Geschichten ist. Der Glaube der Kinder ist von daher dem Glauben von Erwachsenen gleichrangig und muß in die theologische Reflexion über den Glauben der Kirche einbezogen werden.
Der Begriff der Religiosität ist schwieriger zu fassen. Er ist stark umstritten, und eine Definition, die aus einem wissenschaftlichen Konsens hervorgehen würde, gibt es nicht. Religiosität kann weitgefaßt als die (Rück-)bezüglichkeit zur Transzendenz verstanden werden, als „religare", was so viel heißt wie an- oder zurückbinden. Sie ist die Frage nach den Ursprüngen, nach dem Sinn, nach dem, was dem Leben und dessen Prozessen zugrunde liegt, nach dem, was sich rational nicht aufrechnen läßt. Damit kann aber jeder Mensch als religiös beschrieben werden. Problematisch ist diese weite Fassung dadurch, daß es Menschen gibt, die es explizit ablehnen, sich als religiös zu bezeichnen oder bezeichnen zu lassen, deren Denken und Handeln sich aber in diesen

---

6 „Auf Grund keiner dieser Vermittlungen kommt der Mensch zum Glauben: nicht auf Grund der natürlichen Vernunfteinsicht, nicht auf Grund der Zeugnisse des Alten Bundes, nicht auf Grund der Predigt anderer, sondern nur auf Grund der Wahrheit selbst" (Thomas von Aquin: In Io 4, lect. 5, zit. in: Seckler/Berchtold 1984,99).

Dimensionen beschreiben läßt. Eng gefaßt könnte Religiosität auch als die Beziehung von Menschen zu Gott verstanden werden. Doch auch dieses Verständnis ist problematisch, weil es Religionen gibt, in denen die Beziehung des Menschen zu Gott keine zentrale Rolle spielt.

Für die empirische Frage nach religiösen Vorstellungen aus der Perspektive von Kindern scheint es mir von Vorteil zu sein, auf eine vorgängige Definition von Religiosität zu verzichten, den Begriff zunächst offen zu halten und ihn aus dem empirischen Material zu emergieren. Dafür sprechen auch Erfahrungen und Schlußfolgerungen, die Jacques Waardenburg (1993) in seinen vergleichenden religionswissenschaftlichen Studien und die Joachim Matthes (1992 und 1990) im Zusammenhang seiner empirischen interkulturellen Untersuchungen gewonnen hat. Waardenburg vertritt die Auffassung, „daß es nicht bestimmte Tatsachen bzw. Systeme sind, die an und für sich religiös sind, daß es also nicht an und für sich religiöse Erscheinungen und Religionen gibt, sondern daß es die Deutungen, die Interpretationen sind, welche die Tatbestände und Systeme ‚religiös' machen. Derselbe Tatbestand oder dasselbe System kann für den einen, in einer bestimmten Kultur oder Situation, eine religiöse Bedeutung haben und für den anderen, in einer anderen Kultur oder Situation, nicht. Wissenschaftlich gesehen gibt es keine Tatbestände, Phänomene oder Systeme, die an und für sich religiös sind." (Waardenburg 1993, 218f). Gottesbilder oder die enthaltenen Symbole wie etwa ein Kreuz oder ein Kelch sind also nicht an und für sich Ausdruck der Religiosität eines Kindes. Wenn wir nach den Konturen und Dimensionen der kindlichen Religiosität und Theologie suchen, müssen wir danach Ausschau halten und das nachvollziehen, wie ein Kind Dinge und Erlebnisse deutet.

In eine ähnliche Richtung weisen die Überlegungen von Joachim Matthes. Religion beschreibt er als ein kulturelles Konstrukt, an dessen Konstruktion und Rekonstruktion die Gläubigen, die Gesellschaft und die jeweiligen wissenschaftlichen Diskurse Anteil haben (vgl. Matthes 1990, 130). Als Ergebnis seiner kulturvergleichenden Studien über das Religiöse kommt er zu der *Fragestellung*: „wie kann ... eine empirische Forschung angelegt werden, die nicht nur erhebt, was die Menschen denken und tun, um dies dann aus theologischer oder soziologischer Sicht zu analysieren und zu interpretieren – sondern schon im Ansatz mitbedenkt, daß die theologische und die soziologische ‚Sicht' Bestandteil des gleichen kulturellen Zusammenhangs sind, in dem das, was man erhebt, möglich wird?" (Matthes 1992, 140, im Original kursiv). Das Religiöse sei nicht als ein dinghafter Tatbestand, sondern als ein diskursiver wahrzunehmen, und zwar von begrenzter kulturgeschichtlicher Reichweite. Religion solle deshalb nicht als ein Begriff genommen werden, der über definitorische Bemühungen zu „fassen" sei, „sondern vielmehr als ein *kulturelles Konzept*, das im gesellschaftlichen Diskurs zu Hause ist und zu seiner Erschließung der kulturgeschichtlichen Analyse dieser seiner Rolle bedarf" (Matthes 1992, 131). Matthes weist darauf hin, daß die Forschenden kulturgeschichtlich gesehen immer schon selbst an der Erzeugung des Sachverhalts, den sie untersuchen, beteiligt sind. Darum sei es angebracht, „die wissenschaftlich betriebene *‚Suche nach dem Religiösen'* nicht als einen methodischen Vorgang zu behandeln, in dem es darum geht, etwas, was es als eindeutig identifizierbar *gibt*, auf zuverlässige und gültige Weise zu ermitteln und zu analysieren. Vielmehr legt es sich ... nahe, nach der Art und Weise zu fragen, wie ‚Religion' und ‚Religiöses' zum Thema von gesellschaftlichen Diskursen geworden sind und werden – unter welchen Bedingungen solche Diskurse geführt werden – und: *wer* sie führt" (Matthes 1992, 129). Matthes verschiebt damit die Aufmerksamkeit von den manifesten Inhalten von Religion hin auf ihre Traditions- und Kommunikationszusammenhänge.

Für die empirische Untersuchung von Gottesbildern läßt sich daraus erstens folgern, daß gefragt und methodisch berücksichtigt werden muß, wie in den Vorstellungen der Kinder die unterstellte Erwartungshaltung der Forschenden zum Ausdruck kommt. „Wer zu seiner Kirchlichkeit und Religiosität befragt oder in ihrer Ausübung beobachtet wird, liefert jene Auskünfte, die von ihm in so angelegter Forschung erwartet werden – und dies deshalb, weil er Teil jener kulturellen Überlieferung und Wirklichkeit ist, der auch das auskunftheischende Interesse zugehört." (Matthes 1990, 130). Zweitens ist darauf zu achten, auf welche Weise Religiosität oder Religion im Diskurs zwischen oder mit Kindern Thema wird und in welchem Situationszusammenhang diese Diskurse geführt werden. Und drittens muß die Aufmerksamkeit sich nicht nur auf die manifesten kulturell geteilten Darstellungen von Religion, etwa auf die Gottesdarstellung, sondern vor allem auf die Deutungen der Kinder in ihren Gesprächen untereinander oder mit den Forschenden richten. Dabei kann alles Gegenstand religiöser Deutungen sein, wie umgekehrt das Malen christlicher Symbole nicht Ausdruck kindlicher Religiosität sein muß – es kann auch Ausdruck kindlicher Anpassungsleistung an eine vermutete Erwartungshaltung sein.

2 Die Religiosität von Mädchen und Jungen und die männlichen Bilder von Gott

Bislang habe ich von „Kindern" in Abgrenzung von Erwachsenen gesprochen. Aber Kinder – das sind Mädchen und Jungen. Die geschlechtsspezifische Perspektive ist für meine Fragestellung in zweifacher Hinsicht von Bedeutung: einmal im Hinblick auf Unterschiede in der Erfahrungswelt von Mädchen und Jungen, ihres Selbstverständnisses und ihrer Identifikationen, und zum anderen im Hinblick auf die Wirkungen der androzentrischen christlichen Überlieferung und Bilderwelt, der Mädchen und Jungen in der Kultur, in Medien, in den Glaubensgemeinschaften und der religiösen Erziehung begegnen. Zwar ist es dieselbe Überlieferung, doch ist diese nicht geschlechtsneutral und kann für Mädchen und Jungen eine unterschiedliche Bedeutung haben.
Die gesellschaftliche Zweigeschlechtlichkeit ist durch geschlechtsspezifische Handlungs- und Verhaltensmuster und gesellschaftliche Rollen sowie durch das gesamte kulturelle Symbolsystem so selbstverständlich und allgegenwärtig, daß es schwerfällt, sie überhaupt ins kritische Bewußtsein zu heben und in allen Dimensionen zu analysieren. Um die Bedeutung der Zweigeschlechtlichkeit für die Religiosität aufzuzeigen, werde ich zunächst auf den androzentrischen Charakter unserer Kultur und Symbolwelt sowie der christlichen Überlieferung eingehen (2.1). Dann werde ich einen Blick auf einige Untersuchungen zur geschlechtsspezifischen Sozialisation und Entwicklung werfen (2.2). Vor diesem Hintergrund ist dann die Frage nach der Bedeutung des männlichen Gottesbildes für die Religiosität von Mädchen und Jungen verständlicher. Es lassen sich erste Hypothesen entfalten, wie die androzentrischen

Bilder und Symbole geschlechtsspezifisch in der Entfaltung des Glaubens wirken.[7]

2.1 Der Androzentrismus der westlichen Kultur und der christlichen Überlieferung

Unsere Vorstellungswelt und Religiosität wird maßgeblich von kulturellen und religiösen Symbolsystemen bestimmt, die eine duale, zweigeschlechtliche Struktur aufweisen (vgl. Irigaray 1980, Hagemann-White 1984, Gildemeister/Wetterer 1992, Knapp 1995 u.a.). Diese Struktur ist jedoch nicht einfach komplementär, so als würde sich das Männliche und Weibliche harmonisch ergänzen, sondern beinhaltet eine asymmetrische, hierarchische Zuordnung, in der tendenziell das Männliche dem Weiblichen überlegen ist und das Männliche positiver als das Weibliche bewertet wird. Mit und durch die Zweigeschlechtlichkeit in der symbolischen Ordnung werden Macht- und Dominanzverhältnisse ausgedrückt. Auch Universalität und Partikularität haben hier ihren zugeschriebenen Ort, und dies ist für den Ausdruck des Religiösen von Bedeutung: Das Männliche steht für das Allgemeine, das Universale, für die Norm und die Normalität des Menschlichen und ist damit in der Lage, das Weibliche zu subsumieren. Das Weibliche steht für das „andere Geschlecht" (Simone de Beauvoir), für das Abweichende und Spezifische (vgl. Cavarero 1993). Während das Männliche als das Universale asexuell erscheint, repräsentiert das Weibliche das Sexuelle. Die Zentrierung auf das Männliche bei gleichzeitiger Unsichtbarkeit und Trivialisierung des Weiblichen in der Kultur- und Symbolwelt wird als Androzentrismus bezeichnet. Er hat seine Entsprechung in der Sozialwelt in der patriar-

---

[7] Wenn ich in dieser Studie die Religiosität geschlechtsspezifisch betrachte, soll damit nicht das duale Kategoriensystem von Männlich und Weiblich einfach reproduziert werden. Da ich selbst Teil dieser Kultur bin und mich ihrer Sprache bedienen muß, durch die sich dieses System immer neu reproduziert, komme ich nicht umhin, an den Kategorien von Männlich und Weiblich anzusetzen, die unsere Kultur hervorbringt, aber nicht, um sie zu reproduzieren, sondern um sie durchschaubar zu machen. Mein Anliegen ist es, sowohl die Prozesse ihrer immer neuen (Re)konstruktion in Handlungs- und Aneignungsprozessen als auch ihre Wirkungen zu erforschen und dadurch veränderbar zu machen.

chalischen Gesellschaft, in der eine strukturelle Ungleichheit zwischen Männern und Frauen besteht. Diese gesellschaftlichen und kulturellen Strukturen sind jedoch nicht einfach da, sondern werden im Denken und sozialen Handeln immer neu hervorgebracht (vgl. Berger/Luckmann 1969).

Der Androzentrismus durchdringt auch die christliche Tradition. Ihre Bilder vom trinitarischen Gott sind männlich geprägt. Das Göttliche wird als Schöpfer, König, Herr und Vater männlich gedacht. Die Inkarnation des Göttlichen als Mensch nimmt im Sohn männliche Gestalt an. Selbst der Geist erweckt im deutschen Sprachempfinden noch männliche Assoziationen. Problematisch ist nicht die Männlichkeit als solche, sondern die Ausschließlichkeit der männlichen Gottessymbolik. Diese wird darin deutlich, daß das christliche trinitarische Gottessymbol nicht oder nicht selbstverständlich als Frau dargestellt werden kann. Auch die Sprache birgt diese Ausschließlichkeit: Der Begriff „Göttin“ bezeichnet eine heidnische, aber nicht die christliche Gottheit. Zwar können dem männlichen Symbol auch weibliche Attribute wie Fürsorglichkeit, Barmherzigkeit oder Mütterlichkeit zugeschrieben werden, doch diese ergänzen nur die männliche Symbolik oder werden unter eine männliche Vorstellung subsumiert (vgl. Johnson 1994, 56; 74-77). Es gibt heute zwar schon viele Darstellungen, in denen Gott oder Christus in verschiedene Kontexte inkulturiert und als Armer in Slums, als Indio oder Schwarzer dargestellt wird. Darstellungen einer weiblichen Schöpferin, einer Frau als Erlöserin, die Darstellung der Inkarnation Gottes in einem Mädchen in der Krippe hingegen sind erklärungsbedürftig und erregen Anstoß (vgl. Berger 1995).

Vor dem Hintergrund unserer Sprache und Kultur, in der das Männliche für das Universale und die Norm steht, ist die männliche Symbolik von Gott nicht verwunderlich. Die männliche Metapher scheint sich besser für das Göttliche zu eignen als die weibliche. Zudem ist auch die biblische Überlieferung insgesamt androzentrisch geprägt. Die meisten der biblischen Geschichten erzählen von den Erfahrungen von Männern mit Gott, sie halten deren Benennungen des Göttlichen, deren Reflexionen über das Göttliche und deren Theologie fest. Sie sind aus männlicher Perspektive und Bewertung heraus erzählt, und meistens sind Männer die zentralen Handlungsträger. Frauen kommen, wenn überhaupt, oft in untergeordneten und marginalen Rollen vor. Die Rezeption der biblischen Geschichten hat diese Tendenz noch verstärkt. Geschichten, die von Frauen handeln, sind heute oft unbekannt. Umgekehrt wurden in der Geschichte der Kirchen biblische Aussagen, in denen Frauen abgewertet werden oder in denen sie eine untergeordnete Rolle zugewiesen bekommen, häufig zur Legitimation der Vorherrschaft von Männern über Frauen verwendet. Erst die feministische Theologie hat sich auf die Spurensuche nach den Frauen in der biblischen Überlieferung gemacht. Sie hat Geschichten von Frauen, ihrem Handeln und ihren Erfahrungen ans Licht geholt und die weiblichen Erfahrungen und Benennungen des Göttlichen rekonstruiert.[8]

2.2 Zur geschlechtsspezifischen Entwicklung von Mädchen und Jungen

Mädchen und Jungen werden gesellschaftlich und kirchlich mit unterschiedlichen geschlechtsspezifischen Rollenerwartungen, Handlungsmustern, Lebensentwürfen und Vorbildern konfrontiert. Sie können sie sich aneignen und auf sehr unterschiedliche Weise damit umgehen, sie reproduzieren oder ablehnen, doch können sie sich nicht der Auseinandersetzung mit der gesellschaftlichen und kulturellen Zweigeschlechtlichkeit entziehen, sie müssen stetig damit umgehen und werden sie dadurch, selbst noch in ihrer Ablehnung, internalisieren. Auch wenn die Vielfalt groß ist und ein Mädchen in mancher Hinsicht mehr Gemeinsamkeiten mit Jungen haben kann als mit anderen Mädchen und umgekehrt, werden sie als Mädchen oder Junge betrachtet und behandelt und entwickeln ein entsprechendes Selbstverständnis. Sie handeln, denken und entfalten sich vor dem Hintergrund der gesellschaftlichen und kulturellen Zweigeschlechtlichkeit. Da sich die Zweigeschlechtlichkeit in die ganze Existenz einlagert, in den Körper, das Denken, Fühlen und Handeln, betrifft sie auch ihre religiöse Erfahrungs- und Vorstellungswelt.
Die genauen Vorgänge der geschlechtsspezifischen Sozialisation und Aneignung sind bislang noch weitgehend unbekannt. Eine geschlechts-

---

8 Aus der inzwischen umfangreichen Literatur zu diesem Thema möchte ich hier exemplarisch verweisen auf Schüssler Fiorenza 1988 und Schottroff/Wacker 1999.

spezifische Sozialisationsforschung setzte erst vor etwa dreißig Jahren ein. Heute gehen die Theorien weit auseinander. Auf die breite und kontroverse Diskussion kann ich hier nicht eingehen (vgl. dazu den Überblick bei Bilden 1991), doch möchte ich zumindest exemplarisch auf zwei Richtungen verweisen, die die zweigeschlechtliche Entwicklung einmal von der Gesellschaft und zum anderen von der psychosozialen Entwicklung des Kindes aus betrachten.

In den siebziger Jahren zeigten Elena Gianini Belotti (1975) und Ursula Scheu (1977) anhand von vielen Beispielen auf, wie Mädchen und Jungen von den Eltern und der Gesellschaft bereits von pränataler Zeit an unterschiedlich behandelt werden. Ihre Untersuchungen haben bis heute Aktualität. Kinder werden in eine Umwelt hineingeboren und leben in einer Gesellschaft, die sie geschlechtsspezifisch behandelt, geschlechtsspezifische Erwartungen an sie hat und die geschlechtsspezifische Lebensentwürfe, Verhaltens- und Handlungsmuster für sie bereit stellt.

Neben solchen Ansätzen, die die Gesellschaft und Kultur analysieren, in die Mädchen und Jungen hineinwachsen, haben andere Ansätze Mädchen und Jungen mehr als Subjekte ihrer Entwicklung in den Blick genommen. Ich möchte im folgenden exemplarisch die sozialpsychologische Sozialisationstheorie der amerikanischen Soziologin Nancy Chodorow (1994) in groben Zügen skizzieren.

Chodorow geht von der Beobachtung aus, daß in der Kleinfamilie westlicher Kulturen in den ersten Monaten im Leben des Säuglings, in denen er völlig auf die Fürsorge einer anderen Person angewiesen ist, die Mutter (oder eine andere Frau) diese Fürsorge übernimmt. Auf die frühkindliche Einheitserfahrung mit und auf die Abhängigkeit von der Mutter reagieren Jungen und Mädchen unterschiedlich. Jungen durchlaufen in ihrer Suche nach einem männlichen Selbstverständnis einen Prozeß der Abgrenzung von der Mutter. Die Ablösung wird zum einen durch die Identifikation mit dem Vater (oder einem anderen Mann) erreicht. Wenn dieser aber zu wenig real im persönlichen Umgang erlebt wird, wie dies aufgrund der asymmetrischen Organisation der Elternschaft in unserer Kultur häufig der Fall ist, wird er durch männliche Ideale oder Stereotypen ersetzt. „Knaben (entwickeln, S.K.) eine positionale Identifizierung mit Aspekten der männlichen Rolle. Bei ihnen ist die Verbindung zwischen affektiven Prozessen und dem Rollenlernen zerrissen.“ (Chodorow 1994, 227). Zum anderen wird die Ablösung auch durch die

Abwertung der Mutter und des Weiblichen in der sozialen Welt erreicht, und hierin finden die Jungen in der Sozialwelt auch latente Bestätigung, Vorbilder und Unterstützung. Die Aspekte des Weiblichen in sich selbst lernt der Junge häufig zu verdrängen oder zu verleugnen. Sein Ich entwickelt und sichert er durch Dominanz und Distanzierung.
Ein Mädchen kann sich sehr lange mit der Mutter persönlich identifizieren. Seine Entwicklung vollzieht sich in Verbindung mit affektiven Prozessen und Rollenlernen. Die Ablösung von der Mutter erfolgt langsamer und differenzierter als beim Jungen. Die Identifizierung bleibt über das weibliche Geschlecht erhalten, die Abgrenzung erfolgt in bleibender Beziehung zur Mutter. Während Mädchen, so zusammenfassend Chodorows These, ihr weibliches Selbstverständnis in Form von Beziehung und persönlicher Identifikation aufbauen, entwickeln Jungen ihr männliches Selbstverständnis häufig in Form von Abgrenzung und einer positionalen Identifikation mit männlichen Stereotypen, wenn eine persönliche enge Beziehung zu den Vätern nicht möglich ist.

2.3 Die Bedeutung des männlichen Gottesbildes für die Entwicklung von Mädchen und Jungen

Die skizzenhaften Ausführungen zur Androzentrik der christlichen Überlieferung und zur geschlechtsspezifischen Entwicklung von Mädchen und Jungen ermöglichen es, die Fragen nach der Bedeutung der Gottesbilder für die Religiosität von Mädchen und Jungen deutlicher zu fassen. Wie wirken das männliche Gottesbild und die androzentrische christliche Überlieferung auf die Entfaltung des Glaubens von Mädchen und Jungen? Welche Bedeutung hat das männliche Gottesbild für das religiöse Selbstverständnis und die religiöse Suche von Mädchen und Jungen? Was für eine Beziehung haben Mädchen und Jungen zu dem in männlichen Bildern und Symbolen tradierten Gott? Welche Vorstellungen entwickeln sie von Gott? Was bedeutet das männliche Gottesbild für das Verhältnis zum eigenen Körper und zur eigenen Geschlechtlichkeit? Solche Fragen sind bislang noch selten gestellt worden. Zur Religiosität von Mädchen gibt es bislang noch kaum Literatur (vgl. Schweitzer 1993, Becker/Nord 1995, Religionspädagogische Beiträge 1999). Empirische Untersuchungen, die zur Erhellung dieser Fragen beitragen würden, stehen noch aus. Chodorow selbst hat keine Überlegungen zur religiösen Entwicklung von Kindern angestellt. Es liegt aber nahe, ihren Ansatz auf der Grundlage der vorangegangenen Überlegungen auf die religiöse Entwicklung von Kindern auszuweiten.

Die Analysen Chodorows geben Hinweise auf mögliche unterschiedliche *Funktionen* des männlichen Gottesbildes in der geschlechtlichen Entwicklung. Für Jungen wird die Darstellung Gottes als König, Richter, Schöpfer, Erlöser, Vater oder Sohn eine positive Identifikationsfigur darstellen, die ihnen Vorbild sein und positionale Identifikation mit Werten, Zielen und männlichen Rollen ermöglichen kann. Zugleich kann das Gottesbild behilflich bei der Abgrenzung gegenüber der Mutter sein. Der erlebten Abhängigkeit von der Mutter kann der Junge die ideelle Macht Gottes gegenüberstellen, die der Macht der Mutter noch überlegen ist. Tatsächlich dürfte es häufig auch die Mutter sein, durch die das Kind erste religiöse Vollzüge und Deutungen kennenlernt. Indem die Mutter aber dem Kind das Beten beibringt und die frühkindliche religiöse Erziehung übernimmt (vgl. zur Religiosität in der Familie: Klein 1999), teilt und bestätigt sie die Perspektive der Allmacht Gottes: sie selbst verehrt und achtet diesen Gott und zeigt sich ehrfürchtig. Der Vater, der in der Familie bei der Ausübung von Religiosität seltener erlebt wird und ihr häufig indifferent oder distanziert gegenüber steht, scheint diesem Gott weniger untertan zu sein. Es können sogar Parallelen zwischen Gott und Vater aufgebaut werden, wozu auch die Vaterbezeichnung für Gott beiträgt.[9]

Auch für ein Mädchen kann die männliche Gottesfigur eine Gegenmacht zur erlebten Abhängigkeit von der Mutter darstellen. Doch ist diese Vorstellung ambivalent, denn es kann sich zwar an die Schutzmacht wenden, sich aber nicht selbst aktiv mit dieser befreienden Macht identifizie-

---

9 Wie wichtig die Männlichkeit Gottes für das Selbstverständnis der Jungen sein kann, zeigt sich in den irritierten Reaktionen, von denen David Heller berichtet, als er sie mit dem Vorschlag konfrontiert, sich das Göttliche weiblich vorzustellen. Er gibt einen einem kleinen Dialog mit Arthur wieder: „A: Gott ist ein Mann, natürlich‘. D.H.: Und wenn Gott das andere Geschlecht hätte?‘ A: ‚Aber Gott ist ein Mann!‘ D.H.‘ Aber könntest du nicht so tun, als ob...‘ A: ‘Wenn Gott eine ... huh! Na, ich weiß nicht (lacht beunruhigt). Ich weiß nicht. Nun, ich könnte es mir nicht vorstellen, Gott sei eine Lady – nein Sir (lacht nervös).“ (Heller 1986, 65, Übersetzung S.K.).

ren und hoffen, einmal selbst eine solche Schutzmacht zu werden. In den Metaphern König, Erlöser, Vater, Sohn usw. findet es sich nicht wieder. Die bleibende *Beziehung* zur Mutter, deren Basis das gemeinsame weibliche Geschlecht ist, ist in diesem Gottesbild nicht symbolisiert, sie ist vielmehr ausgeschlossen. Im männlichen Gottesbild bleibt Gott der Fremde und das Mädchen bleibt die andere. Das männliche Gottessymbol steht für Differenz und Macht, nicht aber für Beziehung, die eine wichtige Dimension des Selbstverständnisses vieler Mädchen ist.

Zusammenfassend möchte ich nun folgende These aufstellen. Die Ausschließlichkeit des männlichen Gottesbildes wirkt unterschiedlich auf das Selbstbewußtsein, auf die religiöse Entwicklung und auf das Selbstverständnis von Jungen und Mädchen. Jungen können eine ungebrochene Nähe zu Gott erfahren und ihr – auch geschlechtliches – Selbstverständnis in einer ungebrochenen Linie auf Gott hin bzw. von Gott her entwickeln. In der Gott-Vater und Gott-Sohn-Metaphorik und in zahllosen biblischen Geschichten und religiösen Darstellungen finden sie ihre eigene geschlechtliche Identität repräsentiert, bewahrt und bestätigt. Sie können sich auch aus der Kindperspektive mit dem göttlichen Sohn Jesus identifizieren. Im Bewußtsein von Mädchen ist der Bruch der Geschlechterdifferenz unüberwindbar. Für sie ist dieser Gott letztlich immer auch fremd, da er ihre eigene geschlechtliche Identität und Existenz nicht in sich birgt, sie sogar ausschließt. Sie finden nur wenige biblische Geschichten von Frauen und fast gar keine von Töchtern. Während von diesen Geschichten zwar einige von glaubenden und handelnden Frauen erzählen, kommen Frauen aber in vielen Geschichten auch als Opfer männlicher Gewalt, als Verführung und verkörperte Bosheit oder in untergeordneten und dienenden Rollen vor – und diese Aspekte wurden bevorzugt weiter tradiert.[10] Das Göttliche ist immer mit dem anderen Geschlecht verbunden. Ihre religiösen Identifizierungen laufen über das männliche Geschlecht – unter Absehung des weiblichen, das defizitär und als ein Hindernis der Annäherung wirkt.

10 Dies hat in den letzten Jahren die feministische Exegese herausgearbeitet und umfangreich belegt, exemplarisch verweise ich auf Schottroff/Wacker 1999 und Schüssler Fiorenza 1988.

3 Zum theologischen Verständnis von Gottesbildern

Wie sind die Gottesbilder und –metaphern, Symbole und Bezeichnungen für Gott theologisch zu verstehen? Gibt es richtige und falsche Bilder von Gott? Wie reden wir richtig vom Göttlichen, wie können wir es angemessen darstellen? Diese Fragen müssen keineswegs geklärt sein, wenn wir mit Kindern ins Gespräch kommen, denn wir können ihnen zu allererst auch einfach zuhören, sie von Gott reden und sie Gott darstellen lassen, oder mit ihnen diesen Fragen gemeinsam nachgehen. Die Erwachsenen müssen nicht alles schon wissen, wenn sie mit Kindern ins Gespräch kommen.[11] Doch die theologische Selbstvergewisserung und Reflexion dieser Fragen ist hilfreich, wenn wir die Kinder in der Entfaltung ihres Glaubens unterstützen und dabei vermeiden wollen, daß wir falsche Vorstellungen oder Denkverbote (die uns vielleicht selbst anerzogen worden sind) einfach weitergeben.

3.1 Die Unvorstellbarkeit des absoluten Geheimnisses

Die klassische Theologie hat immer an der Unbeschreibbarkeit und Unvorstellbarkeit des Göttlichen festgehalten. Das Göttliche ist ein Geheimnis. Es läßt sich deshalb eher von der negativen Seite benennen, also von daher, was es nicht ist, als positiv von daher, was es ist. Augustinus beschreibt die Unbegreiflichkeit Gottes in dem Satz: „Si comprehendis, non est Deus“ (Sermo 52, c. 6, n. 16, in: PL 38, 360): Wenn du etwas begriffen hast, dann ist das, was du begriffen hast, nicht Gott. Auch Thomas von Aquin äußert sich mit großer Vorsicht: „Bei Gott können wir freilich nicht wissen, was er ist, sondern höchstens, was er nicht ist. Deshalb können wir auch bei Gott nicht untersuchen, wie er ist, sondern nur, wie er nicht ist“ (Sth I q 3). Die Unbegreifbarkeit Gottes hielt das IV. Laterankonzil im Jahr 1215 dogmatisch in dem Axiom fest: „Denn von Schöpfer und Geschöpf kann keine Ähnlichkeit ausgesagt

[11] Vgl. dazu die Gespräche mit Kindern von Coles (1994) und Hull (1997), die an einigen Stellen auch keine Antworten auf die Fragen der Kinder hatten. Für die Kinder zeigt sich in solchen Situationen, daß Religion kein System fertiger Antworten ist, sondern eine gemeinsame Suchbewegung nach dem Göttlichen.

werden, ohne daß sie eine größere Unähnlichkeit zwischen beiden einschlösse" (DH 806).

3.2 Vorstellungen und Bilder von Gott

Wie ist es dann überhaupt möglich, von Gott zu sprechen und sich Gott, das absolute Geheimnis, vorzustellen? Wenn wir eine lebendige Beziehung zu Gott haben, wenn wir zu Gott beten, Gott danken oder über Gott nachdenken, kommen wir an Begriffen, Umschreibungen und Vorstellungen, so vage sie auch sein mögen, nicht vorbei. Sie helfen uns, den Glauben dialogisch auf ein Du hin zu entfalten.

Um der Unangemessenheit, die in Benennungen und Bildern liegt, zu entrinnen, hat das frühe Christentum einen Dreischritt von Bejahung, Verneinung und Steigerung entwickelt (vgl. Johnson 1994, 157f). Das Nachdenken über Gott setzt in unserer menschlichen Erfahrungswelt an. Wir können zum Beispiel sagen: Gott ist gut, oder: Gott ist da. Zugleich müssen wir sagen, daß Gott nicht in der Weise gut ist oder da ist, wie wir dies aus der kreatürlichen Welt kennen. Gottes Gutsein oder Dasein ist von anderer Qualität, als wir dies aus unserem Leben kennen: Gott ist anders. Die Verneinung korrigiert die Unangemessenheit der Vorstellung und treibt sie an, sich selbst zu übersteigen. So können wir schließlich sagen, daß Gott über das, was wir erkennen und denken können, hinausweist. Unsere weltliche Erfahrung ist ein Zugang zu einer lebendigen, erfahrbaren, aber unbegreiflichen Realität, die das Erfahrene übersteigt und ein „mehr" des Erfahrenen in sich birgt.

Die Bilder und Vorstellungen von Gott sind also nicht Abbildungen. Sie sind Analogien, die auf das Göttliche hin eine Perspektive eröffnen. Sie erzählen in einem menschlich möglichen Modus etwas über das, was das menschlich Begreifliche, Vorstellbare und Sagbare übersteigt. Dabei ist das, was sie auszudrücken vermögen, dem Göttlichen immer unähnlicher als ähnlich. Wird ein Bild, eine Vorstellung oder ein Begriff mit der Realität verwechselt oder gleichgesetzt, so entsteht ein Götzenbild. Gegen einen solchen Götzenkult, nicht gegen Bilder und Vorstellungen von Gott an sich, wendet sich das biblische Bilderverbot (Ex 20,4f; 20,23; 34,17; Lev 19,4; 26,1; Dt 4, 15-25; 5,8f; 27,15).

Die Begrenztheit menschlicher Möglichkeiten, angemessen vom göttlichen Geheimnis zu sprechen oder es darzustellen, hat eine Vielfalt von Bildern, Vorstellungen und Begriffen von Gott hervorgebracht. Gerade im Ersten Testament finden wir neben dem Bilderverbot, das die Kritik an dem falschen Gebrauch von Bildern wachhält, eine große Fülle unterschiedlicher, auch widersprüchlicher Bilder, die sich gegenseitig ergänzen, modifizieren und relativieren. Auch einige weibliche Bilder finden sich darunter. Da wird von Gott als einer Frau in Geburtswehen gesprochen (Jes. 42,14), als einer stillenden Mutter (Num 11,11-13), als Frau Weisheit, die als Lehrerin, Prophetin, Ratgeberin und Mitschöpferin auftritt[12].

Viele Bilder sind uns heute fremd, schwer zugänglich oder ärgerlich. Gott als Hirte ist für einen Menschen in der modernen Gesellschaft höchstens noch als Klischee, aber kaum mehr aus der Erfahrung heraus zu begreifen, das Bild des rächenden und seine Feinde vernichtenden Gottes scheint mit der Botschaft von der Feindesliebe unvereinbar, und Gott in Gestalt des ungerechten Richters oder des harten Herrschers ist auf den ersten Blick anstößig.

Im Laufe der Tradition ist die Vielfalt der Bilder teilweise reduziert worden, aber es wurden auch neue hinzugefügt. So wurde zum Beispiel der Begriff der „Person" für Gott erst in nachbiblischer Zeit für die theologische Reflexion der Trinität zentral. Eine neue Vielfalt brachte die Inkulturation des Christentums in verschiedenen Kulturen. Die je eigene Aneignung und Durchdringung der Offenbarung und die eigenen Erfahrungen mit Gott haben in unterschiedlichen kulturellen Kontexten ganz neue Bilder von Gott hervorgebracht (vgl. Weber 1999; Sundermeier/Küster 1999).

3.3 Ambivalenzen von Gottesbildern

Gottesbilder entstehen in einem bestimmten Kontext, und sie sind Aussagen in einen bestimmten Kontext hinein. So bedeutete das Bild Gottes als König und Herrscher im Nationalsozialismus für viele Christinnen

---

12 Eine Zusammenstellung der weiblichen Gottesbilder hat schon früh Mollenkott 1984 vorgelegt; vgl. auch Johnson 1994, bes. 119-145.

und Christen einen kritischen Akzent gegen die Allmachtsphantasien und Herrschaftsansprüche der Nationalsozialisten. Doch das gleiche Bild wurde auch in der Erziehung zu Unterwürfigkeit und Gehorsam von Kindern gebraucht.
Um die Bilder in ihrer Begrenztheit und ihrer Aussageabsicht richtig zu verstehen, müssen wir nach den Kontexten fragen: nach denjenigen, die sie entwerfen und darstellen, nach ihren Funktionen im persönlichen, gesellschaftlichen und geschichtlichen Kontext und nach dem Verständnis der Betrachtenden. Oftmals wurden Gottesbilder und –symbole nicht nur gebraucht, um über Gott nachzudenken oder um den Glauben an das unvorstellbare Geheimnis Gottes auszudrücken und zu versinnbildlichen. Vielmehr wurden sie häufig auch zur Darstellung und Behauptung von Machtansprüchen mißbraucht. Um dem Mißbrauch von Gottesbildern auf die Spur zu kommen, muß kritisch nach den konkreten Funktionen und Zusammenhängen des Gebrauchs der Bilder gefragt werden. Bilder haben viele Aspekte und bergen einen unermeßlichen Bedeutungsüberschuß. Ihre Verwendungen und Funktionen im gesellschaftlichen Miteinander machen bestimmte Bedeutungen manifest. Dadurch werden Bilder in ihrer Bedeutungsvielfalt schillernd und ambivalent.
Ich möchte diese Ambivalenz an zwei Beispielen aufzeigen, die miteinander zusammenhängen: an dem Einsatz von Gottessymbolen als Machtdemonstration bei der Kolonialisierung der einheimischen Bevölkerung in Amerika und an dem Einsatz des männlichen Gottessymbols zur Festigung der Dominanz von Männern über Frauen.
Als Christoph Kolumbus und seine Männer der indianischen Bevölkerung in Amerika begegneten, konstatierten sie nur deren Gottlosigkeit und waren nicht in der Lage, deren Religiosität, deren heilige Zeichen, Symbole und religiöse Lebensvollzüge wahrzunehmen. Statt dessen errichteten sie als Symbol der Macht von König und Kirche das Kreuz mit königlichem Wappen, ließen die indianische Bevölkerung um den Altar knien und hängten ihnen Kreuze um. Franz Weber macht an dieser Begebenheit deutlich, „daß die christlichen Bilder in der Strategie der Kolonialisierung von Anfang an als Glaubens- *und* Machtsymbole eingesetzt wurden. Zum Mißbrauch des zentralen Symbols der christlichen Erlösungsbotschaft als Zeichen der Besitzergreifung tritt die Tatsache, daß den ‚anderen' nicht nur ihr Land genommen wird, sondern auch das, was ihnen heilig ist. Ihnen wird das fremde, unverständliche und impor-

tierte Symbol ‚umgehängt‘. Zur Wahrnehmung der schon vorhandenen religiösen Zeichen jener ‚verborgenen Macht, die dem Lauf der Welt und den Ereignissen des menschlichen Lebens gegenwärtig ist‘, und an die auch alle indianischen Völker glaubten, bestand keinerlei Bereitschaft“ (Weber 1999, 266; das Zitat stammt aus der Erklärung des Zweiten Vatikanischen Konzils über das Verhältnis der Kirche zu den nichtchristlichen Religionen (NA 2), in: Rahner/Vorgrimler 1979, 356).
Hier dienen Gottesbilder und –symbole nicht nur der Darstellung des eigenen Glaubens. Indem die Portugiesen den ihnen fremden Menschen die eigenen Gottessymbole umhängen, ja buchstäblich überstülpen und sie zwingen, vor diesen Symbolen auf die Knie zu gehen, mißbrauchen sie ihre Gottessymbole zur Unterwerfung. Die Spuren des Göttlichen, das in allen Menschen lebt und die Quelle jeder Religiosität ist, werden durch die Erfahrung dieser Unterwerfung verwischt und brüskiert.
Dieses drastische Beispiel mag daran erinnern, daß Gottesbilder auch Kindern gegenüber mißbraucht werden konnten und können. So wurde das Bild des richtenden Gottes oder dessen, der alles sieht und weiß, häufig als Erziehungsmaßnahme zum Gefügigmachen von Kindern mißbraucht. Wenn ihnen die tradierten Gottesbilder einfach „übergestülpt“ werden, ohne daß sie diese mit ihrer eigenen Erfahrung und Religiosität verbinden können, dann ist dies ein Mißbrauch von Gottesbildern. Es kann nicht nur darum gehen, den Kindern Wissen von Gott beizubringen, es muß auch nach den eigenen Vorstellungen und Erfahrungen der Kinder von Gott gefragt werden. Sie müssen nicht lernen zu glauben, was man ihnen sagt, sondern lernen, selbst nach den Erfahrungen mit Gott zu suchen, die sich am Grunde ihres Lebens auftun. „Alles Reden von außen appelliert, wenn es christliches Reden ist, immer an den innen in seiner Gnade sprechenden und schon irgendwie gehörten Gott, alle Vermittlung des Christentums ist Vermittlung dessen, was im Inneren des Menschen als Leben schon da ist“ (Rahner 1959, 117f).
Das zweite Beispiel können wir uns nicht so leicht „von außen“ ansehen wie das vorhergehende, denn es betrifft die in die eigene Kultur eingelagerte Nähe zwischen Göttlichkeit und Männlichkeit, die uns weitgehend unbewußt und selbstverständlich ist. Es hat deshalb recht lange gedauert, bis feministische Theologinnen begonnen haben, diese Zusammenhänge und ihre Wirkungen zu analysieren. In den siebziger Jahren hat Mary Daly sie mit dem bekannten Satz auf den Punkt gebracht: „Wenn Gott

männlich ist, muß (...) das Männliche Gott sein" (Daly 1986, 33). Elizabeth Johnson hat darauf hingewiesen, daß im Gebrauch des Männlichen für das Göttliche das Männliche in Gottes Nähe gerückt wird. „Jedesmal, wenn ein Teil der Wirklichkeit als Symbol für Gott benutzt wird, wird der Wirklichkeitsbereich, aus dem er stammt, in den Bereich des Heiligen erhoben und wird ‚theonom.'" (Johnson 1994, 61). Auch das Männliche wird „theonom", wenn es Gott darstellt.
Im Grunde ist eine männliche Darstellung Gottes nicht weiter problematisch und durchaus legitim, problematisch ist vielmehr die ausschließlich männliche Darstellung, die sich gesellschaftlich als Aufwertung der Männer und Abwertung der Frauen auswirkt. Johnson sieht in dem ausschließlich männlichen Gottesbild eine nicht gleichwertige Teilhabe am göttlichen Ursprung. „Männliche Bilder erlauben Männern, voll und ganz daran teilzuhaben, während Frauen nur teilhaben können, wenn sie sich von ihrer konkreten körperlichen Identität als Frauen absetzen. Folglich wird eine zum großen Teil unbewußte Dynamik aufgebaut, die Frauen ihrem eigenen Gutsein und ihrer eigenen Kraft entfremdet und gleichzeitig ihre Abhängigkeit von Männern und männlicher Autorität verstärkt." (Johnson 1994, 62).

3.4 Zum Umgang mit Gottesbildern

Gibt es richtige und falsche Gottesbilder? Die Vielfalt der biblischen Gottesbilder und die Ambivalenzen in ihrem Gebrauch und ihren Wirkungen machen deutlich, daß die Frage nach dem Richtig und Falsch nicht von den konkreten Inhalten der Bilder, sondern von ihrem Verständnis und Gebrauch, von ihren Funktionen und Wirkungen in konkreten Kontexten her beantwortet werden muß. Es gibt keine richtigen oder falschen Bilder, aber es gibt ein richtiges und falsches Verständnis und einen richtigen und falschen Gebrauch.
Was macht dann das richtige Verständnis und den richtigen Gebrauch eines Bildes aus? Dafür möchte ich drei Aspekte anführen. Ein erster Aspekt ist, daß der *Analogiecharakter* bzw. *Verweischarakter* des Bildes bewußt bleiben muß. Wo er vergessen und ein Bild verabsolutiert wird, wird es zum Götzenbild. Mit Analogiecharakter ist jedoch nicht gemeint, daß Gott in den Bereich der Ideen verbannt wird, sondern daß

Gott immer mehr ist als das, was wir uns vorstellen oder ausdrücken können. Wenn ein konkret denkendes Kind z.B. sagt: „Gott wohnt im Himmel“, dann wird der Analogiecharakter nicht dadurch aufgewiesen, daß man darauf besteht, daß dies nur ein Bild ist, ein Vergleich, und in Wirklichkeit wohnt Gott natürlich nicht dort. Vielmehr verweist das Bild auf Gottes Realität und Dasein, und dafür ist das Bild eine Ausdrucksform, die dem Kind möglich ist. „Irgendwie“ wohnt Gott wirklich im Himmel, doch wie, das können wir uns nur schwer vorstellen.
Jedes Bild kann immer nur bestimmte Aspekte ausdrücken. Nicht alle Dimensionen eines Bildes verweisen auf Gott. Diese Aspekte müssen gesucht werden, um das Bild und seine Aussage richtig zu verstehen. So ist auch das Bild von Gott als Vater nur in mancher Hinsicht ein treffendes Bild, das Jesu Botschaft vom Heilswillen Gottes ausdrückt, würden andere Aspekte (z.B. die biologische Vaterschaft oder die Männlichkeit Gottes) damit betont, wäre dies eine Verzerrung.
Ein zweiter Aspekt ist, daß die *Kontexte* und *Wirkungen* der Bilder beachtet werden müssen. Wer entwirft das Bild? Was will er oder sie damit ausdrücken? Zu wem und in welche Situation hinein spricht das Bild? Welche persönliche oder gesellschaftliche Wirkungen hat es? Wie wird es von den Betrachtenden verstanden? Die Frage nach den Kontexten läßt die eingeschränkten konkreten Aussagen des Bildes klarer erkennen. Der Blick auf die Wirkungen ist notwendig um sicherzustellen, daß das Bild die beabsichtigte christliche Botschaft mitteilt und um zu verhindern, daß es sich gegen diese wendet. Hier entsteht jedoch die Frage: Was ist eigentlich die christliche Botschaft? Wie ist sie richtig zu verstehen?
Dies berührt bereits den dritten Aspekt: die Frage nach dem *Heilscharakter.* Schon früh hat die Kirche nach dem richtigen Verständnis der Schrift gesucht und dafür ein Kriterium entwickelt, das sich gut auch auf das richtige Verständnis von Gottesbildern anwenden läßt. Gott hat sich „nostra salutis causa“, um unseres Heiles willen, geoffenbart, und diese Absicht öffnet einen Weg für das richtige Verstehen der Schrift. „Auch Thomas von Aquin hatte den Standpunkt vertreten, daß alles, was das Heil nicht beträfe, auch nicht zur Inspiration (der Schrift, S.K.) gehörte. ... Nach der erklärten Absicht der Schrift werden keine weiteren Wahrheitsbehauptungen aufgestellt. Alle historischen, geographischen, chronologischen und naturwissenschaftlichen Details sollen im Gesamtzu-

sammenhang der Schrift gesehen werden und danach beurteilt werden, ob sie der Heilsbotschaft dienlich sind." (Johnson 1994, 114).
Diese drei Kriterien können helfen, die zahlreichen Bilder der Überlieferung und die heutigen Bilder von Gott in einer angemessenen Weise zu verstehen und zu gebrauchen. Wenn Gott zum Beispiel als Rächer und Vernichter seiner Feinde dargestellt wird, müssen wir auf den Kontext und die Begrenztheit des Bildes achten und fragen, in welcher Weise und für wen sich in diesem Bild der Heilswille Gottes äußert. Damit soll nicht der provozierende Stachel der Bilder gezogen werden; Bilder sollen herausfordern und zu denken geben. Aber es soll einen unangemessenen Gebrauch und ein unangemessenes Verständnis verhindern. Wenn es heißt, Gott sei Vater, darf auch hier der Analogiecharakter nicht vergessen werden, und es muß gefragt werden, in welcher Weise und für wen sich in diesem Bild der Heilswille Gottes offenbart. Wo unheilvolle Auswirkungen von Gottesbildern auftauchen, muß kritisch gefragt werden, ob sie in der richtigen Weise gebraucht und verstanden werden.

4 Wie entstehen Gottesvorstellungen?

Bislang kreisten die Überlegungen um Gottesbilder als Darstellungen Gottes. Im folgenden will ich mich der subjektiven Seite der Gottesbilder zuwenden: den Gottesvorstellungen. Wie entstehen Gottesbilder in den Vorstellungen? Welche Rolle spielt die Gottesbeziehung dabei? Welche Zusammenhänge bestehen zwischen Vorstellungen und Darstellungen? Was drückt sich in Gottesvorstellungen aus? Gibt es Zusammenhänge mit dem Vater- oder Mutterbild oder mit dem Selbstbild, wie dies oftmals vermutet wird? Zu dieser Frage liegen verschiedene empirische Untersuchungen vor, auf deren Ergebnisse ich im folgenden zunächst kurz eingehen werde. Dann werde ich die Zusammenhänge zwischen der Gottesbeziehung, der Gottesvorstellung und dem Gottesbild diskutieren.

4.1 Elternbilder, Selbstbilder und Gottesbilder

Die Diskussion um einen Zusammenhang zwischen Elternbildern und Gottesbildern hat bereits Sigmund Freud durch seine These angeregt, daß sich das Kind Gott als Schutzmacht gegen fremde Übermächte schaffe und ihm die Züge der Vatergestalt verleihe (vgl. Freud 1967, 104). Diese These Freuds von Gott als Projektion des Vaters konnte in späteren Untersuchungen allerdings nicht bestätigt werden (vgl. den Überblick bei Petersen 1993, 15-21). Jedoch fanden diese Untersuchungen schwache Zusammenhänge zwischen der Gottesvorstellung und der Mutter, beiden Eltern oder dem jeweils bevorzugten Elternteil. In seiner großen interkulturellen Studie (Vergote/Tamayo 1981) unterscheidet Vergote (1981) erstmals zwischen tatsächlich erlebten Eltern und Idealeltern. Er kommt zu dem Resultat, daß Gott eine komplexe Einheit repräsentiert, die beide elterlichen Anteile in Spannung zueinander hält. Die Gottesrepräsentation ist weniger mütterlich als die Idealmutter, aber mütterlicher als der Idealvater, und weniger väterlich als der Idealvater, aber väterlicher als die Idealmutter (vgl. Vergote 1981, 206f). Auch Kay Petersen konnte in seiner Untersuchung von persönlichen Gottesvorstellungen (Petersen 1993) keine signifikanten Ähnlichkeiten zwischen Gottesvorstellungen und der Einschätzung der Eltern finden, wenngleich er schwache Tendenzen feststellte, die sich aber nicht mit einer einfachen Projektionstheorie erklären lassen.[13]

Friedrich Schweitzer kommt nach der Durchsicht verschiedener Studien zum Zusammenhang von Elternbildern und Gottesbildern zu dem Ergebnis, daß die Erfahrungen der individuellen Lebensgeschichte darüber mitbestimmen, wie Inhalte aufgenommen werden, und daß umgekehrt die erlebte Rollenverteilung der Erwachsenen sowie die wirksamen Idealbilder die individuelle Herausbildung des Gottesbildes beeinflus-

---

[13] Wenn die Mutter als „liebevoll-verstehend" eingeschätzt wurde, wiesen Männer tendenziell eher ähnliche und Frauen eher entgegengesetzte Gottesbilder auf. Wurde der Vater eher „passiv" eingeschätzt, wiesen Frauen eher ein entsprechendes, Männer eher ein entgegengesetztes Gottesbild auf. Wurde die Mutter als „autoritär-lenkend" erfahren, konnten keine Zusammenhänge mit dem Gottesbild festgestellt werden; wurde der Vater als „autoritär-lenkend" eingeschätzt, so konnten besonders bei Frauen höhere Werte bei dem Gottesbild „Strafender Richter" festgestellt werden, und besonders Männer empfanden mehr Furcht und Schuld (Petersen 1993, 155-167; 190).

sen. „Die Gottesbilder der Kinder werden sich erst in dem Maße ändern, in dem auch die Lebensformen der Erwachsenen anders werden – und zwar nicht nur individuell oder privat im Rahmen einer Einzelfamilie, sondern im kirchlichen, religiösen, kulturellen und gesellschaftlichen Zusammenhang." (Schweitzer 1994, 95).

Zusammenfassend läßt sich festhalten: Es lassen sich keine signifikanten und direkten Projektionen von Elternbildern auf die Gottesbilder feststellen, d.h. Gott ist für die Kinder nicht einfach wie der Vater oder die Mutter. Hingegen werden latente und recht differenzierte Einflüsse der erlebten Eltern wie auch der Idealeltern auf die Religiosität und das Gottesbild sichtbar.

Weiter ist nun zu fragen, inwieweit Mädchen und Jungen sich selbst oder das Ideal von sich in ihren Gottesbildern ausdrücken. Empirische Untersuchungen fanden übereinstimmend einen Zusammenhang zwischen einem positiven Selbstwertgefühl und der Vorstellung von einem liebenden Gott sowie zwischen einem negativen Selbstwertgefühl und einem vergeltenden Gott (Grom 1992, 241f, Daniel 1997, 310). Zu der Frage, inwieweit in dem Gottesbild Idealbilder von sich selbst ausgedrückt werden, habe ich bislang noch keine Untersuchungen gefunden. Ich vermute, daß sich in dem Gottesbild sowohl aktuelle psychische Stimmungen als auch aktuelle Suchbewegungen, Lebensthemen, Hoffnungen und Sehnsüchte niederschlagen, weil nämlich in das Gottesbild religiös gedeutete und verarbeitete Erfahrungen und die Beziehung zu Gott eingehen. Dies führt weiter zu der Frage, die ich als nächstes behandeln möchte: wie hängen die Gottesbeziehung, die Gottesvorstellung und das Gottesbild miteinander zusammen? Hier scheinen mir Überlegungen von Kay Petersen (1993) weiterführend zu sein, die er im Zusammenhang mit seiner empirischen Untersuchung zu persönlichen Gottesvorstellungen dargelegt hat.

4.2 Der Zusammenhang zwischen Gottesbeziehung, Gottesvorstellung und Gottesbild

Im Anschluß an Martin Buber geht Petersen davon aus, daß sich alle Vorstellungen auf Beziehungserfahrungen gründen. Der Mensch erlangt von etwas eine Vorstellung, indem er Kontakt dazu aufnimmt. „Immer wenn ich mir von etwas eine eigene Vorstellung machen will, benötige ich dazu eine Beziehung, z.B. visuellen oder sprachlichen Kontakt." (Petersen 1993, 218). Auch Informationen, die ich von anderen erhalte oder die Kombination von Elementen aus der eigenen Vorstellungswelt setzen voraus, daß ein Interesse an dem Objekt besteht und eine Beziehung dazu aufgebaut wird.

Petersen unterscheidet mit Buber zwischen der Ich-Es-Beziehung und der Ich-Du-Beziehung. Durch die erstere gewinnen Menschen Erkenntnisse über Objekte in ihrer Umwelt. Sie verschaffen Sicherheit und Macht. Die Ich-Du-Beziehung ist wesentlich komplexer strukturiert. In ihr ist die Trennung zwischen Ich und dem anderen Subjekt aufgehoben. Sie ist an der erlebten Nähe zu erkennen. Die Erlebnisse einer Ich-Du-Beziehung entziehen sich der rational-kognitiven Analyse. Sie sind sprachlich nicht zu beschreiben oder mitzuteilen, sie sind „unbeschreiblich". "Es ist nun aber auch die Relation Ich-Du allein, in der wir zu Gott stehen können, weil von ihm, im unbedingten Gegensatz zu allem anderen Seienden, kein objekthafter Aspekt zu gewinnen ist..." (Buber 1953, 151, zit. nach: Petersen 1993, 221). Gottesvorstellungen, die aus der Ich-Du-Beziehung gewonnen worden sind, beinhalten wenig konkrete oder analytische Informationen über Gott als Du. Das wirft die Frage auf: „Wie ist es möglich, daß Menschen zu Vorstellungen von Gott gelangen, wenn doch (1.) Ich-Es-Beziehungen zu Gott nicht möglich sind, Vorstellungen jedoch (2.) ausschließlich (sic) durch Ich-Es-Beziehungen entstehen?" (Petersen 1993, 224). Die Beziehung zum Du setzt Vorstellungsprozesse in Gang, um sie zu verstehen und mitzuteilen. Diese kognitive Verarbeitung von Erlebnissen der Ich-Du-Beziehung führt dann zu einer „Pseudo-Ich-Es-Beziehung" (ebd., 224).

Die Vorstellung oder der Versuch, das Du sprachlich oder bildlich wiederzugeben, läuft auf eine personenhafte Gottesvorstellung bzw. Gottesdarstellung hinaus, denn die intensivsten Ich-Du-Beziehungen wurden zu anderen Personen erlebt. Das Nachdenken über Gott und das Sprechen mit Gott führt also hin zu einer personalen bzw. persönlichen Gottesvorstellung. „Unter einem persönlichen Gott will ich einen Gott verstehen, dem als Du begegnet werden kann. Die Existenz dieses Du setzt allerdings menschliche Vorstellungsprozesse in Gang, die Gott anthropomorphisieren, d.h. ihn mit menschlichen Kategorien zu begreifen suchen und somit vermenschlichen. ... (Damit) wird für viele Menschen

eine Begegnung und Beziehung zu Gott erst möglich." (ebd., 224). Die personale Vorstellung von Gottes ist einer lebendigen Gottesbeziehung also offenbar näher als eine nicht-personale. Nicht nur Kinder, auch Erwachsene stellen Gott bevorzugt in personalen Dimensionen dar.[14]
Petersen unterscheidet zwischen Vorstellungen von Gott, die sich infolge der Gottesbeziehung und ihrer Reflexion einstellen, und objektivierten Gottesvorstellungen. Objektivierte Gottesvorstellungen können angeeignet sein oder aus der Reflexion der eigenen Gottesbeziehung stammen. Sie sind im Gedächtnis als „Konzepte" sedimentiert. „Konzept" definiert Petersen als „die Struktur, in die das menschliche Gehirn Informationen in mehr oder weniger dazugehörige Teilinformationen ordnet. Einige Konzepte können mit einem Wort bezeichnet werden, dann werden sie *Begriffe* genannt" (ebd., 209). Petersen geht davon aus, daß im Gedächtnis des Menschen verschiedene Konzepte, die mit dem Begriff Gott verbunden sind, bewahrt sein können. Der Begriff „Gotteskonzept" ist „unter den Konzepten von Gott, die ein Mensch im Gedächtnis bewahrt, dasjenige Konzept, welches der Mensch kognitiv bevorzugt" (ebd., 210).
Zwischen der kognitiven Ebene der Gotteskonzepte und der konkreten Ebene der Gotteserfahrungen, zwischen gedachtem und erlebtem Gott, besteht eine wechselseitige Beziehung. Allerdings müssen beide Ebenen nicht kongruent sein. Im begrifflichen Fassen und Reflektieren dessen, was unbeschreibbar ist, aber doch erfahren wird, kann es zu Verzerrungen kommen, besonders dann, wenn die zur Verfügung stehende konventionelle Sprache genormt ist und Denkverbote bestehen.
Aus diesen Überlegungen läßt sich nun folgern: Um der authentischen religiösen Glaubensentfaltung wie auch der theologischen Sprache und Theoriegenerierung willen ist es notwendig, daß zwischen den Gotteserfahrungen und -beziehungen und den Gotteskonzepten, -bildern und -begriffen ein enger Zusammenhang bewahrt wird – und dies nicht nur auf der persönlichen sondern auch auf der theologischen Ebene. Die in der Glaubensgemeinschaft geteilte theologische Sprache und Bilderwelt

[14] In der Untersuchung von Petersen zu Gottesvorstellungen Erwachsener beschrieben 62 Personen Gott mit eher personalen Begriffen, während nur 45 Personen Gott mit eher nicht-personalen Begriffen schilderten (Petersen 1993, 121).

ist verkürzt, wenn sie die Glaubenserfahrungen, Reflexionen, Bilder und Benennungen eines Teils ihrer Mitglieder – sei es der Kinder, der Frauen oder anderer Gruppen – ausschließt. Dadurch nämlich stehen diesen Gruppen auch keine Begriffe, Bilder und Konzepte zur Verfügung, um ihre Gottesbeziehung und Gotteserfahrung adäquat auszudrücken, zu benennen und zu reflektieren.

5 Empirische Kinderbildforschung: ein Überblick

Meine Untersuchung baut auf die vorliegende Literatur zu Kinderbildern, vor allem auf empirische Untersuchungen zu Gottesbildern in Kinderzeichnungen auf. Ich möchte hier einen knappen Überblick über diese Literatur geben. Auf einige der Studien werde ich später in der Diskussion der Ergebnisse meiner Untersuchung ausführlicher zu sprechen kommen.

5.1 Die Kinderbildforschung

Die Kinderbildforschung begann sich seit Ende des letzten Jahrhunderts mit dem wachsenden Interesse an der Entwicklung von Kindern herauszubilden (vgl. Richter 1997, 226-311). Zunächst wurden Kinderbilder vor allem im therapeutischen und klinischen sowie im pädagogischen Zusammenhang eingesetzt und studiert. Eine umfassende Darstellung der Kinderbildforschung, der Entwicklung des Kinderbildes und der verschiedenen Ansätze zur Interpretation hat *Hans-Günther Richter* (1997) vorgelegt, deshalb kann ich hier auf weitere Ausführungen hierzu verzichten. Die ästhetischen Dimensionen von Kinderbildern hat in jüngerer Zeit *Klaus Mollenhauer* (1996) im Vergleich mit der Musik erforscht. Hier finden sich Ausführungen zu Stil, Gestalt und Ausdruck von Kinderbildern, die die differenzierten Ausführungen bei Richter ergänzen (Mollenhauer 1996, 123-233).

5.2 Empirische Kinderbildstudien zur Religiosität von Kindern

Im Bereich der Theologie tauchten erste empirische Studien zu Gottesvorstellungen in Kinderbildern im deutschsprachigen Raum erst Anfang der achtziger Jahre auf. Sie waren schwerpunktmäßig quantitativ angelegt und an pädagogischen und entwicklungspsychologischen Fragen interessiert. Die methodischen Probleme wurden zunächst noch wenig reflektiert und expliziert. *Hermann Siegenthaler* (1980), der ca. 350 Kinderbilder auswertet, und *Dieter Boßmann, Georg Sauer* und *Klaus Deßecker* (1984) interpretieren die Zeichnungen im Bezugsrahmen der Psychologie von C.G. Jung. *Anton A. Bucher* (1994, vgl. 1991) berichtet über seine quantitative Auswertung von 343 Kinderbildern. In seiner Diskussion konzentriert er sich auf die Frage der anthropomorphen Darstellungsweise.

Die bislang umfangreichste quantitative Untersuchung hat *Helmut Hanisch* (1996) vorgelegt. Hier sind erstmals auch die methodische Anlage, die Fragestellung und die Hypothesen der Studie ausführlich expliziert. Hanisch vergleicht eine Stichprobe von 1471 Zeichnungen von 7-16-Jährigen aus Heidenheim, in dem er ein weitgehend intaktes volkskirchliches Milieu vermutet und die er deshalb als „religiös" einstuft, mit einer Stichprobe von 1187 Zeichnungen von Kindern und Jugendlichen gleichen Alters aus Leipzig, Dresden und Zwickau, die er als „nicht-religiös" einstuft.[15] Die Bilder wurden unter Anleitung von Lehrerinnen und Lehrern im schulischen Unterricht gemalt. Die Fragestellung der Untersuchung konzentriert sich auf die Entwicklung von Gottesbildern. Hanisch wertet die Bildinhalte nach Motiven und Attribuierungen Gottes aus. Die kategoriale Achse ist die Einteilung in anthropomorphe und symbolische Bilder. Eine weitere quantitative Untersuchung von 285 Kinderbildern hat *Martin Schreiner* (1998) durchgeführt. Die Bilder wurden in acht Münchner Kindergärten unter Anleitung von Erzieherinnen angefertigt. Schreiner wertet sie nach den häufigsten Bildmotiven, Symbolen und Attribuierungen zum Gotteskonzept aus.

---

[15] Um dies sicherzustellen, wurden die Unterrichtenden gebeten, die Bilder von Kindern aus christlichen Elternhäusern zu markieren, sie wurden dann aus der Untersuchung ausgeschlossen (vgl. Hanisch 1996, 115).

In den quantitativen Untersuchungen bleiben einige Fragen unbefriedigend gelöst. Zu methodischen Fragen der Datenerhebung – welchen Einfluß haben die Unterrichtssituation und die anwesende Lehrperson auf das Malen der Bilder, tauschten sich die Kinder aus und malten sie voneinander ab usw. – kommen Probleme der Interpretation der Daten: Wie kann von der Häufigkeit bestimmter Bildelemente, etwa bestimmter Farben oder Symbole, auf die Vorstellungswelt der Kinder geschlossen werden? Wie lassen sich die gefundenen Häufigkeitsverteilungen adäquat deuten?
In den letzten Jahren verlagerte sich deshalb das Interesse vermehrt auf qualitative Forschungsmethoden. *Ursula Arnold, Helmut Hanisch* und *Gottfried Orth* führten 1995/1996 eine Untersuchung mit 56 Kindern im Alter von neun bis zwölf Jahren aus drei Schulklassen in Aachen, Leipzig und Mödling durch. Im Rahmen des evangelischen Religionsunterrichts ließen sie die Kinder Menschen- und Gottesbilder malen, erzählen, Aufsätze schreiben und Metapherübungen machen. Zusätzlich wurden die Kinder einzeln anhand eines strukturierten Leitfadens interviewt. Das Interesse der Forschenden richtete sich auf religiöse Sozialisations- und Rezeptionsprozesse, sie fragten danach „wie die Kinder mit den Angeboten religiöser Erziehung umgehen und welche Rolle sie in ihrem Leben spielt" (Orth/Hanisch 1998, 10). Die Untersuchung ist in zwei Bänden veröffentlicht. Im ersten Band (Arnold/Hanisch/Orth 1997) sind Bilder und Gespräche von 24 Kindern dokumentiert. Die Gespräche wurden allerdings stark bearbeitet: sie wurden unter thematischen Gesichtspunkten auseinandergenommen und neu sortiert, so daß der Gesprächsverlauf nicht mehr nachvollziehbar ist. Im zweiten Band (Orth/Hanisch 1998) werden Portraits von jeweils vier Jungen und Mädchen sowie Portraits der Kinder der Leipziger und Aachener Religionsklasse mit einem kurzen Kommentar dargestellt und Vergleiche zwischen den Themen der Interviews gezogen. Ähnlich wie das Buch von Hanisch (1996) dokumentieren diese beiden Bände wertvolles empirisches Material. Erstmals kommen hier die Forschenden selbst in ihrer Interaktion mit den Kindern in den Blick. Dabei wird aber auch deutlich, daß die Äußerungen der Kinder oftmals durch recht direktive Fragen und die Arbeitsaufgaben der Forschenden vorstrukturiert sind. Die Vielfalt der Methoden, die die Kinder zu unterschiedlichen Äußerungen veranlassen, ermöglichen einen differenzierten Zugang zur Vorstellungs-

welt der Kinder. Die Kinderbilder hatten in der Untersuchung allerdings nur die Funktion, Anknüpfungspunkte für Gespräche zu bieten, die den Kern der Untersuchung darstellen. In der Auswertung spielen die Bilder nur noch eine marginale Rolle.

Die Erforschung des Zugangs der Religiosität von Kindern über Zeichnungen machte sich in den Jahren von 1996 bis 1999 auf Initiative des Cominius-Instituts eine Arbeitsgruppe von Praktischen TheologInnen und ReligionspädagogInnen zur Aufgabe. Gemeinsamer Ausgangspunkt war, daß die Kinder als Subjekte ihrer Religiosität und ihrer Bildungsprozesse in den Blick kommen und die Situationsbedingungen und Prozesse des Malens reflektiert werden sollten. Ausgehend von dem gemeinsamen Diskussionshintergrund wurden empirische und theoretische Forschungen mit unterschiedlichen Schwerpunkten und methodischen Ansätzen durchgeführt. Die Ergebnisse werden in einem Sammelband veröffentlicht (Fischer/Schöll 2000). Ich stelle hier kurz die verschiedenen empirischen Studien vor, die im Rahmen dieses Forschungsprojekts durchgeführt wurden. *Gabriele Sies* (2000), die mit sechs Kindern im Unterricht malt, stellt als Ergebnis ihrer Studie kritische Rückfragen an die Einflüsse der schulischen Struktur und des hierarchischen Gefälles zwischen Erwachsenen und Kindern auf den Malvorgang. Sie stellt in Frage, ob die Kinder hier überhaupt ihre (eigene) Gottesvorstellung malen und inwieweit man von einem individuellen Produktionsprozeß sprechen kann. Zudem zeigt sie auf, wie stark für die Kinder die Gestaltungsfragen (Qualität der Stifte, Angemessenheit der Farbe, Raumaufteilung auf dem Blatt, die Reihenfolge des Malens) beim Malen, aber auch beim Beurteilen der Bilder anderer im Vordergrund stehen, während die unterschiedlichen theologische Auffassungen oft akzeptiert und nicht weiter hinterfragt werden. *Ulrich Schwab* (2000) untersucht den Zusammenhang zwischen Gottesbild und Familienstruktur. Dafür wählt er einen kombinierten Zugang über das Bild und das Erzählen von Geschichten. 34 Kinder sollen ihr Haus, in dem sie wohnen, mit einem Baum, ihre Familie und ihre Familie als Tierfamilie mit Gott als Tier malen, die einzelnen Figuren auf dem Bild erklären und eine Phantasiegeschichte dazu erzählen. In der qualitativen Auswertung von zwei Bildern kommt er zu Aussagen über die Bedeutung Gottes im Leben der Kinder. *Gottfried Orth* (2000) arbeitet mit einer Gruppe von vier Kindern, die unterschiedlichen Religionen angehören. Die Bilder, die sie malen, nimmt er zum Ausgangspunkt für gemeinsame Gespräche. Der Schwerpunkt der Auswertung liegt nicht auf den Bildern, sondern auf den Gesprächen. *Martin Schreiner* und *Rahel Thomas* (2000) lassen 57 Schülerinnen und Schüler im Rahmen des regulären Schulunterrichts nach einem einleitenden Rollenspiel ihre Vorstellung von Gott malen und führen mit einigen später kurze Gespräche. *Heinz Streib* (2000) läßt zwei Mädchen im Kindergarten vor einer laufenden Videokamera malen. Eine Erzieherin, die die Kamera führt, unterhält sich dabei mit den Kindern und läßt sich den Malvorgang erklären.[16] Die Studie von *Anke Schröder* und *Helmut Reich* (2000) betrachtet das Malen von Bildern im Religionsunterricht unter didaktischen Aspekten. Meine *eigene* Studie (Klein 2000) faßt einige Ergebnisse der Untersuchung zusammen, die ich hier ausführlich explizieren werde. Gerade die Vielfalt der in Fischer/Schöll 2000 vorgelegten qualitativ-empirischen Ansätze bieten eine gute Grundlage für weitere Forschungen.

5.3 Internationale Studien

Abschließend möchte ich noch auf einige wichtige empirische Studien aus dem internationalen Bereich eingehen, die meine Untersuchung methodologisch und inhaltlich beeinflußt haben.
Die vergleichenden Analysen von Kinderbildern und Gesprächen mit Kindern von Heller (1986) und Coles (1994) geben Einblicke in Unterschiede religiöser Vorstellungswelten von Kindern in verschiedenen Kulturen, Religionen und Konfessionen. Der Psychologe *David Heller* (1986) interviewte vierzig amerikanische Mädchen und Jungen im Alter von vier bis zwölf Jahren, die der katholischen Kirche, der protestantisch-baptistischen Kirche, dem Judentum und dem Hinduismus angehörten. Im Rahmen der ca. zweistündigen Gespräche, die er selbst mit

[16] Bei der massiven Präsenz der Kamera, die aus der Perspektive der Kinder quasi eins mit der fragenden Erzieherin werden muß, ist es nicht verwunderlich, daß Streib in der Auswertung auf das Thema Einfluß der Medien auf die Gottesvorstellung zu sprechen kommt – allerdings ohne darauf zu reflektieren, wie sehr die Situation des Malens durch die Präsenz der laufenden Kamera bestimmt ist, die die Kinder an Film und Fernsehen erinnert haben wird.

den Kindern einzeln führte, ließ er diese auch Bilder vom Göttlichen malen. Das Material wertet er nach Aspekten der Religion, des Alters, des Geschlechts, der Persönlichkeit des Kindes sowie der familiären Sozialisation aus.

Der Arzt und Kinderpsychologe *Robert Coles* (1994) gibt Gespräche wieder, die er mit Kindern ganz unterschiedlicher Konfessionen und Religionen in vielen Ländern der Welt in Schulklassen, Krankenhäusern oder Familien geführt hat. Besonders dann, wenn die Kinder nicht sprechen wollten und in Schweigen verfielen, drückten sie ihre Vorstellungen vom Göttlichen auch in Bildern aus. Coles interessiert die Vielfalt der religiösen Vorstellungen der Kinder, die er phänomenologisch beschreibend herausarbeitet, wobei er auf eine psychologische oder entwicklungspsychologische Bewertung verzichtet und keine pädagogischen Interessen verfolgt. In dem Buch dokumentiert er viele Gespräche, wobei er auch sein eigenes Verhalten, seine Reaktionen und Gefühle beschreibt. Dadurch bleibt der Fokus nicht auf die Kinder beschränkt, sondern weitet sich auf das Kommunikationsgeschehen zwischen den Kindern und ihm aus.

Hinweisen möchte ich noch auf zwei weitere wichtige Studien, die für das Verständnis der kindlichen religiösen Vorstellungswelt erhellend sind. Der britische Religionspädagoge *John M. Hull* (1997) gibt kleine Gesprächssequenzen mit seinen Kindern über religiöse Fragen wieder, die spontan in der Familie, also im alltäglichen Lebenszusammenhang der Kinder, entstanden sind. Anhand der Analyse dieser Sequenzen zeigt er seine Theorie zu Entwicklung und Dimensionen der konkreten und abstrakten religiösen Vorstellungswelt der Kinder auf. Die dänische Religionspädagogin *Nina Tange* (1999) berichtet von einer Reihe von Einzelinterviews, die die Journalistin Jette Christiansen mit Kindern der zweiten Klasse geführt hat.[17] Das interessante Ergebnis ist, daß alle Kinder an Gott glaubten, auch wenn sie keinen religiösen Familienhintergrund hatten. Zugleich meinten sie aber, daß die anderen Kinder nicht an Gott glaubten. Daraus wird ersichtlich, daß diese Kinder sich unterein-

---

17 Für den Hinweis auf diesen Text, die Beschaffung und Verstehenshilfen danke ich Finn Rosenberg vom Folkekirkens Pædagogiske Institut Løgumkloster.

ander nicht über ihre religiösen Vorstellungen austauschen und ihre Religiosität sehr individuell und verborgen leben.

6 Methodische Zugänge

Bereits die Synode der EKD hat konstatiert, daß es bis heute „in Gesellschaft und Kirche keine Tradition (gibt), das den Kindern eigene Verständnis von Leben und Welt und die ihnen eigenen Wünsche und Vorstellungen zu erfragen" (Synode 1995, 49). Die Frage nach den religiösen Vorstellungen von Kindern führt uns in ganz neue Felder, für deren Erforschung es noch keine Methodologie gibt. Es geht deshalb vorerst darum, anhand von empirischen Forschungen neue methodologische Überlegungen anzustellen und neue Verfahren zu entwickeln und zu erproben. Dazu kann an die grundlagentheoretischen Diskussionen zum Fremdverstehen und an Methoden der qualitativen Sozialforschung angeknüpft werden.
Im folgenden werde ich zunächst die Probleme umreißen, die sich aus der Frage nach den Vorstellungswelten von Kindern für die empirische Forschung ergeben (6.1). Dann werde ich der methodologischen Frage nach dem Zugang zu kindlichen Vorstellungswelten nachgehen und Folgerungen für die Konzeption einer Untersuchung mit Kinderbildern ziehen (6.2). Dabei wird die zentrale Bedeutung der Kommunikationssituation für die *Erhebung* der Daten deutlich werden. Deshalb werde ich einige Bedingungsfaktoren der Mal- und Gesprächssituation aufzeigen (6.3), sowie die Konsequenzen für die Konzeption einer empirischen Untersuchung zur religiösen Vorstellungswelt von Kindern deutlich machen (6.4). Schließlich werde ich das Verfahren der *Auswertung* der Bilder und Gespräche vorstellen, das ich im Zusammenhang mit meinen empirischen Untersuchungen entwickelt habe (6.5).

6.1 Probleme der Forschung mit Kindern

Die Frage nach religiösen Vorstellungswelten in Bildern und der Versuch, Kinder in und aus ihrer Perspektive zu verstehen, stellt uns vor eine Menge methodischer Probleme. Wie ist ein Zugang von Erwachsenen zu den Vorstellungswelten von Kindern überhaupt möglich? Wie ist ein Verstehen von Kinderzeichnungen möglich? Wie muß eine Situation beschaffen sein, in der Kinder ihre religiösen Vorstellungen zum Ausdruck bringen?

Zur Bearbeitung dieser Probleme möchte ich an die grundlagentheoretischen Forschungen zum Fremdverstehen anknüpfen, die in den siebziger Jahren vor allem von der „Arbeitsgruppe Bielefelder Soziologen" (1981) durchgeführt wurden[18]. Die Erkenntnisse aus diesen Forschungen flossen in eine weitreichende Methodendiskussion ein, die zunächst unter dem Namen der „interpretativen Sozialforschung" (Hoffmann-Riem 1980) bekannt wurde und bis heute zur Ausdifferenzierung eines großen Spektrums von qualitativen Methoden geführt hat. Fritz Schütze, ein Mitglied der Arbeitsgruppe, entwickelte die Erkenntnisse weiter zum „Narrativen Interview", das heute besonders in der Biographieforschung und zur Erforschung von Vorstellungs- und Sinnwelten von Bedeutung ist. Eine der zentralen Erkenntnisse zur Möglichkeit des Fremdverstehen ist, daß das Verstehen von Bedeutung im Alltagsleben immer an die Kommunikationssituation gebunden ist. Der Alltagssatz: „Ich komme gleich rüber" ist nur zu verstehen, wenn wir die Situation und den Kontext der Gesprächspartnerinnen oder -partner einschließlich der subjektiven Orts- und Zeitdimensionen kennen. Das Verstehen von Vorstellungswelten und Bedeutungen, die sich in erhobenen Daten wie Interviews oder auch Bildern ausdrücken, ist deshalb an die Wahrnehmung der Erhebungssituation gebunden. Auf die Frage, wie sich diese Erkenntnis auf die Methoden und Forschungsstrategien in der Kinderbildforschung niederschlagen kann, komme ich in den nächsten Kapiteln zu sprechen.

Die vor diesem Hintergrund entwickelten Methoden der qualitativen Sozialforschung kommen in der Forschung mit Kindern an ihre Grenzen,

---

18 In Fortführung phänomenologischer (Husserl, Bergson, Schütz u.a.) und wissenssoziologischer Ansätze (Berger/Luckmann u.a.), des Symbolischen Interaktionismus (G.H. Mead u.a.) und der Ethnomethodologie (Garfinkel u.a.) entwickelte die „Arbeitsgruppe Bielefelder Soziologen" (1981) Theorien zum Fremdverstehen, die in der Konsequenz auf eine Alltagsforschung hinausliefen und mit zur „Alltagswende" in den Sozial- und Erziehungswissenschaften in den achtziger Jahren beigetragen haben.

da sie hauptsächlich mit sprachlichen Äußerungen wie Interviews arbeiten. Während in einem Interview mit Erwachsenen eine in etwa symmetrische Beziehung aufgebaut werden kann, ist das Interview von Erwachsenen mit Kindern durch eine asymmetrische Beziehungsstruktur gekennzeichnet, die sich wiederum auf das niederschlägt, was ein Kind äußert. Kinder verfügen zudem über einen eingeschränkten Wortschatz, viele Worte verstehen und gebrauchen sie anders als Erwachsene, und ihr Denken und Sprechen verläuft teilweise in anderen Strukturen als das von Erwachsenen. Häufig erfahren Kinder die Erwachsenen in der Rolle von Wissenden und Erziehenden. Es wird von ihnen erwartet – und sie selbst bemühen sich auch darum –, in die Welt der Erwachsenen hineinzuwachsen und deren Strukturen, Vorstellungswelt und Sprache zu begreifen. Dieses Muster wird vermutlich gerade in schulischen Zusammenhängen aktiviert. Häufig haben Kinder schon die Erwartungen von Erwachsenen internalisiert und reagieren auf deren Fragen mit Antworten, von denen sie glauben, daß Erwachsene sie für richtig halten und von ihnen erwarten. Sie lernen, daß Antworten, die sie vielleicht selbst gar nicht verstehen, die richtigen sein können, und daß diese belohnt werden, und setzen dieses Wissen in Erfolgsstrategien um.

In dem Gespräch eines oder einer Erwachsenen mit einem Kind lassen sich Internalisierungs- und Lernvorgänge, Anpassungsfähigkeit, Selbstbehauptungsstrategien und Umgangsstrategien mit Erwachsenen analysieren. Doch werden die Kinder hier ihre eigenen kindlichen Vorstellungswelten äußern, von denen sie vielleicht ahnen, daß sie nicht den Reifevorstellungen der Erwachsenen entsprechen? Werden sie sich überhaupt an sie erinnern und können sie sie entfalten? Wessen Vorstellungswelten (re)produzieren sie, wenn sie Antworten geben? [19]

Die Rolle der Erwachsenen muß in der Forschung mit Kindern kritisch reflektiert werden. Die eigenen Vorstellungswelten entwickeln und äu-

---

[19] Solche Fragen sind in vorliegenden Kinderbildstudien noch kaum berücksichtigt worden. Anfragen müssen vor allem an Erhebungen in Kindergarten- oder Schulklassen gestellt werden, die zum Teil auch von der Religionslehrerin oder dem Religionslehrer oder in deren Beisein durchgeführt worden sind. Was malen die Kinder da? Das, was sie gelernt haben oder lernen sollten? Können sie sich überhaupt an Momente aus ihrer eigenen religiösen Erfahrungswelt, aus ihrer Beziehung zu Gott oder ihrem Nachdenken über Gott erinnern?

ßern Kinder vermutlich am ehesten im gemeinsamen Umgang miteinander. Wie ist dann ein Forschungssetting anzulegen, in dem Kinder miteinander in einer eher symmetrischen Beziehungsstruktur ihre Vorstellungswelten entfalten können und die dominante Rolle von Erwachsenen zurückgenommen wird?
Die Entwicklung von Methodologien des Verstehens kindlicher Vorstellungswelten und Perspektiven steht noch am Anfang. Ein erster Sammelband zur Methodologie der Kindheitsforschung aus der Perspektive von Kindern ist Ende 1999 erschienen (Honig/Lange/Leu 1999). Allerdings konzentriert sich die Diskussion hier auf sprachliche Äußerungen, der Zugang zur Perspektive von Kindern über das Malen von Bildern ist nicht im Blick. Erste theoretische und methodische Reflexionen zum Zugang zur religiösen Vorstellungswelt von Kindern über Bilder finden sich in dem bereits erwähnten Sammelband Fischer/Schöll (2000).
In Anbetracht der genannten Schwierigkeiten der Forschung mit Kindern scheint gerade das Malen in einer Gruppe von Kindern einen geeigneten Zugang zur kindlichen Vorstellungswelt zu eröffnen. Im Prozeß des Malens selbst sind die Kinder der asymmetrischen Strukturen der direkten Kommunikation mit den Erwachsenen zumindest teilweise entzogen. Zudem ist ihre Äußerung nicht an Sprache gebunden. Doch das Verstehen und Interpretieren der Bilder stellt uns wieder vor ganz neue Probleme: Während zur Auswertung von Interviews inzwischen eine Reihe methodisch reflektierter Verfahren vorliegen, fehlen solche zur Auswertung von Bildern noch weitgehend.

6.2 Zur Möglichkeit des Verstehens von Kindern und ihren Bildern

Die Fragestellungen, das Sinndeutungs- und Relevanzsystem, die Sprache und Ausdrucksweisen der Kinder unterscheiden sich von denen der Forschenden. Bei Kindern sind sowohl eigene Verstehens- und Bedeutungshorizonte als auch gemeinsame „Kinderkulturen" zu vermuten, die im Freundes- und Bekanntenkreis gemeinsam konstituiert werden. Ausdruck solcher Kinderkulturen sind zum Beispiel gemeinsame Kommunikationsformen, die Erwachsene oft absurd erscheinen (vgl. Kelle/Breidenstein 1999), miteinander ausgehandelte Geheimsprachen oder Zeichensysteme oder auch Spiele, die für Erwachsene oder Außenstehende oft völlig unverständlich sind, aber innerhalb einer Kindergruppe häufig über einen längeren Zeitraum entwickelt und fortgesetzt werden. Aus der Sicht von Forschenden müssen wir die Kinder deshalb zunächst als „Fremde" betrachten (vgl. Hoffmann-Riem 1980, 334), wie auch umgekehrt Kinder die Erwachsenenwelt als eine fremde wahrnehmen und sich selbst als Angehörige einer Kinderwelt sehen. Eine gemeinsame Kultur, ein gemeinsames Regelsystem, ein normativer Konsens oder ein gemeinsamer Bedeutungs- und Verstehenshorizont können nicht ohne weiteres unterstellt werden. Doch wie ist dann ein Verstehen überhaupt möglich?

Die Prozesse des Fremdverstehens im Alltag haben unter anderem die Bielefelder Soziologen Fritz Schütze, Werner Meinefeld, Werner Springer und Ansgar Weymann (Schütze u.a. 1981) untersucht. Zur Bewältigung bleibender Fremdheit und des Verständnisproblems in jeder Alltagskommunikation bilden die Beteiligten praktische Idealisierungen, die eine Kongruenz der Relevanzsysteme oder die Austauschbarkeit der Standpunkte unterstellen (vgl. Schütze u.a. 1981, 443-446). Dadurch erreichen sie, daß die Kommunikation ungestört abläuft. Dabei werden die Inhalte von den Beteiligten immer im Zusammenhang mit den unausgesprochenen, aber von den Beteiligten berücksichtigten Gesprächskontexten verstanden; die Beteiligten erfassen „stets die kommunizierten Wissensgehalte im Rahmen konkreter Interaktionskontexte" (Schütze u.a. 1981, 445). Die Wissensgehalte haben „eine bestimmte Handlungsfunktion und werden nicht ‚rein semantisch' als situationsabstrakte Bedeutungskonfigurationen interpretiert" (Schütze u.a. 1981, 446). Wo die Forschenden diese „pragmatische Brechung" (Schütze u.a. 1981, 445), d.h. die „natürliche Situationsbindung der kommunizierten Wissensgehalte" (Schütze u.a. 1981, 446) ignorieren, kann Fremdverstehen nicht gelingen. Bilder können wir deshalb nur im Bezugsrahmen der Interaktion und Situation richtig verstehen, in der sie gemalt wurden.

Ich halte für das Verstehen von Bildern ähnlich wie für das Verstehen von Alltagskommunikation das Phänomen der Indexikalität für bedeutsam, das der amerikanische Ethnomethodologe Harold Garfinkel (1981) sichtbar gemacht hat.[20] Alltagsäußerungen besitzen die Eigenschaft einer „*unaufhebbaren* Vagheit" (Garfinkel 1981, 204), das heißt, daß sie „als ihr konstant mitgedachtes Merkmal einen begleitenden ‚Überschuss' an Bedeutung einschliessen und dass dieser ‚Überschuss' ein springender Punkt für das angemessene Erkennen des beschriebenen Gegenstandes ist" (Garfinkel 1981, 204). Diese Vagheit kann nicht „geheilt" werden (vgl. Garfinkel 1981, 213f). Wenn zum Beispiel eine Person zu einer anderen sagt: „Ich liebe dich", dann ist in diesem Satz ein *Sinnüberschuß* ausgedrückt, der nicht artikuliert werden kann und gerade deshalb notwendig zur Aussage gehört. Er kann sich vielleicht später bewahrheiten, aber er kann nicht gedanklich eingeholt werden. Wenn nun die andere Person antwortet: „Was versteht du denn bitte darunter? Kannst du mir das mal genau erklären?", dann wird damit die Regel der Sinnübereinstimmung verletzt und die Aufforderung wirkt wie eine Provokation. Wie diese Aussage zu verstehen ist, kann nicht erklärt oder definiert, sondern nur annäherungsweise im Hinblick auf die hoch komplexe Situation, in der diese Aussage gemacht wird, und im Bemühen um Sinnübereinstimmung erfaßt werden.[21]

Auch für das Verstehen von Kinderbildern muß meines Erachtens eine solche Indexikalität berücksichtigt werden. Die Bilder verweisen auf aktuelle, situative Kontexte und haben darin eine unaufhebbare Vagheit und einen Überschuß an nicht weiter erklärbarer Bedeutung. Das macht auch die Beobachtung verständlich, daß Kinder sich schwer tun, ihr Bild zu „erklären". Die Erläuterung fällt meistens recht kurz aus, und viele Details können selbst auf Nachfrage nicht erklärt werden. Wird hingegen auf Erklärungen insistiert, dann wird die unausgesprochene soziale

---

[20] Zur Indexikalität vgl. Garfinkel 1981, 210-214. Indexikale Ausdrücke sind z.B. „dann", „dorthin" „ich". Sie setzen die Kenntnis der aktuellen Situation des Sprechers oder der Sprecherin voraus. Die Explikation eines solchen Begriffes sprengt die Alltagskommunikation nicht nur, weil sie fast endlose Definitionen hervorrufen würde, sondern auch weil sie gegen die Basisregeln von Alltagskommunikation verstößt, in denen die gegenseitige Perspektivenübernahme und Sinnübereinstimmung unausgesprochen unterstellt wird.

[21] Garfinkel hat die explizite Störung der Sinnübereinstimmung durch penetrantes Nachfragen als forschungspraktisches Instrument eingesetzt und dadurch die unbewußte Regel sichtbar gemacht, vgl. die Fallbeispiele bei Garfinkel 1981, 206-207.

Verpflichtung zur Sinnübereinstimmung gestört, durch die allein nur jede Alltagskommunikation funktionieren kann. Fragt man ein Kind, was es da gemalt hat, wird es die Anteile des Bildes explizieren, die es bewußt, reflexiv und intentional gestaltet hat. Die vorbewußten und indexikalen Anteile, die komplexe situative Bezüge und einen hohen Sinnüberschuß aufweisen, wird es nicht explizieren. Insistiert man auf Erklärungen dazu, verstößt man gegen die Regel der Sinnübereinstimmung, das Kind fühlt sich nicht verstanden oder gar provoziert. Die vagen Vorstellungshorizonte eines Kindes lassen sich folglich nicht dadurch explizieren, daß es zu Erklärungen aufgefordert wird.
Daraus läßt sich nun folgern: Wenn die Forschenden das Regelsystem, in dem die Kommunikationssituation für die Kinder steht, die Indexikalität und die Situationsbindung des gemalten Bildes und der kommunizierten Wissensgehalte ignorieren, „werden nicht nur die von den Befragten geäusserten (sic) Wissensbestände in ihrer Bedeutung missverstanden" (Schütze u.a. 1981, 446), sondern die oder der Forschende „verzerrt mithin die natürlichen Kontexte der Kommunikation und verstösst (sic) damit gegen einen der Hauptgrundsätze jeder Methodik des Fremdverstehens" (Schütze u.a. 1981, 446).
Die Soziologin Christa Hoffmann-Riem hat die forschungspraktischen Folgerungen aus den Regeln des Fremdverstehens zusammengefaßt. Sie geht von der Feststellung aus: „Die aktuelle Konstitution von Bedeutung ist an die Kommunikationssituation gebunden, auch an die Kommunikationssituation des Forschungshandelns" (Hoffmann-Riem 1980, 344). Da es zu Erkenntnisverzerrungen kommt, wenn die Rolle der Forschenden bei der Datengenerierung ignoriert wird, gilt die bewußte Einbeziehung der Interaktion der Forschenden in den Forschungsprozeß als konstitutives Element des Erkenntnisprozesses. Ihre Perspektivität und Partizipation werden nicht als Hindernis, sondern als Voraussetzung des Verstehens aufgefaßt. Die Einsicht, daß die Daten selbst in einer Kommunikationssituation gewonnen werden, wird für den Forschungsprozeß fruchtbar gemacht. Die forschungspraktischen Konsequenzen hat Hoffmann-Riem in Regeln zusammengefaßt. „Will man im Forschungsprozeß die Wirklichkeitskonzeption der Handelnden nachzeichnen, muß das System von kommunikativen Regeln aktiviert werden, das außerhalb der Forschungssituation die Konstitution von Wirklichkeit leitet. Wie Gesellschaftsmitglieder ihre Welt als real, als objektiv gegeben erleben,

während sie sie selbst interpretativ mitbauen, kann nur bei einer Annäherung der Forschungssituation an ‚natürliche Anwendungskontexte' erhellt werden. ... Während er auch in der Forschungssituation die wissenschaftlichen Orientierungen nicht verleugnen kann ..., sollte er sich doch vom Forschungssubjekt dessen Stil der Kommunikation ‚aufzwingen' lassen." (Hoffmann-Riem 1980, 348[22]). Forschende gewinnen deshalb nur dadurch Zugang zu bedeutungsstrukturierten Daten, daß sie das kommunikative Regelsystem des Forschungssubjekts in Geltung lassen oder hervorlocken. „Ohne das vertraute Gerüst kommunikativer Regeln der eigenen Handlungssphäre wird das Gesellschaftsmitglied nicht die Orientierungen seines eigenen Handelns aufdecken" (Hoffmann-Riem 1980, 347). Folglich soll sich der oder die Forschende „der ‚Produktion' von Bedeutung aussetzten und erst auf der Grundlage der Strukturierungsleistungen der Forschungssubjekte die eigene Analyse vornehmen" (Hoffmann-Riem 1980, 344).

Während diese Erkenntnisse für Verfahren der Datenerhebung und –auswertung durch teilnehmende Beobachtung und durch Interviews rezipiert und konzeptionell umgesetzt worden sind, wurden sie bislang in bezug auf Verfahren des Malens und Auswertens von Bildern noch kaum berücksichtigt[23]. Im Hinblick auf Bilder läßt sich zusammenfassend festhalten:

Die Konstitutionsprozesse eines Bildes stehen in komplexen Zusammenhängen mit der Kommunikationssituation, in der das Bild produziert wird. Sie müssen für das Verstehen des Bildes berücksichtigt werden. Das Bild und sein nicht erklärbarer Sinnüberschuß muß im Bezugsrahmen der situativen und kommunikativen Zusammenhänge interpretiert werden.

Das Forschungsinteresse bezieht sich dann nicht nur auf das fertige „Produkt" Bild und die Erklärung des Kindes dazu, sondern auch darauf, wie in Kommunikationsprozessen Vorstellungen und Bedeutungen kon-

---

22 Das erste Zitat bezieht sich auf Schütze u.a. 1981, 441, das zweite Zitat auf Schütze u.a. 1981, 434.

23 Die Arbeitsgruppe des Comenius-Instituts zu Kinderbildern (vgl. Fischer/Schöll 2000) schenkt der Entstehungssituation der Bilder große Aufmerksamkeit, allerdings sind auch hier methodologische Reflexionen, methodische Konzeptionen und Verfahrensweisen meist nicht weiter ausgeführt.

stituiert, modifiziert oder auch rezipiert werden, die im gemalten Bild einen aktuellen subjektiven Ausdruck erhalten.
Dazu muß das „System von kommunikativen Regeln" der Kinder aktiviert werden, das im Alltag die Konstitution von Wirklichkeit leitet.
Die Erhebungssituation der Daten, d. h. die Kommunikationssituation, in der das Malen der Bilder angeregt und in der über sie gesprochen wird, muß also in einer Weise angelegt werden, daß die Kinder ihre religiösen Vorstellungen so entfalten können, daß ihr eigenes Regelsystem und Sinndeutungssystem nicht nur intakt bleibt, sondern auch entfaltet und expliziert wird.
Es bedarf meines Erachtens weiterer methodologischer und empirischer Forschungen, um Verfahren zu entwickeln, die den Regelsystemen von Kindern entsprechen und diese zum Vorschein bringen. Bei der Entwicklung solcher Verfahren müssen die Faktoren berücksichtigt werden, die die Mal- und Gesprächssituation beeinflussen. Im folgenden möchte ich zunächst einige dieser Faktoren zusammenstellen und dann Konsequenzen aus den dargelegten Überlegungen für eine Konzeption einer empirischen Untersuchung zur religiösen Vorstellungswelt von Kindern ziehen.

6.3 Bedingungsfaktoren der Mal- und Gesprächssituation

Das Kinderbild entsteht, wenn es auf Anlaß eines Forschers oder einer Forscherin gemalt wird, in einer Art Interviewsituation. Es ist eine „Auftragsarbeit", eine Antwort auf einen geäußerten Wunsch (vgl. auch Sies 2000). Auch die anschließend übliche Erklärung erfolgt in einer Interviewsituation. Ich möchte deshalb im folgenden den gesamten Gesprächs- und Malprozeß als „Mal-Interview" bezeichnen. In diesem Begriff soll deutlich werden, daß das Malen des Bildes ähnlich wie das Interview in einem komplexen kommunikativen Zusammenhang der Datenerhebung steht, der für das Verstehen des Bildes konstitutiv ist.
Was nun bestimmt diesen Zusammenhang? Ich möchte im folgenden einige Faktoren zusammenstellen, die die kommunikative Situation des Mal-Interviews beeinflussen, ohne jedoch einen Anspruch auf Vollständig zu erheben. Es geht dabei nicht unbedingt darum, die Einflußfakto-

ren zu minimieren, sondern darum, sie zu reflektieren und methodisch im Auswertungsprozeß zu berücksichtigen.

- Eine große Bedeutung für die Interaktion mit Kindern hat *die Person, die die Erhebung durchführt*. Eine Lehrerin beispielsweise könnte durch ihre Rolle, die sie üblicherweise den Kindern gegenüber einnimmt, eine bestimmte Erwartungshaltung suggerieren. Es besteht die Möglichkeit, „daß Kinder dann aus Hilfsbereitschaft oder aus Ulk vorführen, was der Forscher nach ihrer Meinung sehen will, wodurch die üblichen Strategien überdeckt werden" (Oswald/Krappmann 1995, 356). Bei einer Befragung durch Erwachsene muß auch damit gerechnet werden, daß ein Kind mit der Strategie reagiert, die es sich angeeignet hat, um mit Erwartungshaltungen und Erziehungsbemühungen von Erwachsenen umzugehen.[24] So kann zum Beispiel ein Kind die Regel verinnerlicht haben (die auch durch Sanktionen abgestützt sein kann), daß es auf Fragen oder Anliegen von Erwachsenen in deren Regel- und Normsystem antworten soll; dies kann so weit gehen, daß die eigene kindliche Vorstellungswelt als irrelevant betrachtet oder abgewertet wird. Es wird dann ein feines Sensorium für die Erwartungen und Vorstellungen der Erwachsenen entwickeln, und es kann passieren, daß der Forscher oder die Forscherin genau das erfährt, was er oder sie erwartet oder vermutet hat[25].
- Ein weiterer Faktor ist der *Ort* des Mal-Interviews. In Institutionen wie Schule oder Religionsunterricht können bestimmte Rollen und Erwartungshaltungen wirksam sein, durch die Kinder sich stärker an den Lernerwartungen der Lehrenden oder an hier gelernten Inhalten orientieren als an ihrer eigenen Vorstellungswelt.[26] Untersu-

---

[24] So stellt Robert Coles fest, daß „unsere Vorstellungen von dem, was Kinder begreifen können, sehr häufig auf den Fähigkeiten (beruhen), die sie in einer strukturierten Situation gezeigt haben" (Coles 1994, 320).

[25] Vgl. hierzu I.1.4 sowie die Erfahrungen von Matthes im Bereich der interkulturellen Religionsforschung in Matthes 1990.

[26] Von einer solchen Erfahrung berichtet Coles 1994, 321f. Bei seiner Studie mit Hopi-Kindern an einer Schule konnte er keine Erfolge erzielen, bis eine Mutter ihm mitteilte: „Sehen Sie, in diesem Gebäude hier werden sie niemals darüber reden, was in ihrem privaten Bereich läuft.... Das, wonach sie fragen, sind Gedanken, die sie draußen lassen, wenn sie hier hereinkommen" (321). Erst nachdem er die Kinder einige Wochen lang in ihrem eigenen Ter-

chungen im Rahmen des Religionsunterrichts können zu Fragen der Rezeption von Unterrichtsgeschehen hilfreich sein. Wenn es aber um die eigene Phantasie und Sinnwelt der Kinder geht, ist es besser, die Kinder an den Orten und in den Gruppen aufzusuchen, in denen sie ihre eigenen kindlichen Sinnwelten im Alltag entfalten.

- Natürlich spielt auch die *Beziehung der Kinder untereinander* eine große Rolle und entwickelt in der Situation, in der das Interview stattfindet, eine besondere Dynamik. Da kann es Rivalitäten geben, die zu Widerspruch und Streit führen, oder es kann enge Beziehungen und Abhängigkeiten geben, die zur gegenseitigen Unterstützung, zur Übernahme von Gedanken oder zum Abmalen führen, es kann ein Dominanz- und Einschüchterungsverhalten oder ein gegenseitiges Anspornen zu neuen Ideen geben, das die Entwicklung und Äußerung eigener Vorstellungswelten behindert oder fördert. In den hier abgedruckten Gesprächen mit den Kindern läßt sich diese Dynamik gut erkennen.
- Die Präsenz des *Aufnahmegerätes* hat nach meiner Erfahrung ebenfalls Einfluß auf den Kommunikationszusammenhang. Es hebt die Gesprächssituation aus der Alltagssituation heraus und gibt ihr etwas Unwiderrufliches. Den Kindern dürfte dies bewußt sein, auch wenn sie es nicht unmittelbar thematisieren und unterschiedlich darauf reagieren. So thematisierte Rita das Gerät mehrfach im Gespräch und spielte daran herum. Sie zeigte sich besonders zu Beginn der Interviews aufgeregt und exaltiert. Am Ende des zweiten Mal-Interviews sagte sie abschließend: „Und das ist das Ende der Sendung". Diese Bemerkung zeigt, wie sehr sie die Situation über das Aufnahmegerät definierte. In der Forschung wird die Bedeutung der Präsenz eines Tonbandes häufig heruntergespielt oder ignoriert, es wäre aber darauf zu reflektieren, inwieweit es an der „Definition der Situation" teilhat.
- Die *Anwesenheit anderer Personen* im Raum, die nicht direkt in das Gruppengespräch involviert sind, zeigt ebenfalls Wirkungen. So war ein Gespräch über das Gebetsleben oder die religiöse Vorstellungswelt der Kinder nach meinem Eindruck nicht unbefangen

---

ritorium besucht hatte und sie nicht mehr nach etwas Bestimmtem fragte, ließen sie ihn an ihrer Vorstellungswelt teilhaben.

möglich, wenn sich zuweilen Angehörige während des Interviews im Zimmer aufhielten. Eine solche Anwesenheit kann auf die Kinder wie eine Kontrolle wirken.

- Die *biographische Situation und die momentane Stimmung der Kinder* wirkt sich ebenfalls auf das Malen aus. Launen und Stimmungen schlagen sich ebenso im Malen nieder wie die Tatsache, daß Kinder nicht immer bereit sind, sich wirklich auf ein Gespräch oder ein ernsthaftes Nachdenken und Malen einzulassen. Wenn Kinder innerlich blockieren, aber doch den Anforderungen von Erwachsenen oder der Gruppe nachkommen wollen, dann wird das Bild nicht als Ausdruck der eigenen religiösen Vorstellungswelt zu verstehen sein. Ich habe beobachtet, daß Kinder dann häufig auf stereotype Darstellungen ausweichen. Einfluß auf das Malen haben natürlich auch die körperliche Verfassung, Krankheiten, Fragen und Probleme, mit denen sich die Kinder beschäftigen, sowie unmittelbare Eindrücke und Wahrnehmungen während des Malens (vgl. hierzu Sies 2000). So malte Bettina im dritten Mal-Interview die Regenbogenfarben von ihrem Farbkasten ab, vermutlich nur deshalb, weil ihr Blick zufällig darauf fiel.
- Schließlich spielt auch der *Grad der Fremdheit der forschenden Person* eine Rolle. Wo ich Kindern völlig fremd war, reagierten sie häufig zurückhaltend und kontrolliert. Günstig hingegen wirkte sich auf die Interviewsituation aus, wenn ich den Kindern oder einigen Kindern in der Gruppe bereits bekannt war. Die Kinder waren unbefangener und vertrauensvoller in ihren Äußerungen (vgl. dazu auch Oswald/Krappmann 1995, 356).

6.4 Konsequenzen für die Konzeption einer empirischen Untersuchung zur religiösen Vorstellungswelt von Kindern

Wie läßt sich nun eine Gesprächssituation so gestalten, daß Kinder ihre eigenen Regelsysteme ungebrochen entfalten und sie angeregt werden, nicht nur ihre eigenen Vorstellungen und Sinnstrukturen, sondern mit ihnen auch die eigenen Regelsysteme zu explizieren? Die Konstitution und Transformation eigener kindlicher Vorstellungen und Regelsysteme wird, so läßt sich vermuten, besonders in der Interaktion zwischen Kindern angeregt. Bei Kindern, die alltägliche Lebenszusammenhänge miteinander teilen, sind auch gemeinsam entwickelte Bedeutungsstrukturen und Regelsysteme sowie kollektive Erfahrungszusammenhänge vorhanden. Sie sind über den gemeinsamen Generationszusammenhang hinaus durch gemeinsame Milieus miteinander verbunden. Ralf Bohnsack, der Sinndeutungen von Jugendlichen untersucht und in diesem Zusammenhang das Gruppendiskussionsverfahren entwickelt hat (vgl. Bohnsack 1989), schreibt: „Aufgrund gemeinsamen Erlebens bestimmter historischer Ereignisse und Entwicklungen konstituiert sich eine gemeinsame ‚Erlebnisschichtung.'" (Bohnsack 1997, 497). Diese kommt am besten in „Realgruppen" zum Ausdruck, dort „artikuliert sich ein ‚konjunktiver Erfahrungsraum'" (ebd.). Bei Kindern scheinen mir solche Voraussetzungen in besonderem Maße unter Geschwistern gegeben sowie in nachbarlichen oder befreundeten Spielgruppen, in denen sie ihre Freizeit bzw. Spielzeit, d.h. ihre nicht durch Erwachsene strukturierte Zeit, miteinander verbringen. Hier entwickeln sie gemeinsame Orientierungen und Bedeutungszuschreibungen, entfalten aber in Abgrenzung voneinander auch subjektive Vorstellungen.

Bei der Konzeption einer Untersuchung, die nach religiösen Vorstellungswelten von Kindern fragt, ist es folglich hilfreich:

- Kinder aus gemeinsamen Spielmilieus zu finden,
- die Untersuchung an einem Ort durchzuführen, an dem sie auch sonst gemeinsam Vorstellungswelten entwickeln,
- Kontrollmechanismen und Einflußfaktoren, die die Aufmerksamkeit der Kinder auf Fremderwartungen richten, möglichst gering zu halten und
- eine Situation zu schaffen, die sie anregt, gemeinsam ihre eigenen religiösen Vorstellungen zu entfalten und dabei zugleich ihr interaktives Regelsystem zum Ausdruck zu bringen.

Diese in I.6.3 und I.6.4 dargelegten Überlegungen konkretisierten und modifizierten sich im Prozeß der Konzeption und Durchführung meiner empirischen Untersuchung. Sie sind ihr also zum Teil vorgängig, zum Teil aber auch ihr Resultat.

6.5 Das Verfahren der Auswertung

Bislang habe ich mich mit der Frage beschäftigt, wie eine Situation der Datenerhebung so gestaltet werden kann, daß in den Daten, also in den Gesprächen und Bildern, die religiösen Sinnwelten der Kinder und die Regel ihrer Konstruktion und Transformation zum Ausdruck kommen, so daß sie in der Auswertung rekonstruierbar sind. Die Erkenntnisse zum Fremdverstehen machten deutlich, daß es nicht genügt, ein Bild eines Kindes zu betrachten, um einen Zugang zu seiner Sinnwelt zu bekommen. Will man ein Bild verstehen, so müssen in der Auswertung die komplexe Situation seiner Entstehung, die Interaktionen, die Gespräche und Erläuterungen des Kindes mit berücksichtigt werden.

Allerdings gibt es bislang noch kein ausgearbeitetes qualitatives Verfahren zur Erhebung und Auswertung von Kinderbildern, das die genannten grundlagentheoretischen Erkenntnisse berücksichtigt und das die Konstruktion von Sinnzusammenhängen und Vorstellungen von Kindern beim Malen nachvollzieht. Die meisten der vorliegenden Interpretationsansätze von Kinderbildern beziehen sich zum einen auf fertige Bilder und berücksichtigen nicht deren Entstehungszusammenhänge und verorten zum anderen die Bilder in einem vorliegenden Theorierahmen – etwa der Psychoanalyse, der Entwicklungsspychologie, der Archetypenlehre, der Symbolinterpretation u.a.

Deshalb habe ich im Rahmen meiner eigenen Untersuchung ein qualitatives, phänomenologisch ausgerichtetes Verfahren der Auswertung von Kinderbildern entwickelt, das ich in diesem Kapitel vorstellen werde. Es setzt bei der genauen Wahrnehmung und Beschreibung der Bilder und Gespräche ein, verdichtet die Erkenntnisse im immanenten Vergleich der verschiedenen Äußerungen eines Kindes und faßt sie in einer abstrakteren Sprache zu einem Profil der religiösen Vorstellungswelt eines Kindes zusammen. Im Vergleich mit Bildern und Profilen der anderen Kinder, mit Ergebnissen anderer empirischer Untersuchungen sowie mit vorliegenden Theorien lassen sich dann weitreichendere Aussagen über die kindliche religiöse Vorstellungswelt machen.

Ich konnte dabei an verschiedene Verfahren der qualitativen Sozialforschung anknüpfen, die induktiv, rekonstruktiv und entdeckend ausgerichtet sind: an das Verfahren der Gruppendiskussion von Ralf Bohnsack (1989, 1997), das die gemeinsame Bedeutungskonstitution in

Gruppengesprächen herausarbeitet, an das von Fritz Schütze (1976, 1977, 1987) entwickelte Verfahren der Erzähl- und Konversationsanalyse, das biographische Bezüge der Bedeutungskonstitution herausarbeitet und dessen linguistischer, sprach- und konversationsanalytischer Ansatz sensibel für sprachliche und kommunikative Äußerungen macht, sowie an das Verfahren der Objektiven Hermeneutik von Ulrich Oevermann (1979, 1980), das strukturanalytisch ausgerichtet ist (zusammenfassend zu Schütze und Oevermann auch Klein 1994, 112-158). Diese Verfahren gehen davon aus, daß es eine Differenz zwischen dem intentionalen Ausdruckssinn einer Äußerung oder eines Bildes und einer latenten Sinnstruktur geben kann. Mit anderen Worten: In den Bildern sind beabsichtigte Mitteilungen und Aussagen zu finden, es drücken sich aber auch unbewußte Anteile des zeichnenden Kindes aus, die wiederum auf dessen vorbewußte innerpersonale Strukturen verweisen. Diese Verfahren sind vor allem in die Praxis der Erhebung und Auswertung meiner Untersuchung eingeflossen, auch wenn sie im folgenden nicht im einzelnen kenntlich gemacht sind.
In meiner Vorgehensweise orientierte ich mich zudem an dem Verfahren der Grounded Theory, das die amerikanischen Soziologen Barney G. Glaser und Anselm L. Strauss als eine Grundstrategie eines induktiven Vorgehens der Datenauswertung entwickelt haben (vgl. Glaser/Strauss 1998; eine Zusammenfassung dazu in Glaser/Strauss 1979; Strauss/Corbin 1996).
In aller Kürze gehe ich im folgenden auf die Grounded Theory ein, die das Rahmenkonzept meines Vorgehens in der empirischen Untersuchung darstellt, dann auf Verfahren der Auswertung der Gespräche, auf die Auswertung der Bilder sowie auf die Theoriebildung zu den religiösen Vorstellungswelten.

Die Grounded Theory als Rahmenkonzept des Vorgehens

Das Verfahren der Grounded Theory dient dem Prozeß des Entdeckens von neuen Hypothesen und der Entwicklung einer gegenstandsbezogenen Theorie mittlerer Reichweite aus diesen Entdeckungen. Es beginnt mit der genauen Beschreibung der Daten. Dabei soll in dieser Phase vermieden werden, daß von außen Interpretationen oder Theorien an die Daten herangetragen werden, vielmehr werden die Selbstdeutungen und

Theoriepotentiale, die im Datenmaterial zu finden sind, pointiert herausgearbeitet. Schon während der Datensammlung, der Transkription der Texte und der genauen Beschreibung tauchen rasch erste Hypothesen auf, die gesammelt und beim Fortschreiten der Auswertung überprüft werden. Sie zentrieren den Blick auf die Eigenarten des Falles und bilden die Grundlage für den analytischen Bezugsrahmen, in dem die Daten verstanden und interpretiert werden. In der Praxis läuft dieser Prozeß zirkulär ab. Um zu gegenstandsbezogenen Theorien von größerer Gültigkeit und Allgemeinheit zu kommen, werden verschiedene Fälle miteinander verglichen, wobei besonders die Ähnlichkeiten und Unterschiede wichtige Indikatoren für die Theoriebildung sind. Im fortschreitenden immanenten Vergleich werden so die Konturen der individuellen Fallspezifik deutlich; die Aussagen bekommen durch den Vergleich mit den anderen Fällen weitere Gültigkeit. Der theoretische Rahmen wird in abstrakten Begriffen und Erklärungen herausgearbeitet und in bezug auf vorliegende Theorien und Ergebnisse anderer empirischer Studien diskutiert. Dabei soll zugleich der Bezug zur erforschten Lebenswelt lebendig bleiben, so daß die Leserin oder der Leser der Studie die Theoriebildung anhand des dokumentierten Materials und der Auswertungsschritte nachvollziehen und die Perspektiven der Menschen in ihrer Lebenswelt nachempfinden kann.

Die Auswertung der Gespräche

Für die Analyse der Gespräche mit und unter den Kindern verwendete ich zum einen das bereits erwähnte Gruppendiskussionsverfahren, das Ralf Bohnsack (1989, 1997) im Rahmen seiner empirischen Studie über Sinnwelten von Jugendlichen entwickelt hat. Es eignet sich dazu herauszuarbeiten, wie Jugendliche oder Kinder aus gemeinsamen Peer-Groups in Gruppengesprächen miteinander oder in Abgrenzung voneinander Sinnwelten konstruieren. Genau dies geschieht auch, wenn die Kinder miteinander über Gottesvorstellungen nachdenken und diskutieren und sie zeichnerisch entwerfen. Zum anderen zog ich auch die sprachanalytischen Vorgehensweisen und Erkenntnisse über Erzählungen von Selbsterlebtem von Fritz Schütze heran sowie die Objektive Hermeneutik nach Ulrich Oevermann (vgl. Schütze 1977, 1987; Oevemann u.a. 1979, 1980; zusammenfasssend Klein 1994).

Die Auswertung der Bilder

Zur Auswertung der Bilder entwickelte ich folgende Schritte:

1) Die Auswertung beginnt mit einer sorgfältigen *Beschreibung* des Bildes.[27] Dadurch wird das Bild zunächst in seiner Gesamtgestalt und in seinem ästhetischen Ausdruckswert erfaßt. Die Beschreibung stellt einen ersten Interpretationsschritt „dicht über den Daten" (Geertz) dar.
2) Der *subjektive Eindruck* der Wirkung des Bildes wird festgehalten. Das im Bild zum Ausdruck Gebrachte macht auf die Betrachterin oder den Betrachter einen Eindruck – das Bild hat eine Wirkung. Diese Wirkung wird zum Teil unbewußt produziert, aber zum Teil auch bewußt erzielt, indem das Kind sich mit der Wirkung des Bildes auf sich selbst auseinandersetzt und diese so lange korrigiert, bis das Bild „fertig" ist, also eine Gesamt(ausdrucks)gestalt hat, mit dem das Kind zufrieden ist. „Die Wahrheit des Werkes ist nicht unabhängig von den Rezipienten zu denken, aber sie wird von diesen nicht hervorgebracht, sondern sie hat ihren Ort gerade in der *Beziehung* zwischen Werk und Rezipienten" (Biehl 1997, 383). Mein eigener subjektiver Eindruck ist sicher nicht die einzige Möglichkeit, das Bild wahrzunehmen, doch kann er als eine mögliche Wirkung auf Rezipienten aufgefaßt werden. In der Regel befrage ich zu den Bildern auch andere Personen nach ihrem Eindruck. Wichtige Hinweise geben vor allem auch die Äußerungen der anderen Kinder während der Vorstellungsrunde zu ihrem Eindruck von dem Bild. Ihre Wahrnehmung unterscheidet sich manchmal deutlich von der der Erwachsenen.
3) Das Bild wird im Hinblick auf den *Malimpuls* analysiert: wie wird er aufgenommen, umgesetzt oder modifiziert?
4) In die Auswertung werden zudem die Beobachtungen zu dem *Entstehungsprozeß* des Bildes mit einbezogen. So können z.B. manchmal Schlüsse aus der Reihenfolge des Malens, aus Korrekturen oder aus dem Vergleich mit ersten verworfenen Konzepten gezogen werden. Wenn ein Bild von einem anderen abgemalt wurde, müssen

[27] Zur Wahrnehmung der Bildgestalt waren mir die Ausführungen von Mollenhauer (1996, 123-233) hilfreich.

die Rezeptionsprozesse oder individuellen Veränderungen von rezipierten Bestandteilen analysiert werden.

5) Ebenso werden nun die *Erläuterungen* des Kindes zu seinem Bild in die Interpretation einbezogen. Sie können die bisherige Analyse bestätigen und weiterführen. Wenn jedoch Widersprüche auftreten, sind diese erklärungsbedürftig. Sie lenken die Aufmerksamkeit in der weiteren Auswertung und möglicherweise, um eine Klärung herbeizuführen, den Fortgang der weiteren Untersuchung.
6) Die Analyse wird mit *anderen Äußerungen* des Kindes verglichen, also vor allem mit früheren oder späteren Bildern, mit Äußerungen in den Gesprächen oder eventuell mit Verhaltensweisen des Kindes, die aufschlußreich sein können. In diesem Vergleich werden die Hypothesen weiter modifiziert und spezifiziert.
7) Schließlich wird die individuelle Fallspezifik, die *religiöse Vorstellungswelt und die Theologie* des Kindes, soweit sie sich durch die Analyse erschlossen haben, zusammengefaßt.

Faktisch verläuft der Auswertungsprozeß häufig zirkulär. Der fortschreitende Erkenntnisgewinn schärft die Wahrnehmung, so daß im erneuten Blick auf die ersten Auswertungsschritte oft noch wichtige Details entdeckt werden oder diese prägnanter formuliert werden können. Oftmals bestimmen individuelle Charakteristika der Bilder oder Entstehungsprozesse die Schwerpunkte der Auswertung. Wenn z.B. ein Bild von einem anderen abgemalt wird, ist zum Verständnis dieses Bildes der Vergleich zwischen beiden Bildern unabdingbar. Für die Frage nach der Konstitution und Transformation der religiösen Sinnwelt des Kindes ist in diesem Fall gerade der Prozeß des Abmalens aufschlußreich. Oder wenn nach dem Malen eines Bildes im Mal-Interview später weitere Bilder angefertigt werden, so ist hier gerade dieser Prozeß des Fortführens oder Korrigierens für das Verständnis der Bilder und der religiösen Sinnwelt des Kindes aufschlußreich (vgl. Abb. 1, 8, 9).

Die Theoriebildung zu den religiösen Vorstellungswelten

Nach der Analyse der Gespräche und Bilder und der Erstellung der einzelnen Fallstudien werden diese miteinander verglichen und Ähnlichkeiten, Unterschiede und Tendenzen herausgearbeitet. Die Ergebnisse werden in Bezug auf die Ergebnisse von anderen vorliegenden empirischen Studien sowie auf vorliegende Theorien diskutiert. Der empirische Befund kann bestehende Theorien bestätigen, modifizieren oder in Zweifel ziehen. Umgekehrt können die Theorien auch zum Verständnis der empirischen Ergebnisse beitragen. Dieser Schritt dient der Theoriebildung und –diskussion (vgl. Teil III) sowie dem Festhalten von neuen Fragen als Basis für weitere empirische Studien oder an die Theoriediskussion (vgl. Teil IV).

Zweiter Teil

Die empirische Kinderbildstudie

Im zweiten Teil werde ich nun meine empirische Untersuchung vorstellen. Um die Verfahren der Erhebung und Auswertung, die ich im Zusammenhang mit diese Untersuchung entwickelt habe, transparent und nachvollziehbar zu machen, werde ich das Datenmaterial, also die Bilder und Gespräche, dokumentieren. Der erste unverzichtbare Auswertungsschritt ist die „strukturelle" (Schütze) oder „dichte" (Geertz) Beschreibung der Bilder und Gespräche. Diesen Interpretationsschritt werde ich für die ersten beiden Phasen der Untersuchung ausführlicher darlegen, für die dritte Phase in geraffter Form. Allerdings sind die hier vorgestellten Beschreibungen auch schon bereits Zusammenfassungen eines sehr viel umfangreicheren Wahrnehmungs- und Interpretationsprozesses. In der genauen Betrachtung und Beschreibung zeigen sich bereits erste Ansatzpunkte einer weitergehenden Interpretation, die vergleichend in Teil IV erfolgen wird.

Die Bilder, Erläuterungen und Gespräche weisen komplexe Zusammenhänge auf, die durch synchrone und diachrone Strukturen bestimmt sind. Die verbalen und zeichnerischen Äußerungen der Kinder sind einerseits durch viele Faktoren der aktuellen Situation des Mal-Interviews beeinflußt (vgl. I.6.3). In der Biographie der einzelnen Kinder ist zudem eine diachrone Struktur zugrunde gelegt, die sich ebenfalls in den Äußerungen ausdrückt. Jedes Kind entwickelt eine eigene Vorstellungswelt, die durch biographisch sedimentierte Erfahrungen mitbestimmt ist. Einige der Erfahrungen und die biographische Struktur der Kindern werden in Bildern und Gesprächen, zumindest an manchen Stellen, deutlich.

In der Darstellung werde ich der synchronen Struktur folgen und die Bilder der verschiedenen Mal-Interviews miteinander besprechen. Dabei werden bereits Bezüge zu den jeweiligen biographischen Erfahrungswelten der einzelnen Kinder sichtbar. Im zusammenfassenden Blick auf die Vorstellungswelt und Theologie der einzelnen Mädchen (Kap. II.5) wird auch die diachrone Struktur zur Geltung kommen.

1 Die Anlage des Projekts

1.1 Der Verlauf des Projekts

Die Untersuchung führte ich in drei Phasen im Juni 1997, Juni 1998 und September 1999 durch. Die erste Phase kann als eine Art Vorstudie angesehen werden, die mich zu wesentlichen Veränderungen der Konzeption veranlaßte. Die zweite Phase stellt den Kern der Untersuchung dar. Die dritte Phase diente der Überprüfung und Verfeinerung der gefundenen Theorien und dem Blick auf die entwicklungsbedingten Veränderungen.

In dieser Art von empirischer Forschung soll der Alltag nicht ausgeblendet werden, sondern er ist der genuine Ort, an dem die Vorstellungswelten entfaltet und untersucht werden können. Deshalb ist die Untersuchung auch den Zufällen, ungeplanten Ereignissen und Mißgeschicken des Alltags ausgesetzt. Aber gerade diese Unplanmäßigkeiten erwiesen sich in der Auswertung für den weiteren Erkenntnisprozeß oft als besonders aufschlußreich. Deshalb werde ich im folgenden den Verlauf des Projekts und den Prozeß des Erkenntnisgewinnens mitsamt den Umwegen und Mißgeschicken darstellen.

Die erste Projektphase

Aufgrund der oben dargelegten grundlagentheoretischen Vorüberlegungen (vgl. I.6) suchte ich Gruppen von Kindern, die sich kennen, ihre Spielzeit miteinander verbringen und ihre Sinnwelten im Spielen und Erzählen gemeinsam konstituieren. Solche Konstellationen hoffte ich bei Geschwistern und in nachbarschaftlichen Freundes- und Spielgruppen zu finden. Ich wollte in den alltäglichen Zusammenhängen mit ihnen malen, die ich in den Elternhäusern vermutete. Mein Ziel war es, die Kinder so über ihre Bilder miteinander ins Gespräch zu bringen, daß sie sich gegenseitig von ihren Bildern erzählen, einander befragen und so ins Gespräch über ihre religiösen Vorstellungen kommen.

In der ersten Erhebungsphase im Juni 1997 führte ich Mal-Interviews mit drei Gruppen von jeweils zwei Geschwistern, mit einer Spielgruppe von fünf Mädchen, von den zwei Schwestern sind, sowie einzeln mit dem Bruder dieser Schwestern durch. Als Ort wählte ich jeweils die

Wohnungen der Geschwister. Die Kontakte zu den Kindern kamen in zwei Fällen dadurch zustande, daß ich die Eltern kannte, in den zwei anderen Fällen ließ ich mir Kontakte von mir bekannten Müttern zu anderen Müttern vermitteln. Insgesamt wurden in dieser Phase 15 Bilder von sieben Mädchen und fünf Jungen gemalt und ausgewertet.

Zu Beginn des Interviews stellte ich mich den Kindern als eine Forscherin vor, die darüber forscht, wie Menschen sich Gott vorstellen und wie sie mit Gott in Beziehung wären. Bislang hätten sich die Forscherinnen und Forscher hauptsächlich mit den Vorstellungen von Erwachsenen beschäftigt, mich würde aber besonders interessieren, wie Kinder sich Gott vorstellten, denn Kinder hätten ja schließlich auch etwas Wichtiges zum Glauben zu sagen. Deshalb würde ich sie bitten, ihre Vorstellung zu malen. Da ich eine wechselseitige Beeinflussung der Kinder und ein Abmalen voneinander zunächst noch vermeiden wollte, bat ich die Kinder, ihre Bilder allein für sich in getrennten Räumen zu malen. Danach – die Kinder malten in der Regel ca. 20 Minuten lang – kamen sie zusammen, und ich bat sie, sich gegenseitig zu erzählen, was sie gemalt hatten.

Meine Hoffnung, daß dies ein Gespräch über die Bilder und über religiöse Vorstellungen in Gang bringen würde, bei dem sich Kinder gegenseitig befragen und erzählen, wurde allerdings nicht erfüllt. Besonders dort, wo ich den Kindern fremd war, reagierten diese häufig befangen; ein selbststrukturiertes Gespräch unter den Kindern kam nicht recht zustande. Sie stellten ihre Bilder nur kurz vor. Zuweilen entspann sich auch ein kurzes Frage-Antwort-Gespräch zwischen ihnen, aber im großen und ganzen war ihre Aufmerksamkeit auf mich fixiert – schließlich hatte ich ja auch den Wunsch zum Malen geäußert und das Thema vorgegeben. Als hinderlich für ein Gespräch stellte sich zudem die zwangsläufige Strukturierung der Situation durch die Abfolge in der Vorstellungsrunde heraus: Die Möglichkeit zur Entfaltung eines längeren Gesprächs wurde durch das Bewußtsein unterbrochen, daß dies jetzt nicht „dran" sei, sondern die Vorstellung eines jeden Bildes.[28]

---

[28] Das Problem des Zeitdrucks einer Vorstellungsrunde haben Arnold/Hanisch/Orth 1997 umgangen, indem sie nach dem Malen mit den Kindern einzeln Leitfadeninterviews führten. Dadurch wird allerdings das asymmetrische Verhältnis zwischen dem Erwachsenen und dem Kind noch verschärft. Das Kind muß ähnlich wie im Schulunterricht auf die Fragen des

Das Mal-Interview mit der Gruppe der fünf Freundinnen erwies sich als das aufschlußreichste. Die Mädchen bezogen sich stärker als in den anderen Interviews auf einander und waren recht unbefangen. Meine Rolle als erwachsene Interviewerin war hier noch am wenigsten dominant. Leider stellte sich heraus, daß der Tonbandmitschnitt in dieser Gruppe aufgrund eines technischen Defekts unbrauchbar war. Deshalb hielt ich die Äußerungen der Mädchen einige Stunden nach dem Interview in einem Gedächtnisprotokoll fest.
Durch einen Zufall ergaben sich in dieser Gruppe aber Daten und Erkenntnisse, die meine gesamte Konzeption veränderten. Die Freude am Malen und offenbar die Unzufriedenheit mit den eigenen Bildern und ihrer Vorstellung in der Runde regte drei der Mädchen an, nach dem Abschluß des Interviews aus eigenem Impuls weitere Bilder von Gott zu malen. In diesen Bildern kam nun die Auseinandersetzung mit dem eigenen Malprozeß, mit den Bildern und Kommentaren der anderen Mädchen sowie die weitere Auseinandersetzung mit dem Thema zum Ausdruck. Sie entstanden aus eigenem Impuls und waren nicht mehr die Erfüllung einer von mir gestellten Aufgabe. In der Analyse der Bilder wurde mir später die Bedeutung von Bildsequenzen und mehreren sprachlichen und/oder bildlichen Äußerungen desselben Kindes für das Verständnis der religiösen Vorstellungswelten der Kinder deutlich.

Veränderung der Konzeption

Diese Erfahrungen und Erkenntnisse veranlaßten mich zu einer neuen Konzeption. Ich gab die Arbeit mit den Geschwistergruppen auf und konzentrierte mich auf die Mädchengruppe. Anstelle eines breiten Vergleichs von Bildern verschiedener Kinder erschien mir nun ein Ver-

---

Interviewers antworten, es ist diesem alleine ausgesetzt und fühlt sich möglicherweise ausgefragt. Harte Kritik am Leitfadeninterview als einem „Pseudo-Gespräch“ übt Christa Hoffmann-Riem, die die Erfahrung von Christel Hopf mit dieser Interviewform analysiert: „Elemente alltäglicher Kommunikation waren eingeschlossen, jedoch umrahmt von Verstößen gegen Kommunikationsnormen wie die Reziprozitätsnorm oder die Tabuisierung des Ausfragens. ... (Der Leitfaden) erfüllte für die Interviewer ‚quasi Schutzfunktionen bei der Bewältigung typischer, an die Situation gebundener Verhaltensprobleme‘“ (Hoffmann-Riem 1980, 357; Zitat: Hopf 1978, 101).

gleich der Sequenzen von Bildern weniger Kinder einen geeigneten Zugang zur kindlichen religiösen Vorstellungswelt zu erschließen.
Um die Konstitutionsprozesse religiöser Vorstellungen unter den Mädchen anzuregen, schien es mir wichtig, ein gemeinsames Gespräch über Glaubensfragen und Gottesvorstellungen *vor* dem Malen zu initiieren, in dem sie gemeinsam oder in Abgrenzung voneinander eigene Vorstellungen entwickeln können. Auf diese Weise verhandeln die Mädchen den Malimpuls selbst. Das Malen erfolgt dann als eine Auseinandersetzung mit den geäußerten Vorstellungswelten der Kinder im Gespräch und nicht mehr so sehr als eine Reaktion auf meinen Impuls oder meine Erwartung. Die Konstitutionsprozesse der religiösen Vorstellungen kommen in diesem Prozeß deutlicher zum Ausdruck. Ich ließ den Mädchen nun auch bewußt die Möglichkeit, sich während des Malens auszutauschen oder von einander abzumalen.
Das Führen des Gesprächs sollte nach Möglichkeit den methodologischen Grundlagen und Regeln des narrativen Interviews (vgl. Schütze 1977; Glinka 1998) folgen, das von den verschiedenen Interviewtechniken wohl am besten geeignet ist, um selbststrukturierte Vorstellungswelten hervorzulocken. Die Mädchen sollten die ihnen wichtigen religiösen Themen selbst vorgeben und entfalten, meine Nachfragen sollten textimmanent erfolgen und vorrangig die Generierung von Erzählsequenzen, weniger hingegen von argumentativen Beiträgen, anregen. Für die Vorbereitung eines solchen Interviews ist es von Nutzen, sich mit der religiösen Vorstellungswelt von Kindern zu beschäftigen, um im Gespräch angemessen reagieren, die Äußerungen der Kinder besser verstehen und immanente Nachfragen formulieren zu können.[29]

Die zweite Projektphase

Im Juni 1998 führte ich ein zweites Mal-Interview mit der Mädchengruppe durch. Es erfolgte in vier Phasen:

1) Zunächst legte ich den Mädchen ihre eigenen Bilder, die sie ein Jahr zuvor gemalt hatten, erneut vor und bat sie, diese zu erläutern. Im

---

[29] Als hilfreich erwiesen sich die Studien von Robert Coles (1994) und von John M. Hull (1997), die nicht nur Einblicke in religiöse Vorstellungswelten und Fragen von Kindern vermitteln, sondern auch in die behutsame Fragetechnik der Autoren.

Anschauen der eigenen Bilder wurden die Kinder mit ihrer eigenen Vorstellungswelt konfrontiert, von der sie sich jedoch nach einem Jahr zugleich auch distanzieren konnten, da sie sich selbst und die anderen als weiterentwickelt einschätzten.[30] Diese Phase sollte die religiöse Vorstellungswelt evozieren und in Abgrenzung, Übernahme oder Veränderung der damaligen Vorstellungen die Artikulation neuer religiöser Vorstellungen anregen. Die Gesprächssituation war zunächst wieder durch die Reihenfolge der Bilder strukturiert.

2) Eingeleitet durch meine Frage, ob sie auch manchmal mit Gott redeten – und damit nach der Beziehung der Mädchen zu Gott –, entwickelte sich ein weitgehend selbststrukturiertes Gespräch unter den Mädchen über Glaubensfragen. Die Ausgangsfrage kehrten die Mädchen dabei bald schon in ihre eigene Frage nach der Beziehung Gottes zu ihnen und seinem Eingreifen in das Geschehen in der Welt um.
3) Dieses Gespräch bildete den neuen, gemeinsam konstituierten inhaltlichen Impuls zum Malen neuer Bilder. Ich ließ den Kindern nun bewußt die Möglichkeit, sich während des Malens auszutauschen und voneinander abzumalen, da gerade diese selbststrukturierte Kommunikation zwischen den Kindern für die Auswertung wertvoll ist. Ein Mädchen malte sehr sorgfältig von einem anderen ab, die anderen hatten hingegen offenbar das Bedürfnis, für sich allein zu malen (vgl. hierzu auch Mollenhauer 1996, 48f).
4) Abschließend stellten die Mädchen ihre Bilder vor; die Erläuterungen waren auch hier wieder recht kurz gehalten.

Den gesamte Ablauf des Mal-Interviews nahm ich auf Band auf und transkribierte dieses später. Dazu erstellte ich ein Beobachtungsprotokoll, in dem ich die Reihenfolge des Malens, soweit ich diese beobachten konnte, die Sitzordnung der Kinder, auffällige Verhaltensweisen usw. festhielt.

---

[30] In einer der ersten Äußerungen beim Betrachten der Bilder, die sie vor einem Jahr gemalt hatten, kategorisierte ein Mädchen diese auch als „Babybilderchen". Kinder ordnen sich und ihre Produkte sowie die von anderen Kindern gerne in Kategorien entwicklungsmäßiger Fortschritte ein; vgl. hierzu auch Mollenhauer 1996, 66.

Die dritte Projektphase

Im September 1999 führte ich ein drittes Mal-Interview mit der Mädchengruppe durch. Die Auswertung der Studie war zu diesem Zeitpunkt bereits weit fortgeschritten. Die Bilder und Gespräche dienten nun weniger der Theoriebildung als viel mehr der Überprüfung und Anreicherung der Theorie. Tatsächlich tauchten auch keine grundlegend neuen Erkenntnisse zur Struktur der Vorstellungswelten auf, in einigen Fällen, z.B. bei Gabriele, wurde sie nun jedoch schlüssig und konnte deutlicher herausgearbeitet werden. Interessant war diese Phase vor allem im Hinblick auf die biographische Anreicherung und Veränderung der Vorstellungswelt der einzelnen Mädchen. Ich dokumentiere die Bilder und Gespräche hier auch deshalb, weil bislang noch keine Langzeituntersuchung zur zeichnerischen Entwicklung von Gottesbildern vorliegt. So ist es grundsätzlich auch möglich, das dokumentierte Material z.B. in entwicklungstheoretischer Perspektive auszuwerten, die ich hier nicht weiter ausarbeiten werde. Die Auswertung der Bilder und Gespräche präsentiere ich in knapper Zusammenfassung, da ich die Methodik bereits im zweiten Mal-Interview breiter ausführe.

In der Situation dieses Mal-Interviews zeigte sich, wie sehr sich der reale Alltag in der Erhebungssituation niederschlägt. Es war nun schwer, einen gemeinsamen Termin mit allen fünf Mädchen auszumachen, und auch ich selbst konnte den Termin nicht wie beabsichtigt einhalten. Das Mal-Interview fand unter Zeitdruck am Abend statt, die Mädchen waren „aufgedreht“ und die Gespräche waren recht kurz (vgl. II.4.1). Bei diesem Termin zeigte ich den Mädchen die alten Bilder nicht mehr. Ich setzte zwei Impulse, die einmal auf die Erinnerung an eigene religiöse Erfahrungen und zum anderen auf eine theologische Argumentation zielten. Zudem hatte die Erinnerung an die beiden letzten Mal-Interviews sicher auch eine eigene Bedeutung als impliziter Impuls. Nach dem Malen stellten die Mädchen ihre Bilder wieder vor und kommentierten sich gegenseitig.

1.2 Die Mädchen der Freundinnengruppe

Im folgenden werde ich die fünf Mädchen der Spielgruppe, die ich hier Theresa, Linda, Bettina, Rita, und Gabriele nenne, kurz vorstellen. Sie wohnen in naher Nachbarschaft in einer westdeutschen Großstadt. Die Mädchen kennen sich seit vielen Jahren. Da Bettina und Rita (Pflege)schwestern sind und ihre Wohnung häufig der Ort gemeinsamer Aktivitäten ist, besteht trotz Altersunterschieden fast täglicher Spielkontakt zwischen ihnen. Teilweise besuchten sie den gleichen Kindergarten oder besuchen die gleiche Schulklasse. Linda ist die beste Freundin von Bettina, Gabriele die beste Freundin von Rita. Theresa, in der gleichen Klasse wie Linda und Bettina, wohnt etwas weiter entfernt und trifft sich etwas unregelmäßiger zum Spielen mit den anderen Mädchen.

Bettina, 10,9 (11,9/12,12)[31] Jahre, ist ein Pflegekind der Familie A. Sie kam mit fünf Monaten in die Familie. Zu ihrer leiblichen Mutter besteht ein loser Besuchskontakt.[32] Sie ist katholisch getauft, besuchte den evangelischen Kindergarten und geht zusammen mit Linda und Theresa in die 4. Klasse Grundschule (5./6. Klasse Gymnasium). Sie besucht den katholischen Religionsunterricht. Während ihres vierten Schuljahres hat sie zudem den Erstkommunionunterricht in der katholischen Gemeinde besucht.

Rita, 9,4 (10,4/11,7) Jahre, ist ebenfalls ein Pflegekind der Familie A. Sie kam mit vier Jahren in die Familie. Zu ihren Eltern besteht regelmäßiger Besuchskontakt. Rita ist evangelisch getauft, besuchte einen evangelischen Kindergarten und geht in die 3. Klasse (4. Klasse) Grundschule (5. Klasse Gesamtschule), wo sie auch den evangelischen Religionsunterricht besucht. Aufgrund eines Augenleidens ist ihr Sehvermögen eingeschränkt; sie trägt eine starke Brille. Sie ist zudem von epileptischen Anfällen geplagt, die vor allem abends in der Phase des Einschlafens auftreten können.

Bettina und Rita haben einen älteren Bruder, 14 (15/16) Jahre, leiblicher Sohn der Eltern A. Er ist nicht getauft, besuchte den evangelischen und den katholischen Religionsunterricht und hat sich für den katholischen

---

31 Die Angaben in Klammern beziehen sich auf das zweite bzw. dritte Interview.

32 Wenn ich im folgenden von der „Mutter" von Rita oder Bettina spreche, ist immer die Pflegemutter, Frau A., gemeint.

Religionskurs im Gymnasium angemeldet. Die Eltern A. sind katholisch sozialisiert, der Vater ist jedoch mit 16 Jahren aus der Kirche ausgetreten. Die Kinder werden in der Familie nicht explizit religiös erzogen, die Mutter unterstützt jedoch die religiöse Erziehung durch den Religionsunterricht und die Katechese der jeweiligen Gemeinden, zu denen die Kinder gehören.

Linda, 10,9 (11,9/12,12) Jahre, ist die beste Freundin von Bettina. Sie wohnt nur einige Häuser von ihr entfernt, ging mit Bettina und Theresa zusammen in denselben evangelischen Kindergarten und in die Grundschule und ist nun mit ihnen in der gleichen Klasse des Gymnasiums. Sie ist katholisch und besucht den katholischen Religionsunterricht; ihr Vater ist evangelisch. Sie hat einen 16 (17/18)jährigen Bruder. Linda ist wegen einer Spalte mehrfach am Kiefer operiert worden und spricht im ersten und zweiten Interview langsam und verzögert; beim dritten Interview ist kaum mehr etwas davon zu hören. Besonders in früheren Jahren wurde sie in der Schule von Erwachsenen kaum verstanden. Bettina hat sich in dieser Zeit zu Lindas Dolmetscherin und dem Sprachrohr ihrer Anliegen gemacht. Sie versteht Lindas Äußerungen sehr gut, wiederholt ihre Aussagen häufig, verdeutlicht oder interpretiert sie – was sich auch in den Interviews zeigt.

Gabriele, 6,9 (7,9/8,12) Jahre, ist die beste Freundin von Rita. Sie besucht die 1. (2./3.) Klasse einer Waldorfschule, zuvor besuchte sie einen Waldorfkindergarten. Sie ist freikirchlich getauft und nimmt am freichristlichen Religionsunterricht teil. Gabriele hat zwei ältere Geschwister: Ihr Bruder ist 19 (20/21), ihre Schwester 17 (18/19) Jahre alt. Gabrieles Großvater, der in der Familie lebt, ist engagierter Zeuge Jehowas. Die Eltern (die Mutter wuchs streng katholisch auf, der Vater ist mütterlicherseits evangelisch, väterlicherseits durch die Zeugen Jehowas beeinflußt) wandten sich aufgrund einer starken Behinderung ihres Sohnes seit seiner Geburt der Waldorfpädagogik zu, die ihnen in der Pflege und Erziehung ihres Sohnes neue Perspektiven eröffnete, was die konventionelle Medizin und die Überzeugung der Zeugen Jehowas nicht vermochten. Sie sind konfessionell wenig gebunden und undogmatisch denkend.

Theresa, 9,9 (10,9/11,12) Jahre, ging mit Bettina und Linda zusammen in die Grundschule und geht nun auch in die gleiche Klasse im Gymnasium. Sie ist evangelisch getauft, besucht den evangelischen Religions-

unterricht und eine evangelische Jugendgruppe. Ihre Eltern ließen sich etwa ein Jahr vor dem ersten Interview scheiden. Sie hat eine 14 (15/16) jährige Schwester.
Die Interviews fanden in der Wohnung von Bettina und Rita statt, denn hier verbringen die Mädchen auch häufig ihre gemeinsame Freizeit. Familie A. kenne ich seit langer Zeit und ich besuche sie zuweilen, so daß Bettina und Rita mich bereits vor dem Interview gekannt haben, ihren Freundinnen war ich jedoch fremd.

2 Das erste Mal-Interview

2.1 Zum Ablauf

Das erste Mal-Interview fand im Juni 1997 nachmittags in der Wohnung von Familie A. statt. Da die Mädchen ohnehin zum Spielen im Haus waren, war es nicht nötig, einen Termin mit ihnen zu vereinbaren und sie vorher über mein Vorhaben zu informieren – sie wurden also spontan mit meinem Anliegen konfrontiert. Ich bat sie, nachdem ich mich als Forscherin vorgestellt hatte, die über die religiösen Vorstellungen von Menschen forscht, in einer kurzen Einführung um Mithilfe bei meiner Forschung und darum, ein Bild zu malen, wie sie sich Gott vorstellen (vgl. II.1.1). Nach meiner kurzen Einführung begannen sie, sich in verschiedene Räume zurückzuziehen und ihre Bilder zu malen, doch kurz darauf rief Bettina erbost: „Gott kann man sich nicht vorstellen! Gott ist alles. Da kann ich genauso den Schnee malen." Sie kam mürrisch zu mir und sagte, sie könne Gott nicht malen. Ich bat sie, es einmal zu versuchen. Danach malten alle offenbar konzentriert. Gabriele war als erste fertig, Theresa und Linda kurz darauf. Bettina malte nun sehr gründlich noch acht Minuten länger als die anderen Mädchen.
Aus technischen Gründen brach die Tonbandaufzeichnung ab, als sich die Kinder um den Tisch versammelten, um ihre Bilder vorzustellen. Die Kommentare hielt ich am selben Tag in einem Gedächtnisprotokoll fest. Die Vorstellung der Bilder (Abb. 1-5) fiel recht kurz aus und wurde durch die Reihenfolge strukturiert, ein längeres Gespräch zu den Bildern oder losgelöst von ihnen kam nicht zustande.

Da ich zum Abendessen eingeladen wurde, verbrachte ich die Zeit nach dem Interview mit Frau A. in der Wohnung. Dadurch konnte ich unvorhergesehen die Wirkung des Mal-Interviews und die weitere Produktion von Bildern mitbekommen, die zu wesentlichen Erkenntnissen führten und mich veranlaßten, die Konzeption der Forschung zu verändern.
Nach dem Gespräch spielten Bettina, Linda und Theresa miteinander in Bettinas Zimmer, Gabriele ging nach Hause, weil sie Geige üben müßte, kam aber kurz darauf wieder. Rita fing in der Zwischenzeit im Wohnzimmer an, ein neues Bild zu malen (Abb. 6). Als Gabriele zurückkam, setzte sie sich dicht neben sie und malte ebenfalls ein Bild (Abb. 7). Später brachte mir Rita ihr Bild und erläutert es. Auch Gabriele schenkt mir ihr Bild, kommentiert es aber nicht. Abends, nachdem Linda und Theresa gegangen waren, begann auch Bettina unbemerkt von mir in ihrem Zimmer ein neues Bild zu malen. Sie brachte mir ihr Bild (Abb. 8) und erläuterte, dies sei auch Gott. Danach entstand unter Gekicher, das aus dem Zimmer zu hören war, in dem sich Bettina und Rita aufhielten, ein weiteres Bild, das mir Bettina dann kichernd, aber ohne Kommentar brachte (Abb. 9).

2.2 Beschreibung der Bilder

Bettina (10,9 Jahre), erstes Bild (Abb. 1)

Das Bild ist mit kräftig mit Wachsmalkreiden gemalt und vollständig mit Farbe ausgefüllt. Es zeigt in der Mitte eine große, kräftig und differenziert gemalte Gestalt in Frontalansicht. Kopf, Hals und Hände mit fünf Fingern sind orange gemalt. Das Gesicht ist gekennzeichnet durch kugelförmige blaue Augen, violett-schwarze Augenbrauen, eine rote Kugelnase und einen roten „freundlichen“ Mund, um den sich ein schwarzer Bart in spiralförmigen Linien bis zu den Schläfen zieht. Die längeren dichten schwarzen Haare stehen strahlenförmig vom Kopf ab. Die Figur ist mit einer dunkelbraunen Hose gekleidet, dunkelbraunen Schuhen, die nach rechts weisen und einem etwas helleren braunen Oberteil mit bunten Farbtupfen und orangenen Querstreifen. In der rechten Hand hält die Gestalt einen violetten Gehstock. Der linke Arm ist leicht vom Körper abgespreizt. In den roten Hintergrund, der das

Blatt in fortlaufenden waagrechten Kritzeln dicht ausfüllt, sind sechs blaue Querbalken gemalt: Wolken, die ihn als Himmel kenntlich machen. Die Zeichnung ist durch Schriftzüge kommentiert: Rechts von der Gestalt steht senkrecht in Rot „Liebe" in den roten Hintergrund geschrieben, unter der Gestalt schwarz „Gottliebt Frieden", wobei „Gott" und „liebt" eine Einheit bilden, auf Brust und Armen schwer zu lesen rötlich „Liebe", violett „Vertrauen" und schwarz „Hoffnung".
Durch die kräftigen Farben, den starken Stiftaufdruck und die blattfüllende Figur wirkt das Bild selbstbewußt. Die zum Gehen gespreizten Beine und nach rechts gedrehten Füße geben der Gestalt Stand und zugleich Dynamik. Die strahlenförmig abstehenden, als Sprühkritzel gemalten Haare vermitteln den Eindruck von nach außen gerichteter Energie. In ihrer Kommentierung betont Bettina vor allem den Bart, von dem sie wiederholt sagt, er sei „gewuchsen", Gott habe einen „gewuchsenen" Bart, weil er so unendlich alt sei. Deshalb habe er auch einen Stock. Gott ist also durch sein hohes Alter gekennzeichnet, wobei der Bart ihn zugleich als Mann bestimmt. Die Schriftzüge charakterisieren die Figur näher als Gott. Die Begriffe geben, da sie nicht dem kindlichen Alltagswortschatz entstammen, vermutlich angelerntes Wissen wieder – Bettina hat nicht lange zuvor ihren Erstkommunionunterricht abgeschlossen –, das der Gottesdarstellung nun zugeordnet wird. Doch dieses Wissen ist nicht rein abstrakt, sondern es lassen sich Spuren finden, wie Bettina es mit ihrer eigenen Erfahrung in Beziehung setzt. Sie erläutert, den Himmel habe sie rot gemalt, weil sie beim Betrachten des roten Abendhimmels manchmal denke: „Da verstreut Gott seine Liebe." Auf meine verwunderte Nachfrage bestätigt sie diese Vorstellung: „Ja, das denk ich mir manchmal so." Diesen Gedanken hat sie durch das rot geschriebene Wort „Liebe" im roten Hintergrund des Abendhimmels ins Bild gesetzt. Hier sind Spuren zu finden, wie Bettina gelerntes abstraktes Wissen über Gott mit ihrer Erfahrung des für sie offenbar faszinierenden Naturschauspiels des Abendhimmels verbindet und es sich dadurch konkret, vorstellbar und erfahrbar macht, und wie sie zugleich ihre Erfahrung auf dieses gelernte religiöse Wissen hin deutet.
Auffällig ist der Widerspruch zwischen ihrer Bemerkung zu Beginn des Malprozesses: „Gott kann man sich nicht vorstellen! Gott ist alles. Da kann ich genauso den Schnee malen", und dem sorgfältig gemalten konkreten Bild. In ihrem spontanen Vergleich geht sie von einem maltech-

nischen Problem aus: Auf ein weißes Blatt kann sie keinen Schnee malen, da er sich farblich nicht abhebt. Wenn Gott alles ist, hebt er sich ebensowenig von einem Hintergrund ab wie der Schnee von dem weißen Papier. Die Allgegenwart Gottes läßt sich nicht malen. Bettina gerät nun offenbar in die Spannung zwischen ihrer Auffassung, daß man sich Gott nicht adäquat bildlich vorstellen oder ihn malen kann, und ihrem Bedürfnis, dem Auftrag der Interviewerin gewissenhaft nachzukommen. Dies bringt sie so zuwege, daß sie auf gängige, alltagsweltlich bekannte Vorstellungen von Gott als altem Mann zurückgreift, diese aber im Sinne ihrer eigenen Theologie modifiziert. In dem Bild und ihren Kommentaren dazu kommen nun mehrere Dimensionen von unterschiedlichen Gottesvorstellungen zum Ausdruck: Zunächst äußert sie ihre Überzeugung, daß Gott unsichtbar und allgegenwärtig ist. Für die bildliche Darstellung, mit der sie dem Malauftrag nachkommt, greift sie auf die verbreitete gesellschaftliche Stereotype „Gott als alter Mann" zurück. Diese Darstellung reichert sie mit der Zuschreibung von gelernten Wissensbeständen über Gott an (Gott ist Liebe, Vertrauen, Hoffnung, er liebt Frieden). Schließlich finden sich auch Spuren, wie sie sich die Zuschreibung „Liebe" und so auch Gottes unsichtbares Dasein erfahrbar macht, indem sie sich ihr Staunen über den roten Abendhimmel damit erklärt, daß Gott da seine Liebe verstreue.

Theresa (9,9 Jahre) (Abb. 2)

Das Bild, mit Filzstiften gemalt, zeigt eine große, schwarz konturierte Gestalt in Frontalansicht. Ihr Kopf und Oberkörper befindet sich vor einer großen gelben Sonne in der Mitte des Blattes. Sie ist mit flüchtigen senkrechten Strichen schraffiert, ihre 16 Strahlen, die sie mit einer Ausnahme nicht berühren, verteilen sich in alle Richtungen über das Blatt. Die Gestalt ist mit einem langen weißen Gewand bekleidet. Ihre Arme sind weit erhoben, die Hände differenziert mit fünf Fingern gezeichnet. Gesicht, Hände und Beine sind gelb ausgemalt, Haare, Bart und Schuhe sind braun. Der Bart kennzeichnet die Gestalt als Mann. Das Gesicht ist durch schwarze Konturen detailliert mit offenem Mund, Nase, Ohren, Augen und Augenbrauen gemalt. Die Beine stehen weit auseinander, die Füße sind jeweils nach außen gedreht, so daß die Figur zwar schwebt, da sie keinen Boden hat, aber doch den Eindruck von Standfestigkeit vermittelt. Durch grobe blaue Schrägstriche quer durch die vier Ecken des Blattes ist Himmel angedeutet – die Gestalt ist damit im Himmel lokalisiert.

Das Bild wirkt hell, durch die große Sonne und die Gestalt klar und zentriert und durch die blauen Striche an den Ecken abgerundet. Die Gestalt erscheint durch die erhobenen Arme, den offenen Mund und die pupillelosen durchsichtigen Augen wirkmächtig. Dieser Eindruck wird durch die Sonne verstärkt: Die in allen Richtungen streuenden Strahlen der Sonne geben der Gestik der erhobenen Arme besonderen Nachdruck. Vor der Sonne kommt zudem das farblose Gewand besonders zum Ausdruck. Die Sonne steht also in einer besonderen Beziehung zu der Gestalt: Sie verstärkt ihre Wirkmacht in alle Richtungen und bringt sie zum leuchten. Theresa erzählt zu ihrem Bild, daß die Sonne durch Gott hindurch scheine. Dies erklärt, warum sie die körperlichen Teile der Gestalt gelb gemalt hat. Das Gewand hingegen ist nicht durchsichtig und offenbar stofflicher als der Körper Gottes.

Theresa malt Gott durchsichtig und thematisiert damit, daß Gott für sie unsichtbar und nicht stofflich ist, aber doch zentral, mächtig und wirksam. Seine Macht wird durch die Sonne bekräftigt.

Diese Interpretation bestätigt sie später. Ein Jahr später, als sie dieses Bild noch einmal anschaut und kommentiert, unterstreicht sie den Eindruck der Wirkmächtigkeit und der engen Verbindung mit der Sonne. „Da hab ich mir Gott so vorgestellt, daß er die Sonne wär und daß er grade so beschwören würd, daß jemand **dahin** gehen würde und der andere **dahin** gehen würde und daß zum Beispiel der eine lächelt und der andere nicht, also daß der andere traurig wäre“. Er hebt die Arme, „weil em – er beschwört, daß er jetzt – daß der jetzt anfangen soll zu weinen oder der nicht.“ Die Sonne ist genau hinter ihm, „weil ich mir vorgestellt hab, er wär die Sonne, oder wär ein Teil von der Sonne (vgl. II.3.2).

Linda (10,9 Jahre) (Abb. 3)

Das Bild zeigt in der Mitte eine mit Wachskreiden gemalte große Gestalt in Frontalansicht, die knapp zwei Drittel des Blattes einnimmt; weitere Elemente sind nicht zu finden. Der große kugelförmige Kopf und die großen Hände sind mit kräftigem Aufdruck gelb umrandet. Anders als die Hände ist der Kopf nicht ausgemalt, doch das Gesicht ist sehr detailliert mit zwei runden blauen Augen, einer runden roten Knubbelnase und einem großen „freundlichen" Mund gezeichnet. Die schwarzen Haare legen sich wie eine in verschiedene Richtungen gekämmte Frisur mit einem Scheitel um die obere Hälfte des Kopfes. Um den Mund zieht sich ein kräftiger schwarzer Bart bis zu den Schläfen, wobei rechts unter der Nase eine kugelförmige Verdickung über dem Mund zu erkennen ist. Die Hände sind in der Form von zwei runden herzförmigen Ausbeulungen gemalt und kräftig gelb nach außen hin schraffiert. Der Kopf sitzt ohne Hals auf einem zart gemalten trapezförmigen Gewand auf, das sich am linken unteren Ende wie eine Schleppe ausbreitet. Es ist senkrecht in heller grüner Farbe mit leichtem Aufdruck nur flüchtig schraffiert und mit grüner Farbe konturiert. Auf das Gewand sind zwei senkrechte zarte braune Streifen gemalt. Beine und Füße besitzt die Gestalt nicht. Die Arme mit weiten Ärmeln sind zu den Seiten hin ausgebreitet und waagrecht grün schraffiert.

Die Gestalt macht auf mich einen schwebenden, leichten, fast flüchtigen Eindruck, der durch das Fehlen von Beinen, die hellen, mit leichtem Aufdruck gemalten Farben des Gewandes und die wie ein segelnder Vogel ausgebreiteten Arme erzeugt wird. Ausdrucksstark sind die nicht durch das Gewand bedeckten Körperteile: der große detailliert gemalte Kopf und die großen tatkräftig wirkenden Hände. Die ausgebreiteten Arme wirken offen und empfangend. Die Haare und der Bart sind durch die kräftige schwarze Farbe besonders akzentuiert und geben der Gestalt zusammen mit den Gesichtszügen einen freundlichen Ausdruck.

Linda erläutert, daß die braunen Längsstreifen auf dem Gewand eine Art Stola darstellen. Vermutlich kennt sie diese aus dem katholischen Gottesdienst; vor kurzem erst hat sie ihren Erstkommunionunterricht abgeschlossen. Durch dieses Attribut wird die Gottesgestalt in Verbindung mit dem Priester gebracht. Priester, Gott und Mann sind in der Gestalt gemeinsam thematisiert. Auffällig ist die kugelförmige Verdickung des Bartes über dem Mund. Hierin könnte Linda ihre eigene Krankheit des gespaltenen Kiefers thematisiert haben. Dieser Körperteil ist ihr nicht wie andere Teile fraglos gegeben, er ist Ursache der Einschränkung ihres Sprachvermögens und seit Jahren Gegenstand medizinischer Eingriffe.

Bei ihrer Betrachtung des Bildes ein Jahr später hebt Linda hervor, daß Gott schwebt und Herrscher sei (vgl. II.3.2).

Lindas Gott ist, so läßt sich zusammenfassen, eine freundliche, empfangende Person, die durch priesterliche und männliche Attribute gekennzeichnet ist. Sie trägt das Merkmal von Lindas Krankheit, die ihre Biographie und ihr Lebensgefühl in starkem Maße beeinflußt.

Rita (9,4 Jahre), erstes Bild (Abb. 4)

Das Bild zeigt eine mit Filzstiften gemalte leuchtend blaue Gestalt in Frontalansicht, die durch schwarze Konturen von dem weißen Hintergrund des Blattes abgegrenzt ist. Arme, Beine und Kopf treten lediglich als runde Ausbeulungen unsymmetrisch aus dem Körper hervor. Die Arme sind zu den Seiten hin waagrecht ausgebreitet. Der Kopf ist stark nach rechts verzogen. Ihn kennzeichnen zwei schwarze, punktförmige Augen und ein nach oben gezogener roter Mund, der von einem schwarzen, bis auf die Brust reichenden, mit senkrechten, dichten Strichen gemalten Bart umgeben ist. Er ist offenbar korrigiert und verlängert worden. Am rechten Bein finden sich Spuren von grüner Farbe, die dann offenbar verworfen und übermalt wurden. Die Gestalt ist mit dichten blauen Strichen ausgemalt, die jeweils in die Richtungen der Ausbeulungen weisen.

Die Gottesgestalt macht auf mich einen gespensterhaften Eindruck, eine andere Betrachterin fühlte sich auch an Amöben erinnert. Die vollständige Umgrenzung durch die schwarze Kontur gibt ihr etwas Kompaktes, Gegenständlich-Konkretes, zugleich gibt ihr die in den Ausbeulungen nach außen weisende kräftige Strichrichtung der blauen Ausmalung einen dynamischen, energiegeladenen Ausdruck.

Ritas eigene Erklärung ist kurzgehalten. Die blaue Farbe erklärte sie damit, daß Gott ja in der Luft und durchsichtig sei. Durch ihn scheint also der Himmel hindurch. Mit der Darstellung Gottes als Geist akzentuiert Rita die Unsichtbarkeit und Unstofflichkeit Gottes. Gott als Geist ist unsichtbar, aber doch allgegenwärtig wie die Luft. Der Bart, der durch die Korrektur noch stärker akzentuiert wurde und Rita offenbar wichtig ist, kennzeichnet ihn als einen männlichen Geist. Geistartige Gottesdarstellungen sind in der Literatur zuweilen belegt.[33]

---

[33] Vgl. die Abbildungen bei Arnold/Hanisch/Orth 1997, 103, auch 117; Hanisch 1996, 128 (Bildteil) Bild 1 und 2; Heller 1986, 78, Schreiner/Thomas 2000.

Ein Jahr später tituliert Rita ihr Bild als Gespenst. „Ich hab mir den einfach so - - (*kichernd*) als Gespenst vorgestellt, nur noch mit Schnurrbart", wobei sie den Bart noch zweimal betont. Er gehört nicht zur Normalvorstellung eines unsichtbaren Gespenstes, identifiziert die Darstellung aber als männlich. Gabriele kann Ritas Vorstellung gut nachvollziehen, fühlt sich aber durch den Bart gestört: „Aber am Himmel sieht man doch keinen Schnurrbart", worauf Rita kichernd antwortet: „Der soll unsichtbar sein" (vgl. II.3.2).
Während der Vorstellung ihres Bildes ist Rita sehr aufgeregt und albern. Sie ist sehr unzufrieden mit ihrem Bild, will es zunächst nicht zeigen und schämt sich offenbar. Erst nach langem Zögern ist sie bereit, es mir zu überlassen. Auch ein Jahr später distanziert sich von ihm und versucht, das Bild ihrer Schwester zuzuschreiben. Ihre große Unzufriedenheit veranlaßt sie, nach dem Mal-Interview ein weiteres Bild als Korrektur zu malen (Abb. 6).

Gabriele (6,9 Jahre), erstes Bild (Abb. 5)

Das Bild zeigt eine mit gelben Filzstiften dicht ausgemalte Gestalt. Der große Kopf geht in einen breiten Hals oder auch unmittelbar in ein trapezförmiges Gewand über, etwas tiefer sind zwei handlose Arme angesetzt, die schräg nach unten abstehen. Die Gestalt weist keine weiteren Differenzierungen auf, jedoch ist das Gesicht sorgfältig und detailliert mit schwarzer Farbe gezeichnet: zwei ovale Augen, eine glockenförmige Nase mit zwei Nasenlöchern und ein breiter, nach oben gezogener „freundlicher" Mund. Haare und Beine sind nicht vorhanden. Die Gestalt ist an der rechten und linken Seite durch senkrechte und an der oberen Seite durch waagrechte blaue Kritzel flüchtig umrahmt. Sie markieren ein viereckiges Feld auf dem Blatt und lokalisieren die Gestalt in der Luft oder im Himmel.
Die Gestalt erweckt den Anschein, als schwebe sie. Die gelbe Farbe vermittelt einen leuchtenden, fast ätherischen Eindruck. Gabriele drückt einerseits mit dem Mittel der Assoziation der Lichterscheinung die Unstofflichkeit Gottes aus, in den detaillierten Gesichtszügen aber zugleich die Personalität Gottes.
In der Vorstellungsrunde sagt sie kaum etwas zu ihrem Bild. Ein Jahr später bezeichnet sie die Figur als „Engel" und als „lichte Gestalt". „Al-

so da hab ich mir den halt als einen Engel vorgestellt, ... ziemlich helles Gewand. Ich hab mir den so als lichte Gestalt vorgestellt, und daß da droben alles im Himmel ist."

Rita (9,4 Jahre), zweites Bild (Abb. 6)

Die Unzufriedenheit mit ihrem Bild und die Anregungen, die sie in der Vorstellungsrunde erhielt, veranlaßen Rita, nach dem Mal-Interview ein weiteres Bild zu malen, das sich von ihrem ersten stark unterscheidet. Dieses Bild, mit Wachskreiden, Bunt- und Bleistiften gemalt, zeigt in der unteren Hälfte des Blattes eine aus der Blattkante hervorkommende schwarz konturierte Gestalt mit erhobenen Armen und einem trapezförmigen Gewand. Der runde Kopf ist rötlich ausgemalt, hat grün-blaue Kugelaugen, eine rote Kugelnase und einen roten „freundlichen" Mund, an den sich nach unten bis zur Kopfbegrenzung bzw. zum Kinn ein senkrecht schraffierter schwarzer Bart anschließt. Kurze, nach außen weisende schwarze Stoppelhaare umranden den oberen Teil des Kopfes. Dieser sitzt ohne Hals auf einem sich nach unten hin verbreiternden Gewand mit schwarzen Konturen, das gelb ausgemalt ist. In der Mitte des Gewandes befindet sich ein dickes schwarzes Kreuz, dessen Querbalken eine Fortsetzung findet in zwei schwarz ausgemalten nach oben gerichteten Armen, die etwa in der Mitte des Rumpfes ansetzen. Jeweils drei kleine, links violette und rechts gelbe und violette Kugeln kennzeichnen die Hände. Der Hintergrund ist vollständig in roten, violetten, hell- und dunkelblauen Farbtönen schraffiert (ich hatte Rita nach dem Mal-Interview einen vierfarbigen Buntstift geschenkt, den sie offenbar hier benutzt hat). Von dem Hintergrund heben sich vier eckige, mit Bleistift gemalte schwarze Formen und acht runde, mit Buntstift gemalte blaue, wolkenartige Formen ab. Nur schwach sind blaue Regentropfen zu erkennen sowie eine vom rechten Blattrand zur Hälfte abgeschnittene gelbe Sonne mit kurzen gelben und violetten Strahlen, die in Richtung der Gestalt weisen. Im oberen Teil des Blattes ist in blauer und roter Schrift eine Erklärung geschrieben: „Er erschöbft die ganze Weld Regen Doner Plitz und Sonne".

Ganz anders als ihr erstes Bild aus dem Mal-Interview (Abb. 4), das sie nur spärlich und kichernd erläutert und mir nur aufgrund meiner ausdrücklichen Bitte überlassen hat, bringt sie mir dieses Bild von sich aus und erläutert es ausführlich. Sie erzählt, sie habe ein Gewand gemalt, weil Gott eben anders aussehe als ein Mensch. Sie habe das Bild in den Farben gemalt, in denen Gott die Welt „erschöpft" habe. Die Formen seien die Dinge, die er „erschöpft", ebenso die verschiedenen Farben.

Dieses Bild ist im Zusammenhang zu ihrem erstem Bild (Abb. 4) zu verstehen. Ihre Unzufriedenheit veranlaßte sie offenbar, noch ein zweites Bild als Korrektiv zu malen, das zugleich einen neuen theologischen Entwurf beinhaltet. Es ist möglich, daß Rita zu dieser Darstellung durch die anderen Bilder in der Vorstellungsrunde angeregt wurde. Jedoch hatte kein anderes Mädchen vorher Gottes Schöpfungshandeln gemalt. Ritas Bild stellt eine originäre Konzeption dar. Die Schöpfung ist einerseits durch konkrete Himmels- und Wettererscheinungen ausgedrückt, die sie malt (Wolken, Regen, Sonne) oder schriftlich benennt (Sonne, Regen, Blitz und Donner). Andererseits ist sie in abstrakter Weise durch Formen und Farben dargestellt, wodurch Gott als Schöpfer der Grundelemente allen Seins, als Schöpfer des Ganzen zum Ausdruck gebracht wird. Die Geste der erhobenen Arme scheint die Elemente geradezu hervorzubringen. Zu dieser wirkmächtigen Geste könnte sie durch das Bild von Theresa (Abb. 2) angeregt worden sein. In der schriftlichen und mündlichen Erklärung des Bildes verwendet sie das merkwürdige Wort „erschöpft". Es ist eine Ableitung aus dem Wort „Schöpfung", das eine religiöse Konnotation hat und das Tun Gottes von dem eines Menschen unterscheidet, dessen Handeln als „schaffen" zu bezeichnen wäre.

Waren in Ritas ersten Bild (Abb. 4) die Kennzeichen Gottes, daß er unsichtbar und Geist ist, so ist Gott hier als handelnde Person, als Schöpfer des Universums dargestellt. Zwar gibt sie nun ihre Zurückhaltung auf und malt Gott gegenständlich, als Person, doch kennzeichnet sie ihn durch das Kreuz auf der Brust und das Wort „erschöpft" als Gott. Auf beiden Bildern bringt sie Gott mit Luft und Himmel in Verbindung, eine Vorstellung, die sich durchhält.[34]

---

[34] Interessant in diesem Bild ist die Mischung von konkreten und abstrakten Darstellungsweisen. Sie zeigt, daß eine generelle Trennung in konkrete und abstrakte, anthropomorphe und symbolische Bilder nicht möglich ist, wie sie etwa der Untersuchung von Hanisch (1996) zugrunde liegt.

Gabriele (6,9 Jahre), zweites Bild (Abb. 7)

Nach dem Mal-Interview geht Gabriele nach Hause, kommt aber bald darauf zurück. Sie setzt sich dicht neben Rita, die inzwischen begonnen hat, ein neues Bild zu malen, und malt das Bild von Rita sorgfältig ab. Ich möchte es deshalb im Vergleich zu Ritas Bild (vgl. Abb. 6) besprechen.

In exakt der gleichen Haltung, Größe und Plazierung wie auf Ritas Bild tritt auch hier eine Gestalt mit einem runden roten Kopf, abstehenden kurzen schwarzen Haaren, kugeligen blauen Augen und einem roten „freundlichen" Mund aus der unteren Blattkante hervor. Differenzierter allerdings als auf Ritas Bild ist die glockenförmige Nase mit zwei Nasenlöchern gemalt, sie ähnelt der Nase auf Gabrieles erstem Bild (Abb. 5). Anders ist auch der Bart, der nicht nach unten weist, sondern sich um den Mund bis zu den Schläfen zieht. Merkwürdigerweise ist er nicht wie die anderen schwarzen Teile des Bildes mit Bleistift, sondern mit schwarzem Wachs- oder Buntstift gemalt, weshalb ich vermute, daß er nachträglich, vielleicht nicht einmal von Gabriele selbst[35], in das Bild gemalt wurde. Wie auf Ritas Bild ist die Gestalt mit einem gelben Gewand mit einem dicken schwarzen Kreuz bekleidet, allerdings fehlen die schwarzen Konturen um das Gewand. Auch hier sind die schwarzen Arme erhoben und schließen mit drei violetten Kugeln als Händen ab. Der Hintergrund ist einfarbig in waagrechter und senkrechter Richtung blau schraffiert. Sehr ähnlich wie auf Ritas Bild sind zwölf blaue wolkenartige Gebilde gezeichnet sowie vier schwarze viereckige Formen. Die Sonne und die blauen Regentropfen sowie die Schriftzeichen hat sie nicht übernommen. Ein neues Element stellen sechzehn rote waagrechte Querbalken dar. Sie sind den blauen Querbalken ähnlich, die Bettina als Wolken in ihren roten Himmel gemalt hat (vgl. Abb. 1).

Für das Verständnis dieses Bildes ist besonders der Rezeptionsprozeß grundlegend. Als Grund für ihr Malen ist nicht bei Rita die Unzufriedenheit mit ihrem ersten Bild anzunehmen, sondern wohl einfach die Tatsache, daß ihre Freundin, mit der sie eigentlich spielen wollte, mit dem Malen beschäftigt ist. Es wäre nun möglich gewesen, daß Gabriele auch ein völlig anderes Thema oder einen eigenen neuen Entwurf eines

---

35 Rita malte einige Male während der Mal-Interviews in Gabrieles Bilder hinein.

Gottesbildes malt. Ihre sorgfältige Kopie zeigt, daß sie sich offenbar stark an Ritas Handeln und Vorstellung orientiert. In ihre Rezeption baut sie allerdings auch Elemente des Abendhimmels ein, der sie auf dem Bild von Bettina offenbar beeindruckt hat. Vielleicht ist das auch der Grund, warum sie die Sonne nicht von Ritas Bild mit abmalt – sie würde zu einem Abendhimmel nicht so gut passen. Gabriele kopiert zwar mit einer hohen Präzision das Bild ihrer Freundin, legt aber eine eigene Bedeutung in ihr Bild.

Der Vorgang des Abmalens wirft einige Fragen auf. Warum malt Gabriele nicht etwas Eigenes? Drückt sich darin eine persönliche Anhänglichkeit oder Abhängigkeit aus oder auch eine inhaltliche? Was geschieht im Prozeß des Abmalens? Werden dabei auch Vorstellungen angeeignet, die abgemalt werden? Die Variation der Kopie von Ritas Bild durch die Übernahme von Elementen aus Bettinas Bild legt die Vermutung nahe, daß hier ein Aneignungsprozeß durch die Rezeption von Vorstellungen anderer Kinder stattfindet.[36]

Ein Jahr später entwickelt Gabriele eigene Assoziationen zu dem Bild: „Da hab ich mir so vorgestellt, daß der da oben in den Wolken lebt und da überall so seine Fenster sind und im Himmel, daß da *(lachend)* seine Wohnung da droben wär“ (II.3.2).

Bettina (10,9 Jahre), zweites Bild (Abb. 8)

Dieses Bild malt Bettina einige Stunden nach dem ersten Mal-Interview unbeobachtet in ihrem Zimmer und bringt es mir dann. Es zeigt eine Gestalt, die fast das ganze Blatt ausfüllt. Der runde Kopf ist mit leichten kreisenden Bewegungen schwarz ausgemalt. Das Gesicht ist gekennzeichnet durch rot und blau gemalte ovale Augen, eine rotblaue Knubbelnase und einen breiten, „freundlichen“ Mund. Der Kopf ist nach den Seiten hin von bunten Flächen wie von fliegenden Haaren umgeben, die links rot und blau und rechts rot und hellgrün schraffiert sind. Er geht in ein langes, unten pluderig breites Kleid über, das in roten, hell- und

---

[36] Die verblüffende Ähnlichkeit von Ritas und Gabrieles Bildern veranlaßt zu kritischen Rückfragen an Studien, die in Schulklassen erstellt wurden und in denen die Möglichkeit des Abmalens in der Auswertung nicht berücksichtigt worden ist (so z.B. bei Hanisch 1996, Arnold/Hanisch/Orth 1997 und Orth/Hanisch 1998).

dunkelgrünen Farben fließend schräg schraffiert ist. Zur Seite sind waagrecht zwei schwarz ausgemalte Arme ausgebreitet, die in Hände mit fünf Fingern übergehen. Unter dem Kleid ragen zwei kleine bunte Füße hervor. Das Bild ist flüchtiger als Bettinas erstes Bild gemalt, offenbar mit raschen, fließenden und sicheren Bewegungen, aber doch sorgfältig, denn die Schraffierungen, die die Flächen ausfüllen, sind genau von den Konturen begrenzt.

Die Gestalt macht auf mich einen etwas ulkigen und frechen Eindruck und vermittelt das Gefühl von Dynamik und Bewegung. Die kleinen Füße scheinen zu tanzen, die Haare zu wehen. Das pluderige Gewand und die fliegenden Haare geben ihr einen weiblichen Ausdruck. Es handelt sich ganz offensichtlich um eine Frau. Bettina erklärt, als sie mir das Blatt bringt: „Das ist auch Gott." Meine explizite Nachfrage, ob das denn eine Frau sei, verneint sie allerdings. Die Haare seien eben so wie bei Engeln. Das Gewand sei so, „wie die Leute früher das halt gehabt haben", was sie allerdings nicht näher spezifiziert. Hier taucht ein Widerspruch zwischen meiner Wahrnehmung der Gestalt als einer Frau und der Deutung durch Bettina auf.

Anders als das erste Bild, das auf meine Bitte hin und offenbar zunächst auch unter inneren Widerständen entstanden ist, malt Bettina dieses aus eigenem Impuls heraus. Offenbar beschäftigt sie das Malen ihres ersten Bildes, mit dem sie scheinbar unzufrieden war, noch stark. Mit dem zweiten Bild setzt sie dem ersten eine Korrektur entgegen. Sind für das erste Bild die männlichen Attribute (Hosen, Bart) kennzeichnend, fehlen diese hier völlig, hingegen malte sie betont weibliche Attribute: lange Haare und ein pluderiges Kleid.

Bettina (10,9 Jahre), drittes Bild (Abb. 9)

Kurz nachdem sie mir das zweite Bild gebracht hat, fabriziert Bettina unter Gekicher, das aus dem Zimmer zu hören ist, in dem sie sich mit ihrer Schwester Rita aufhält, ein drittes Bild. Möglicherweise ist es ein gemeinschaftliches Produkt. Bettina überreicht es mir kichernd und kommentiert es nicht. Es handelt sich hier um eine ausgeschnittene Gestalt, deren Oberkörper hinter einer Wolke hervorkommt. Der runde Kopf ist spiralförmig vollständig von schwarzen Haaren umgeben. Das Gesicht ist durch kugelige grüne Augen, eine runde grüne Nase sowie einen breiten roten leicht nach oben gezogenen Mund gekennzeichnet, der ähnlich wie auf Bettinas erstem Bild (Abb. 1) von einem spiralförmigen, sich bis zur Schläfe ziehenden schwarzen Bart umgeben ist. Bart und Mund sind mit Filzstiften gemalt, der Rest der Figur mit Wachskreiden. Der Kopf ist auf den Körper aufgeklebt. Aufgrund der schrägen Schnittflächen, die nicht zu einander passen, ist zu ersehen, daß der Kopf nicht ursprünglich zu dem Rumpf gehört hat, er muß separat angefertigt worden sein. Dies läßt vermuten, daß dort zunächst ein Kopf war, der Mißfallen gefunden hat. Der Oberkörper ist flüchtig braun und schwarz schraffiert, zwischen ihm und der Wolke klafft eine weiße Lükke. Nur die Arme reichen bis zur Wolke, als würden sie sich dort aufstützen, und gehen in die Hände mit fünf Fingern über, die mit roten Konturen auf die Wolke gemalt sind. Die Wolke ist mit einer blauen Kontur umgeben und in waagrechten Kritzeln blau ausgemalt.

Auf mich macht die Figur einen ulkigen, kuriosen Eindruck. Sie drückt das Stereotyp aus: Gott als alter Mann auf einer Wolke. Sie ist nicht sorgfältig, wie auf den ersten Bildern, sondern verzerrt und karikiert dargestellt.

Wie sind die drei so völlig unterschiedlichen Gottesbilder (Abb. 1, 8, 9), die Bettina innerhalb von kurzer Zeit gemalt hat, zu erklären? Betrachtet man die Folge der drei Bilder, so scheint sich darin eine Spannung zu lösen, die sich in dem gründlichen Bemühungen aufgebaut hat, Vorstellungen von Gott angemessen zum Ausdruck zu bringen. Im ersten Bild wird bereits eine Spannung deutlich zwischen ihrer eigenen Aussage, Gott könne man sich nicht vorstellen, und der sorgfältigen Darstellung eines Gottesbildes, mit der Bettina der ihr gestellten Aufgabe nachkommt. Die konventionelle Darstellung Gottes als eines alten Mannes mit Bart korrigiert sie in einem zweiten Bild durch eine offensichtlich weibliche Gestalt, wobei sie es aber ablehnt, diese explizit als Frau zu bezeichnen. Mit dem dritten Bild macht sie ihrer Spannung und der Widersprüchlichkeit mit Hilfe der Komik Luft. Der Unmöglichkeit des Unterfangens, Gott angemessen zu malen, wird nun dadurch Ausdruck gegeben, daß es pervertiert wird. Das Klischee „Gott als Mann mit Bart auf einer Wolke" wird karikiert. „In der kindlichen Lust an Albernheiten liegt schließlich auch eine Absage an die Normvorstellungen der Erwachsenenwelt." (Popp 1993, 98).

3 Das zweite Mal-Interview

3.1 Zum Ablauf

Das zweite Mal-Interview fand im Juni 1998, gut ein Jahr nach dem ersten, wieder in der Wohnung von Familie A. statt. Den Termin vereinbarte ich einige Tage zuvor telefonisch mit Bettina und Rita und bat sie, ihre Freundinnen einzuladen. Große Erklärungen waren jetzt nicht mehr nötig: Die Erwartungshaltung war durch die Erinnerung an das erste Interview bestimmt. Als ich kam, warteten Bettina und Linda bereits an der Haustür auf mich. Auch die anderen Mädchen waren offensichtlich sehr gespannt und wollten sofort anfangen zu malen. Ich erklärte ihnen, daß vor einem Jahr die Tonbandaufnahme nicht gelungen war und bat sie, mir noch einmal zu erzählen, was auf den Bildern, die sie damals gemalt hatten, zu sehen war. Zunächst waren die Kinder sehr albern und lachten durcheinander, besonders aufgeregt war Rita, die sich auch sehr für das Aufnahmegerät interessierte.

Das Interview erfolgte in vier Phasen:

1) Zunächst erläuterten die Mädchen ihre Bilder, die sie vor einem Jahr gemalt hatten. Das Gespräch wurde hierbei wieder stark durch die Reihenfolge der Bilder strukturiert. Diese Phase sollte die Phantasie anregen und in Abgrenzung, Übernahme oder Veränderung der Vorstellungen, die in den alten Bildern zum Ausdruck kamen, die Entfaltung religiöser Vorstellungen evozieren.
2) Eingeleitet durch meine Frage nach dem Beten und damit nach der Beziehung der Mädchen zu Gott entwickelte sich im Anschluß an die Erläuterungsrunde ein Gespräch unter den Mädchen über religiöse Fragen. Durch ihr Alter und ihre Eloquenz war Bettina in der Rolle der Wortführerin. Sie entfaltete ihre Vorstellungen und Fragen und gab damit den anderen eine Position vor. Die jüngeren Mädchen Rita und Gabriele sowie Linda beteiligten sich kaum an dem Gespräch. Es wurde schließlich durch Ritas Wunsch, jetzt mit dem Malen anzufangen, beendet.
3) Anschließend malten die Kinder ihre Bilder. Sie blieben dabei um den Tisch herum sitzen und hatten Gelegenheit, sich zu unterhalten oder von einander abzumalen; nur Bettina zog sich an einen anderen Ort zurück. Auch ich blieb zurückgelehnt am Tisch sitzen, was mir

die Möglichkeit gab, bei einigen der Kinder den Malprozeß zu beobachten und mir Notizen dazu zu machen. Wie vor einem Jahr malte Bettina am längsten.

4) Schließlich stellten die Kinder ihre Bilder der Reihenfolge nach kurz vor.

Im folgenden sollen nun die Mädchen selbst zu Wort kommen, indem die Transkriptionen der Tonbandaufzeichnungen des zweiten Mal-Interviews dokumentiert werden. Zur besseren Übersicht habe ich sie durch Zwischenüberschriften gegliedert.

Für die *Transkription* gilt folgende Regelung:

(...) undeutlich, unverständlich
\- - - - Pausen
Ki: mehrere Kinder zusammen oder durcheinander
?: die Stimme auf dem Band war nicht eindeutig zuzuordnen
fett starke Betonung

Die Satzzeichen sind teilweise zur besseren Lesbarkeit entsprechend grammatikalischer Regeln gesetzt, markieren teilweise aber auch die Intonation, ein Komma etwa die gehobene, ein Punkt die gesenkte Stimme.

3.2 Dokumentation des Gesprächs

Die Erläuterungen zu den Bildern aus dem ersten Mal-Interview ein Jahr zuvor

SK: *(Legt das Tonband und die Bilder des ersten Interviews im Stoß auf den Tisch.)* ... Ich habe Bettina schon am Telefon gesagt: das letzte Mal ist die Tonbandaufzeichnung nichts geworden. Ich denke, dieses Mal klappt es besser.

?: Darf ich noch mal ein Neues malen? (...) *(undeutliche Diskussion um die Platzverteilung am Tisch).*

B: Wir malen aber noch mal neue Bilderchen, (...) Babybilderchen.

?: Ja das finde ich eigentlich auch.

SK: Ja ja, wir malen nachher noch mal neue Bilder, aber jetzt sehen wir uns die hier noch mal an, ihr müßt mir noch mal sagen, was ihr da gemalt habt.

Ki: Hi hi hi hi *(Gekicher)*.
SK: Wo fangen wir denn an?
?: Da vorne, ganz vorne.
SK: Hier?
R: Nein nein nein, **ganz** vorne.

Bettina (Abb. 1)

SK: Gut, schauen wir uns das an, von Bettina, oder? - - -
B: Mhm.
SK: Kannst du noch mal erzählen, was du da gemalt hast? -
B: Ja, also ich hab, also früher, da hab ich gemalt, also daß der Gott ist, und also ich hab mir den als alten Mann eben so vorgestellt.
Ki: *(Lachen)*.
B: Ja also, der oben in der Nähe von der Sonne ist, und wie der gerade Wolken macht, und em, wo der eben spazieren geht. Und dann hab ich eben einzeln geschrieben, also was ich mir unter Gott vorstelle, was der alles macht.- -
SK: Und was macht er?
B: Ja also ich hab geschrieben: Hoffnung, Liebe, Vertrauen – das hab ich eben geschrieben, mehr nicht.
R: Was der macht (...) wird aufgenommen *(kichert)*.
SK: Und, der geht da spazieren, stellst du dir das so vor?
B: Ja.
Ki: *(Lachen)*.
B: Denk ich mir. Und dann, irgendwie wenn er böse ist, dann gibt's, Gewitter entsteht da, hab ich mir **früher** immer gedacht. Oder wenn er irgendwie, wenn er duscht oder irgend so was, dann täte das regnen irgendwie, oder wenn er sich die Haare wäscht, die ganzen Tropfen, das täten dann Regentropfen werden, das hab ich mir **früher** immer vorgestellt.
SK: Du hast da einen ganz großen Bart gemalt.
B: Ja, weil ich stelle mir den wie so einen alten Mann eben vor.
SK: Und warum hast du das rot gemalt? *(Zeigt auf den Hintergrund)*.
B: Ja weil er eben in der Nähe von der Sonne sein soll, weil malen kann man nicht die Sonne, aber er käme zur Sonne und könnte die an- und ausstellen, wie so ne Lampe eben, das hab ich mir früher immer gedacht.
SK: Und stellst du dir das heute noch so vor?
B: **Nee**! Jetzt weiß ich, jetzt weiß ich's ja (...).
Ki: *(Unverständlich)*....

B: Ja genau, da kommen wir ja weiter (...) *(Gekicher)* unser Erdkundelehrer, da kommen wir ja weiter, da hab ich eben gewußt, daß das nicht so stimmt. - -

SK: Und wie stellst du dir's heute vor?

B: Ja also, ich stell mir eben vor, daß der hier (...) also zum Beispiel wenn man jetzt weint oder so, oder jedes Wort was man spricht täte Gott bestimmen, **so** stelle ich mir das eben noch vor.

SK: Alles was wir machen, bestimmt Gott?

B: Ja. *(Schnell genuschelt)* Und er wär in uns drinnen eben jetzt.

Ki: *(Zustimmend)* mm.

SK: Und was macht er in uns?

B: Ja also er bestimmt, was wir eben jetzt gerade machen, ob wir uns schlagen wollen oder so.

SK: Und wenn du dich streitest?

B: Ja, dann stell - aber irgendwann hört man ja auch wieder auf, also dann bestimmt er irgendwann, dann macht er irgendwann **Strichpunkt**. Dann denkt er – wir fangen von alleine an, und er zieht dann irgendwann einen Strichpunkt, wenn er merkt, das ist gemogelt.

SK: Und er ist dann in dir und sagt dann: aufhören?

B: Mm.

SK: Wie macht er das? Hörst du dann eine Stimme?

R: *(Lacht).*

B: *(Energisch)* **nöö! Nein**, er bestimmt das eben, das denk ich mir eben so, (...) also das denke ich mir eben so, **unsere** Stimme, das täte **er** sagen. So jetzt.

SK: Mhm *(das Bild wird weggeschoben).*

R: Das ist auch von der Betti *(kichert glucksend).*

B: *Bettina, zweites und drittes Bild (Abb. 8 und 9)* Hier das, das ist nichts geworden, das ist, dazu kann man auch nichts sagen.

Rita, erstes Bild (Abb. 4)

R: Das ist auch von der Bettina.

B: Das?

R: Da.

B: Guck hinten darauf! (...) *(Liest vor)* Rita.

R: Gespenst *(kichert).* - -

SK: Willst du was dazu sagen, Rita?

R: *(Kichern, Pause)* - - - - *(kichernd)* nö - - - ich hab mir den einfach so - - *(kichernd)* als Gespenst vorgestellt, nur noch mit Schnurrbart.

Ki: *(Kichern).*
SK: Und warum blau?
R: *(Kichernd)* (...) weil der in der Luft ist (...) weil die Luft blau ist.
SK: Weil der Himmel auch blau ist?
R: Mm. Und nur noch mit nem Schnurrbart dran.
G: Aber am Himmel sieht man doch keinen Schnurrbart.
R: *(Kichert)* der soll unsichtbar sein. - - - *(Gekicher)* - - -
SK: Dann gucken wir mal weiter, das ist auch von dir, nicht?
R: Das ist von mir? Zeig.

Rita, zweites Bild (Abb. 6)

SK: Was hast du hier gemalt? *(Rita kichert jetzt nicht mehr).*
R: Da hab ich Blitz, Wolken, und so was, das erschöpft er grade, und dann so ein Gewand mit einem Kreuz halt drauf. - -
SK: Und was macht er da?
R: Er erschöpft grade den Regen, den Blitz, die Wolken und die Sonne. - -
SK: Mm. Du stellst Dir Gott so vor - daß er das alles macht?
R: Ja, daß er, er macht, er schöpft das alles, also zum Beispiel, er entscheidet, wenn Regen kommt, oder die Sonne kommt, oder wenn's blitzen soll, - - - *(Pause)* - - und das Kreuz hab ich mir so ausgedacht, weil's auch manchmal in der Kirche ist, - ja - - - *(schiebt das Bild weg).*

Gabriele, erstes Bild (Abb. 5)

SK: Und das ist von dir, Gabi?
G: Mm, da muß ich gucken. Da steht Gabriele drauf.
R: Dahinten steht Gabriele.
G: Also da hab ich mir den halt als einen **Engel** vorgestellt – also einen Engel – ja, - ziemlich helles Gewand. - - Ich hab mir den so als lichte Gestalt vorgestellt, und daß da droben alles im Himmel ist und - - - - *(Pause)* - - - -
SK: Warum ist das da gelb?
G: Weil ich mir das als gelb vorgestellt hab, als so ne lichte Gestalt.
B: Der Himmel ist ja auch so erleuchtet, jetzt. - - - *(Pause)* - - -

Gabriele, zweites Bild (Abb. 7)

SK: Hast du das auch gemalt?

G: Da hab ich mir so vorgestellt, daß der da oben in den Wolken lebt und daß da überall so seine Fenster sind und im Himmel, daß da *(lachend)* seine Wohnung da droben wär. - -
SK: Wo meinst du, daß er da wohnt?
G: Im Himmel.
B: Das Bild ist auch schön *(das Bild wird zur Seite geschoben).*

Theresa (Abb. 2)

Th: Da hab ich mir Gott so vorgestellt, daß er die Sonne wär, und daß er grade so beschwören würd, daß jemand **dahin** gehen würde und der andere **dahin** gehen würde und daß zum Beispiel der eine **lächelt** und der andere **nicht**, also daß der andere traurig wäre, traurig ist. - - - - - -
SK: Mit wem redet er grade?
Th: Er redet in den Gedanken von den Leuten, also stell ich mir so vor. - - -
SK: In den Gedanken. - - Auch in deinen Gedanken manchmal?
Th: Ja.
SK: Und wann ist das meistens?
Th: Wenn man über was nachdenkt. Oder wenn man was tun möchte und darüber auch vorher nachdenkt. -
SK: Und er erhebt die Arme.
Th: Ja weil em - er beschwört, daß er jetzt - - daß der jetzt anfangen soll zu weinen oder der nicht.
SK: Er bestimmt, was in den Menschen vorgeht?
Th: Ja.
SK: Und warum ist die Sonne so direkt hinter ihm?
Th: Ja weil ich mir vorgestellt hab, er wär die Sonne, oder wär ein Teil von der Sonne.
B: Vielleicht so, daß der Gott, der beschwört den halt, und wird von hinten von Sonnenstrahlen angestrahlt, und die Sonne scheint dann immer auf die Menschen, also auf die menschliche Umgebung.

Linda (Abb. 3)

?: *(Stimmengewirr)* Linda, die (...).
L: *(Linda spricht langsam und schwer verständlich)* ich stell mir ihn so vor, daß er so in der Luft schwebt und – der hat ein großes Gewand an *(Kichern von Rita).*
SK: Ein grünes Gewand?
L: Ein großes.

R: *(Rita kichert im Hintergrund)* großes, echt großes.
SK: Der schwebt. Wo schwebt er da? *(Kichern von Rita)*
L: Im Himmel. Hinter den Wolken. - - -
R: *(Rita kichert, gluckst)* hinter den Wolken.
L: - - - - Und - - - - er ist der Herrscher.
SK: Worüber herrscht er?
L: Em - - über die ganze Welt. - - - -

Das Gespräch

SK: Und wie ist das bei euch, redet ihr auch manchmal mit Gott?
Ki: *(Gemeinsam)* ja! ja!
B: Ja wenn man betet, oder wenn man (...)
R: Es wird doch gar nichts aufgenommen.
SK: In welchen Situationen kommt das bei euch so vor?
B: Also wenn man traurig ist oder so, irgendwie, also daß Gott dann so (...) oder wenn man **heult** oder so, man weiß ja nicht wodurch, das hört dann ja irgendwann auf, und dann sagt man daß Gott (...) **will** ja nicht, daß man den ganzen Tag weint, und dann mach ich es einfach so, daß ich einfach aufhöre. - - -
SK: Redest du dann so richtig mit Gott?
B: Ja. Da betet man dann manchmal, oder, oder wenn man, also zum Beispiel abends, oder wenn man eine schlechte Note hat, dann betet man schon mal, daß die etwas besser wird, und dann hat man ein besseres Gefühl. - -
SK: *(Zu den anderen)* macht ihr das auch so?
Ki: Ja ... ich auch ... ja *(volle Zustimmung)*.
?: Ich bete eigentlich jeden Abend.
?: Ich auch.
SK: Vor dem Bettgehen?
Ki: *(Durcheinander)* ja ... ja ... ja.
R: Damit man gut schläft. Oder ich bete dann immer noch so, daß auf der Welt, also daß die Kinder, die kein Dach über dem Kopf haben, daß denen geholfen wird. - -
SK: Und meint ihr, Gott hört das, wenn ihr mit ihm redet?
Ki: Ja ... ja, ja, klaro *(breite Zustimmung)*.
SK: Und sagt der euch auch manchmal was? Habt ihr das Gefühl, er hört euch zu, wenn ihr mit ihm redet?
Ki: Ja ja.
B: Ja - also jetzt zum Beispiel, wenn man *(undeutlich)* (...) dann denkt man, komm, jetzt laß das, das tut dem weh oder so (...), und dann

denk ich manchmal, Gott ist das, der sagt, daß ich das nicht machen **soll**.

Th: Wir hatten auch mal in der Jungschar, da hatten wir letzte Woche so ne, so ne Geschichte vorgelesen, und da hatte ein Junge einen Luftballon an den Gott geschickt, und der hat da hingeschrieben, daß er ein bißchen Geld bräuchte, weil die Familie überhaupt kein Geld hätte und jemand sonst sterben würd *(undeutlich)*, und da hat das dann jemand gefunden, und der hat dem dann Geld geschickt.

B: Hat der so getan als wär das Gott, oder? (...)

Th: Nein also – Gott hat dem dann **geholfen**.

B: Ach so, ja. - Ja weil Gott, der läßt sich ja eigentlich nie zeigen, weil die meisten, also viele, eher, die denken ja zum Beispiel, also das **gäb's** nicht, oder die Erde, die hätte er nicht geschaffen und so, aber ich glaub das schon, weil er macht ja alles, und woher soll das alles gekommen sein und also, Gott, der läßt sich eigentlich nie zeigen, sondern er tut dann **anderen** immer **seine** Botschaft, oder das, was er machen will, gibt er ihnen dann. Also dem anderen. Irgend einem. Auch wenn's auch nur so irgendein armer Mann ist, oder so, aber dem gibt er dann auch schon so irgendwelche Rechte oder so. - - - *(Pause)* - - -

SK: Mm - - - - - - - wie ist es bei dir, Linda?

L: - - - *(Pause)* - - - - Wenn ich mit meinem Bruder zum Beispiel streite, dann sagt er mir auch, was ich jetzt tun soll. (...*(undeutlich)*...) Dann sagt er das dann so.

SK: Mhm. - - Und dann hörst du auf zu streiten?

L: Manchmal. Nicht so ganz (... *(undeutlich)* ...).

B: Wenn dann der andere (... *(undeutlich)* ...) dann hat man mal Wut, aber man hört dann selber auch auf, weil man dann auch froh ist, weil wenn man bedenkt, bei großen Kriegen oder so, da ist ja so ein kleiner Streit nichts gegen. Aber ich denk mir immer, irgendwie, der Gott, der ist so, der täte alles Liebe schaffen (... *(undeutlich)* ...) irgendeinen anderen (...) wenn irgendwas böse wär, (...) also das Böse und das Gute, das denk ich mir immer so. – Daß irgendwer das Gute also schaffen tät, und Gott tät zum Beispiel alles, em Gott tät das Gute, und die and/ , also irgend so ein anderer, **irgendeiner**, der so ähnlich ist wie Gott, daß **er** was Böses schafft. Oder irgendein Mensch auch. Also irgendwie das Böse. Also daß er irgend so eine Maschine hat oder so, daß er Böses schafft, und daß er Gott aus dem Weg schaffen will oder so.

Th: Wie zum Beispiel Hitler oder so.

B: Ja, genau, so einen Menschen stell ich mir da drunter vor jetzt. Der das Böse macht. Weil Gott der tät, der tät, ich stell mir immer vor, Gott kann, Gott der tät doch nie das Böse irgendwie zu uns meinen, also da täte sich doch irgend jemand dazwischen setzen, so denk ich. Ja und wenn jetzt Krieg ist und so, dann wird ja die Erde beschädigt und so, und er hat ja die Erde selber geschaffen, also wäre er ja nicht, also, daß er sich die eigene Erde, die er geschafft hat, daß er sie auch dann wieder zerstört. - - - - *(Pause)* - - - - Da denk ich immer, zum Beispiel, viel weiter weg, daß irgendwie ne Grenze wär, und da wär Gott und die, und die täten sich dann irgendwie so streiten, und dann kommen ein paar Brocken Liebe, ein paar Brocken, em, Böses runter, und dann täten sie sich *(lacht)* **verteilen**, **ja**, das denk **ich** mir manchmal. -

SK: Was ist das für eine Grenze? Wo ist die Grenze?

B: *(Sehr schnell)* Ja irgendwie, irgendwo in der Mitte der Erde, geht einfach ne Grenze durch, das eine Reich gehört Gott, und das andere irgendwie dem anderen, und die streiten sich, und da kommt, und dann kommen immer Brocken, und das Böse, das zerstört dann irgend was, und das Liebe, das macht dann irgendwie mehr, weil Bäume, die wachsen ja und so, und da denk ich mir, weil die Bäume, die können ja von alleine nicht so (...), das wurde ja alles geschaffen, und dann denke ich mir immer, daß es sich erweitert, denn ohne Bäume können wir ja auch nicht leben und so. - - Die meisten zerstören auch so, also daß dann manche Menschen, die dann zum Beispiel die Brocken abkriegen irgendwie, daß die dann was Gutes im Sinn haben, und die anderen böse sind.

SK: Und wer wirft mit den Brocken?

B: Ja also **irgend** einer, ich weiß **auch** nicht wer, aber **irgend** ein anderer als Gott.

SK: Das sind böse Brocken dann.

B: Ja, das sind böse Brocken, und wenn man die dann irgendwie, wenn man zum Beispiel was ißt oder so und wenn die dann auf dem Brot sind, oder wenn man irgendwie so Luft holt und dann was abkriegt, dann hat man ein bißchen Böses und ein bißchen Liebes in sich. Und das hat eben jeder Mensch. Es gibt eben keinen Menschen, der nie irgendwie sich streitet oder so. - -

SK: Und wo sind die, die die Brocken verstreuen? - Hier auf der Erde? Oder im Himmel?

B: Nein nein, auf der Erde. Alle Menschen, die auf der Erde leben, die haben so ein, die kriegen gute und schlechte Brocken ab. - - - - - - - -

SK: Denkt ihr euch das auch so?
Ki: Ne ... ne.
Th: Eigentlich nicht.
B: Linda du? - - - Denkst du das auch manchmal so?
L: Ja manchmal, - - - *(Pause)* - - - eigentlich nicht.
B: Ich denk mir das immer so, wenn irgendwas Doofes ist, eine schlechte Note zum Beispiel, dann sag ich auch manchmal, ach warum hast du mich nicht beschützt oder so, aber dann **kann** man dafür ja gar nichts, weil der böse Brocken in einem ist, (...) und dann schreibt man eine schlechte Note. Es gibt ja kein Kind, das nur Einsen schreibt oder so. Jeder schreibt mal eine schlechte Note.- - -
SK: *(Zu den anderen)* wie erklärt **ihr** euch das mit den schlechten Noten und mit dem Bösen?
R?: Eh – ich bete immer davor, wenn ich was zurückkrieg oder was schreibe, zum Beispiel wenn ich ein Diktat schreibe, dann bet ich immer vorher, und wenn ich das zurückkrieg, dann bet ich immer so, lieber Gott bitte mache, daß ich jetzt die und die Note kriege.
Th?: Na ja ich bet das nicht mit der und der Note, ich mach einfach nur halt so ein Gebet. Weil mit der Note, das fänd ich irgendwie, wenn man dann ne Eins oder so, man kann, es ist ja klar, es kann nicht jedes Mal ne Eins sein, und, da kriegt man nicht jedes Mal ne Eins.
SK: Betet ihr oft, wenn ihr Noten zurück kriegt?
Ki: *(Heftig, laut, durcheinander)* ja ... nein ...
?: Ich nicht.
?: Wenn ich schlechtere Noten krieg.
?: Schlechtere nicht, aber wenn ich Schulnoten krieg *(unverständlich)*. -
B?: Früher in der Grundschule, da hab ich auch eigentlich fast nie gebetet. Da war klar, daß mer mal ne bessere (... *(unverständlich)* ...)
SK: Und meint ihr, Gott hilft dann, wenn ihr betet?
Ki: *(Gemeinsam, durcheinander, kräftig)* ja ... ja ... ja.
B: Ja, also zum Beispiel wenn man vorher, wenn man vorher und nachher betet. Aber ich denk immer, wenn man nachher betet, da ist es ja, da sind die Arbeiten schon kontrolliert, da kann man daran nicht mehr viel ändern.
R: Ich bete auch, wenn ich abends ins Bett geh, daß ich auch nicht so schlecht träume.
Th: Ne, das ist mir im Prinzip egal.
R: Ich denk auch oft daran, wenn so Krankenwagen oder Feuerwehr oder Polizei oder, dann denk ich: oh je...

B: *(Fällt ihr ins Wort)* Ja dann ... *(unterbricht sich).*
R: Und an die Verletzten und so weiter, da bet ich auch immer.
B: Ja, dann bet ich auch immer. Ja, das mach ich auch oft. Ich krieg dann auch immer Angst. Und vor allem: **Jedem** kann das ja auch **selber** passieren, und dann ist man auch froh, oder wenn ich erwachsen bin, dann will ich auch Blut spenden und so, weil wenn man das selber hat, dann wird man ja auch, dann wird man ja auch von irgend jemandem, der dieses Blut gespendet hat, gerettet. - - - - - -
SK: *(Zu Linda und Gabriele gewandt)* Wann betet ihr?
L: Abends.
B: Die Linda betet jeden Abend.
L: Ja.
R: Ich auch.
G: Ich auch.
B: Ich auch.
Th: Ich manchmal. Unterschiedlich.
B: Ja klar, wenn man zu müd ist, dann kann man ja nicht so...
?: Ich bet immer abends.
SK: Woran denkt ihr dann besonders, wenn ihr betet?
?: An Gott.
Ki: *(Durcheinander)* Ich auch ... ich auch.
B: Ich an Menschen und an Gott.
Ki: *(Gemurmel).*
B: Ich würde aber Gott, ich würde mal gerne wissen, was Gott eigentlich wirklich ist, aber ich glaube, das **weiß** keiner. Weil es hat ihn ja noch keiner gesehen. Man weiß das ja nur aus der Bibel so.
Th: Wie man den sich vorstellen kann.
?: Ja.
B: Ja, wie man den sich vorstellen kann. Aber vielleicht ist es ja gar nicht so. Das wurde ja alles weitererzählt. Vielleicht ist er ja auch ganz anders.
Th: Aber ich glaub auch, daß er im Himmel ist.
?: Ja ja, ich glaub auch daß er woanders ist ...
?: Im Himmel *(unverständlich)* (...) er ist bei mir überall, aber er ist eben im Himmel.
B: Ja, Gott ist eben **überall**. Denk ich mir immer. - - - - -
Th: Ich denk mir, daß er seine Engel los schickt, und jeder hat einen eigenen, einen guten und einen schlechten, also wenn man ...
B: Ja, das hab ich mir früher auch immer gedacht.

Th: Also wenn man jetzt zum Beispiel über irgendwas nachdenkt, daß man so Seiten sieht, einmal für das Schlechte und einmal für das Gute und so. - - - - Wenn jetzt zum Beispiel jemand zu mir - ja, was weiß ich, was sagt, dann sag ich ja auch wieder was Böses und so.

SK: Und du meinst, da steht ein Engel dahinter?

Th: Ja, dieser böse Engel.

?: An Engel glaub ich nicht, aber ich glaub eher so an Gott. Nicht an Engel. Engel das find ich immer so - von **Geschichten** halt.

B: Ne, aber es gibt ja viele Geschichten, also die sind nur ausgedacht so. Aber ich denk mir immer, irgendwann passiert jede Geschichte mal. *(Schnell)* also zum Beispiel gestern im Fernsehen, oder nee, vorgestern, kam die unendliche Geschichte, da hab ich mir auch gedacht, irgendwie, daß die irgendwann mal in echt so geschieht. Ich denk mir, da war zum Beispiel ein Tor, wo so ein Junge durchmußte, und da waren Augen, die öffneten sich. Und wenn man irgendwie, wenn man nicht an seine eigene Kraft glaubte, an sein eigenes Wissen glaubte, an sein eigenes, was man innen drin hat, glaubte, dann öffneten sich die Augen, dann wurd man von Strahlen getroffen und war tot. Und der Junge, der ist dann eben noch ganz schnell durchgerannt. Die Augen waren sich am Öffnen und der ist ganz schnell durchgesprungen. Weil er nicht genug an sich geglaubt hat. Und da denk ich mir auch immer, es tät in echt auch mal irgendwie passieren. So mit dem, wo die Augen sich öffnen. - - - - - - - -

R: *(Ganz leise geflüstert)* Können wir jetzt malen?

SK: Gleich können wir malen. Aber es interessiert mich noch *(an Gabriele und Linda gewandt)*, wie ihr euch das vorstellt, wenn ihr an Gott denkt. Theresa stellt sich so Engel oder Mächte vor. Wie stellt ihr euch das so vor? - - - -

B: Linda, wie stellst du dir das vor. Oder stellst du dir gar nichts vor? - - - - - *(Lange Pause)* - - - - - - - -

?: *(Geflüstert)* ... stellst dir das als Gestalt vor.

L: Also, *(sehr langsam)* der ist in **jedem** Menschen so drin, also daß man eine Ecke im Körper hat, wo er wohnt. - - -

SK: Da kannst du auch mit ihm reden?

L: Ja. - - - - - - - -

SK: Und Gabi? - - - - - - *(Lange Pause)* - - - Ja gut, ihr könnt's jetzt einfach auch mal malen.

Ki: Ja ... ja.

B: *(Unverständlich)* (...) Also daß jeder jetzt noch mal **Seins**, also wie er's gesagt hat.
SK: Wie ihr es euch vorstellt. Also jede, wie sie sich's vorstellt, wie sie es malen will. Ihr müßt euch die Stifte teilen.
?: Aber wir dürfen nicht abgucken!
SK: Macht's einfach so, also ihr dürft auch gucken, also so, wie ihr euch das vorstellt.
?: Ja, aber das ist unfair.
L: Kann ich auch was anderes malen, also was ich jetzt nicht gesagt habe?
SK: Ja klar, was du denkst, was du gern malen möchtest.
B: Ich geh raus.

Die Erläuterungen zu den Bildern aus dem zweiten Mal-Interview

Bettina malt separat, die anderen sitzen um den Tisch herum. Rita ist nach 16 Minuten fertig, am längsten malt mit 25 Minuten Bettina. Während die Mädchen auf Bettina warten, entwickeln sich kleine Gespräche:
R: *(Flüstert zu Theresa)* ohne Beine.
Th: *(Kichert)* Du sagst das zu mir, und dann hast du selber keine. - - - (*Pause*) - - -
R: *(Flüstert)* ich mal da keine Beine dran.
Th: Ich auch nicht. Ich denke, das Gewand ist länger, als er selbst ist.
G: *(Malt an ihre Figur Beine).*

R: *(Guckt bei Bettina, spekuliert:)* zwei Menschen.
Th: Wieso zwei Menschen?
R: Adam und Eva, *(zitiert:)* „ich werde siegen", bei Eva.

SK: So, wer möchte denn anfangen von euch?
Ki: *(Durcheinander)* Ich ... ich ... ich.
SK: Ach, dann fangen wir mal bei Rita an.

Rita (Abb. 10)

Rita malt in der Reihenfolge: grünes Gewand, blaue Wolken, Kopf, Augen, Mund, Bart unten, Bart oben, schwarzes Kreuz, vier Totenköpfe, roter Hintergrund, gelber Hintergrund, grüner Hintergrund. Zu Beginn der Vorstellung ihres Bildes kratzt sie nervös mit ihren Fingernägeln auf dem schwarzen Kreuz Farbe ab, nimmt dann aber einen Stift und übermalt die Kratzer wieder. Während ihrer Vorstellung ist sie sehr aufgeregt.

R: *(Kichert:)* Oh Gott, *(gluckst)* - - also, ich hab - mir - ein grünes Gewand, weil es die Farbe der Hoffnung ist, und da hab ich ein schwarzes Kreuz, äh weil, em, - wegen äh -, den Gräbern (...) Friedhof, da tragen die Menschen ja auch immer schwarze Sachen, und da hab ich da Totenköpfe hin gemalt, weil es gibt Gutes und Schlechtes, und da hab ich Wolken hin gemalt, und dann hab ich die Liebe, die Hoffnung und den Himmel und die Sonne gemalt, und das - ist nur Gutes. Und innen drin in dem, also der macht jetzt nur Gutes. Und innen drin, im Gewand, ist Schlechtes. - - -

SK: Warum ist da im Gewand Schlechtes?

R: Ja, weil die Menschen machen ja nicht immer nur alles gut. Und dann hat, er hat Hoffnung und Tod und so.

SK: Aber das versteh ich noch nicht. Macht Gott das Schlechte? Oder warum hat er das auf seinem Gewand?

R: Ja die Menschen, die sind ja nicht immer artig. Zum Beispiel die Gabriele hat auch schon mal was Schlechtes gemacht, oder?

G: Ja, genau.

SK: Das sind Totenköpfe?

R: Ja.

SK: Und wofür steht das Kreuz?

R: Ja für die toten Menschen. Und die Totenköpfe auch. Und für die schlechten Menschen.

SK: Und wie verhält sich Gott dazu? - - Macht der das? Oder wie stellst du dir das vor?

R: Ja, also der macht das. Ein Mensch kommt und er geht ja auch wieder. Ja dafür ist das Kreuz da, und die Totenköpfe sind für das auch da, für die schlechten Menschen. Aber für die schlechten Menschen sind auch die guten Sachen da.

SK: Und die sind in Gott drin? Oder warum hast du das auf das Gewand gemalt?

R: Ja, in Gott drin. Und der schwebt. Und da hab ich ihn in den Himmel drin rein gemalt.

SK: Der schwebt. - In der Luft?

R: Ja, in der Luft. Nur ich hab die Flügel vergessen. Eigentlich wollte ich keine Flügel malen.

SK: Warum nicht?

R: Weil das doof aussieht.

SK: Und warum hast du keine Füße gemalt?

R: Weil das Gewand länger, also lang ist, und da, ich wollt eigentlich – der hat keine Füße.

SK: Und Arme hat er auch nicht.

R: Ne. - - - - - - -

SK: Willst du noch was dazu erzählen? - - - - - Oder habt ihr noch Fragen? - - - -

B: Doch, ich hab noch Fragen. Also warum der, also, der, der hat ja keine Nase auf deinem Bild. Ja, warum der keine Nase hat.

R: *(Kichert)* Nase hab ich vergessen *(kichert)*. Weil ich die Nase vergessen hab. *(Zu Gabriele)* Und die hat die Nase auch vergessen. - - - -

SK: Willst du noch was sagen dazu? - - - - - - Wollen wir weitermachen? So herum? Gabi, magst du weitermachen?

Gabriele (Abb. 11)

Gabriele ist beim Malen zunächst völlig an Rita orientiert, neben der sie sitzt. Während Rita das grüne Gewand in die Mitte des Blattes malt, zeichnet sie parallel eine schräge grüne Fläche auf die untere Hälfte des Blattes, wie eine Wiese. Als Rita die blauen Wolken malt, zeichnet sie ähnliche blaue Wolken auf die obere Hälfte des Blattes. In dem Moment, als Rita den Kopf auf die grüne Fläche malt, wird klar, was für eine Figur sie malt. Dies ist für Gabriele jetzt nicht mehr möglich, sie sagt: „Kann ich noch mal ein neues Blatt haben? Das ist nichts geworden". Sie beginnt nun ein neues Bild in der Reihenfolge zu malen: blaues Gewand, brauner Kopf, gelbe Haare, Augen, Mund, Bart, schwarzes Kreuz, Wolken, Sonne, rote Fläche, hellblaue Fläche, grüne Fläche, gelber Mond, dunkelblaue Fläche, gelbe Fläche. Die Beine malt sie nachträglich im Anschluß an das kleine Gespräch über Beine zwischen Theresa und Rita.

R: Rita malt mit einem schwarzen Stift auf dem Kreuz von Gabriele

SK: Nein, nicht so.

R: Ich wollt nur das Kreuz zu Ende malen *(hinterläßt einen schwarzen Strich)*.

G: Das ist schon fertig gemalt. - Ich hab mir Gott so vorgestellt, daß der, wenn der immer wo hin zeigt, daß es dann auch das gibt. Und so. - - - -

SK: Daß immer, wenn er dahin zeigt?

G: Ja. Wenn da Sonne sein soll, oder -

?: Ich hab mal ne Frage: Aber wenn das nicht da ist, dann kann ich auch nicht hinzeigen. Wenn die Wolken nicht da sind, dann kann er auch nicht auf die Wolken zeigen.

G: Ja.

B: Ja, wieso? Em, wenn er dann drauf zeigt, ist ja klar, dann wär ja gar nichts da. Wär die Sonne nicht da, und der tät da drauf zeigen. - -

G: Ja.

?: Der muß das ja auch irgendwie machen. Hat er das erschöpft, erst, oder zeigt der da nur drauf, wo gar nichts ist?

B: Ja aber wenn da keine Wolken sind, da kann der ja nicht drauf zeigen, auf die Wolken, weil ja keine da sind.

G: Ja er erschöpft die ja erst. Und dann, der macht die erst und dann, em, ja dann kann er ja immer drauf zeigen, was er dann haben will.

B: Ja, er erschöpft die ja, (... *(unverständlich)* ...) aber manchmal ist der Himmel ja ganz klar, aber da kann er ja nicht drauf zeigen, wenn er Wolken will. Dann muß er die noch mal erschöpfen, oder wie.

SK: Oder denkst du, dadurch, daß er darauf zeigt, schöpft er sie?

G: Ja.

B: Ja, worauf zeigt er dann? Auf den Himmel? - - -

SK: Und was hat er da alles erschaffen *(zeigt auf das Bild)*?

G: Ja also die Wiese und die Sonne und den Mond und das Wasser und das Feuer und die Wolken. - - - Und den Himmel auch.

SK: Und worauf steht er?

G: Ja also der schwebt dann in der Luft.

SK: Aber er hat gar keine Arme, wie zeigt er denn?

?: Vielleicht hat er die hinter dem Rücken.

G: Oder im Gewand drinnen.

B: Sind das eher so Umhänge?

G: Ja. *(Kichern)* - - - - - -

SK: Willst du noch was dazu sagen?

G: Nee.

?: Linda.

Linda (Abb. 12)

Linda konnte ich beim Malen nicht beobachten.

L: Also ich stell mir Gott so als Blume vor und - - - em - - da sind - da sind noch, em - - das hab ich jetzt vergessen, - die Blüten, der Blütenstaub, den hab ich jetzt leider vergessen, da in dem Blütenstaub da ist em Liebe und so em – Hoffnung.

B: Eine Blume hat ja Blütenstaub und der verteilt sich ja so.

L: Ja und em, die Blume braucht em - Licht und Wärme, und dadurch wächst die - größer – also wird sie größer. - - - - -

SK: Und Gott, der ist die Blume, die wächst?

L: Ja. - - -

B: Und je größer die Blume wird, desto mehr gibt es auf der Erde, oder wie? - - -

L: Ja. - - -

SK: Und Gott ist auch in den Blumen und, du hast vorhin gesagt, auch in den Menschen, in jedem von uns?

L: Ja.

Th: Ja aber eine Blume stirbt doch auch mal.

B: Die Linda hat ja eine Blume gemalt, die von der Sonne großgezogen wird.

Th: Aber trotzdem stirbt mal die Blume. Auch wenn sie von der Sonne großgezogen wird. Dann gibt's sie ja nicht mehr.

B: Ja vielleicht stirbt dadurch ja das Böse. Aber jede Pflanze die blüht vielleicht, und dann verwelkt sie wieder.

Th: Dann gibt's ja nichts mehr.

L: Aber das ist eine besondere Blume, die - - - - -

B: Die nie stirbt.

L: Ja.

B: Nur wächst.

L: Ja.

R: Aber irgendwann wird die ja so groß, die Blume, daß sie nirgends mehr hinpaßt. Es geht ja nicht immer weiter höher, höher, höher, irgendwann ist ja ...

G: *(Undeutlich)* Breiter, breiter, breiter, breiter, breiter, breiter *(Gemurmel).*

SK: Kannst du mal vorlesen, was du geschrieben hast?

L: Gott als wunderbare Blume, die im Himmel ist und - und die Blume braucht Wärme anstatt Wasser.

SK: Braucht die kein Wasser?

L: Ne.

SK: Aber du hast doch Wasser drum herum, oder ist das Himmel?

L: Das ist Himmel.

R: Betti kommt jetzt. Die ist jetzt dran.

SK: Und macht Gott auch was?

L: Er schöpft die Blume, er schöpft auch die Tiere, also die Blume erschöpft auch die Tiere.

SK: Die Blume ist diejenige, die erschafft, also die erschafft die Tiere und die Menschen.

L: Ja.

SK: Und wohnt dann auch in den Tieren und Menschen?

L: Ja.- - -

SK: Die Sonne, ist die auch Gott?
L: Ne.
SK: Und hat Gott die Sonne gemacht?
L: Ja der hat sie auch erschaffen.
SK: Aber er braucht die Sonne auch, um zu wachsen.
L: Ja. - - - - -
SK: Mhm. - - - wollt ihr noch was dazu wissen?
?: Ne - nicht so ganz.
B: So, jetzt kommt die Theresa.
R: Nee, die Bettina kommt jetzt *(es folgt ein kurzer Streit über die Reihenfolge).*

Theresa (Abb. 13)

Theresa beginnt am unteren Rand des Blattes und malt von unten nach oben, zunächst den unteren Teil des Gewandes, dann das Oberteil, die Schärpe, die rote Umgebung, die Sonne, den Mond, den Stern, die kleinen Gestalten, die bunten Farben in dem roten Hintergrund, die Kreuze, die Schrift: Hoffnung, Liebe, Frieden, Kummer, Hilfe.

Th: Ich hab Gott gezeichnet, eh, das Gewand, das ist länger als er selbst, und em, die Kreuze, die sind, weil er ja gekreuzigt ist, die sind so, das soll das Kreuz sein, wo er, wo er, also Jesus wurde gekreuzigt und - - - und hier neben sind die kleinen Engelchen, die, von denen ich gesagt hab, und - - - über ihnen steht Sonne, Mond und Stern. - - - Und, die Farben bedeuten - - und die schickt er von sich - - von sich aus los.
SK: Was macht er mit den Farben?
Th: Ja zum Beispiel rot ist ja die Farbe der Liebe, der nimmt (...) und wirft es auf die Erde, und da haben viele die Liebe, - - oder grün, da hat jemand dann mal Hoffnung - - oder so. - -
SK: Sind das die Engelchen hier?
Th: Ja. - - -
SK: Sind das die guten oder die bösen Engel?
Th: Das sind die guten, die mit dem roten und dem gelben Gesicht, und die mit dem schwarzen Gesicht, die sind böse. - - -
SK: Mhm. Ja gut, - - wollt ihr noch was wissen?
?: Ne.

Bettina (Abb. 14)

Bettina malt separat, sie konnte ich beim Malen nicht beobachten. Aufgrund der verschiedenen Malversuche, die ich auf ihrem Tisch fand, läßt

Abb. 1: Bettina (10,9) – *erstes Mal-Interview*

Abb. 2: Theresia (9,9) – *erstes Mal-Interview*

Abb. 3: Linda (10,9) – *erstes Mal-Interview*

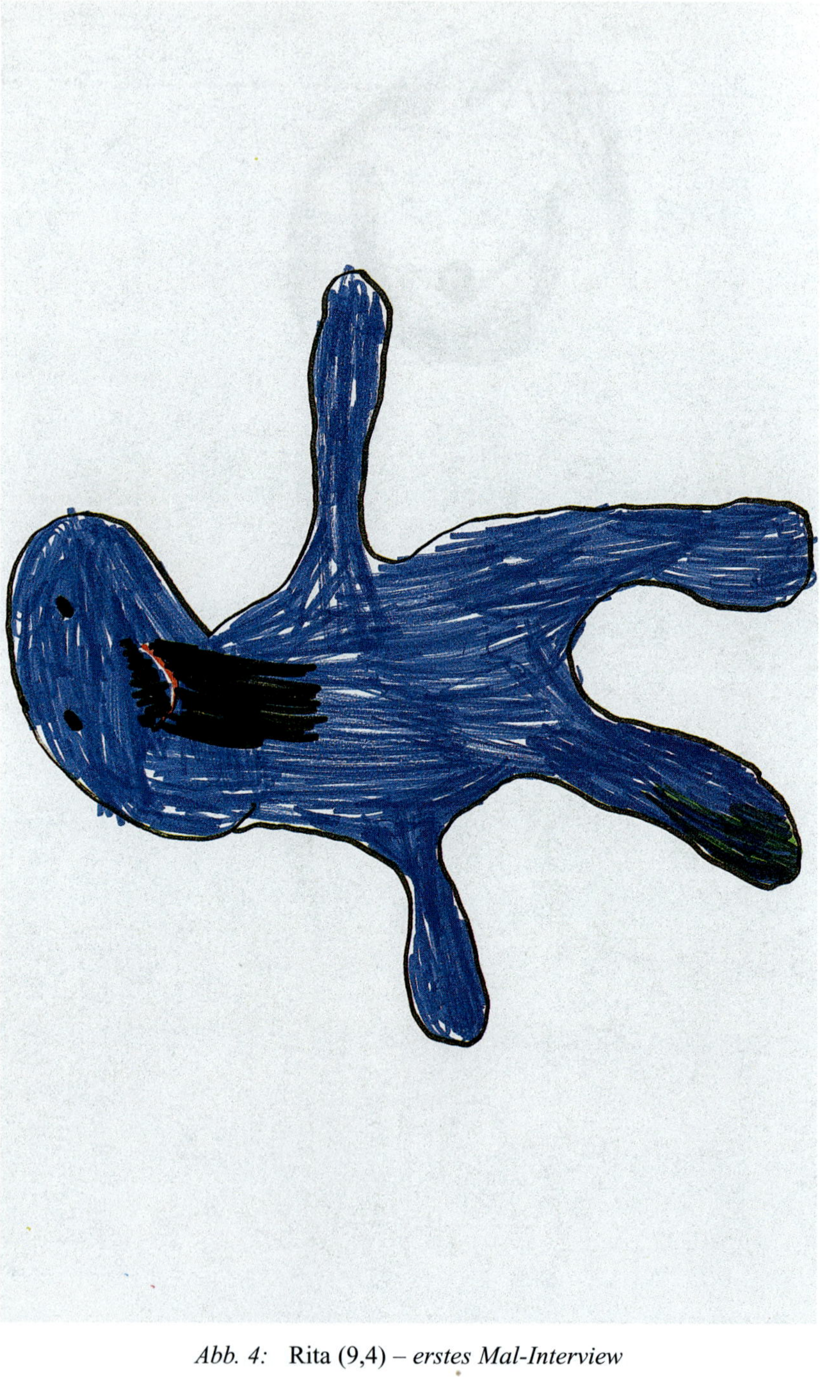

Abb. 4: Rita (9,4) – *erstes Mal-Interview*

Abb. 5: Gabriele (6,9) – *erstes Mal-Interview*

Abb. 6: Rita (9,4) – *kurz nach dem ersten Mal-Interview gemalt*

Abb. 7: Gabriele (6,9) – *kurz nach dem ersten Mal-Interview gemalt*

Abb. 8: Bettina (10,9) – *kurz nach dem ersten Mal-Interview gemalt*

Abb. 9: Bettina (10,9) – *kurz nach dem ersten Mal-Interview gemalt*

Abb. 10: Bettina (10,4) – *zweites Mal-Interview*

Abb. 11: Gabriele (7,9) – *zweites Mal-Interview*

Abb. 12: Linda (11,9) – *zweites Mal-Interview*

Abb. 13: Theresa (10,9) – *zweites Mal-Interview*

Abb. 14: Bettina (11,9) – *zweites Mal-Interview*

Abb. 15: Linda (12,12) – *drittes Mal-Interview*

Abb. 16: Gabriele (8,12) – *drittes Mal-Interview*

Abb. 17: Bettina (12,12) – *drittes Mal-Interview*

Abb. 18: Rita (11,7) – *drittes Mal-Interview*

Abb. 19: Theresa (11,12) – *drittes Mal-Interview*

Abb. 20: Gabriele (8,12) – *drittes Mal-Interview, erstes, verworfenes Bild*

sich folgendes rekonstruieren: Sie malt zunächst einen Kreis in der Mitte des Blattes grün und braun aus. Dieses Blatt zerknüllt sie. Als nächstes malt sie die Umrisse einer Figur (ohne Kopf) mit Gewand, streicht sie aber durch und beginnt auf der Rückseite ein neues Bild. Nun malt sie zuerst die beiden Kreise der Erdkugeln und anschließend die Körper. Nach 20 Minuten kommt sie an den Tisch, an dem die anderen Mädchen sitzen, und sucht nach einem anderen Grün, das die Militärhose von dem Grün der Erde unterscheiden soll.

B: Also, ich hab mir vorgestellt, ich hab ja eben auch gesagt, mit Gott und so, mit dem (...), und da hab ich mir das eben so vorgestellt, daß Gott die Erde so umschlingt und so, also und daß er viel größer ist als die Erde eben, und daß das innen also wie sein Bauch ist, nur viel breiter noch, und dann, also daß Gott, ich hab ihn hier so gemalt, daß Gott die Erde ganz schön geschaffen hat, und ich hab ja grade von dem Mann erzählt, daß der, also der hat dann auch, also, also Jesus, der hat dann ja auch wie man früher hatte, da lief man ja auch barfuß rum und mit so langen Gewändern, also hat Jesu eben da ja, eh, - hat Gott hier noch. Und em, hier hat eben dieser eine Mann, der da eben das Böse schafft, hat eben so eine Militärhose an, so also, so ein bißchen, also - kriegs-ische Sachen, also wie im Krieg mehr. Und die hat hier die Erde so grün, also mit den ganzen Wiesen und so, und dann hab ich die hier braun gemalt, und die Berge, und hier ist eben alles, was da grün war, ist da eben schwarz, weil da sind eben die Atombomben und so also drauf gefallen.

Th: Und was hat das mit Gott zu tun?

B: Also daß Gott sich gegen irgend was anderes, also gegen das Böse wehren muß.

Th: Du hast da Ö-Striche vergessen.

B: Also ich hab hier geschrieben, eben wie da so ein Streit ist, also daß da der Gott zu dem anderen sagt, daß er siegen wird, daß er seine Erde so schaffen kann, wie er sich das auch vorgestellt hat, wie er angefangen hat schön, und da sagt der andere halt, sein Gegner, der will eben nun mal partout, daß Krieg ist, daß er da wieder irgendwas Neues hin bauen kann, so. - - - - -

SK: Und das hier, das sieht mehr aus wie eine Frau, oder?

B: Ja, weil früher hatten die Menschen ja eher lange Haare, deshalb hab ich das so, und das soll ja irgendeiner eben aus der heutigen Zeit sein, der sich gegen Gott wehren will, also der das Böse hier schafft. - -

SK: Was ist das hier?

B: Das sind die Träger vom Gewand. Also irgendwie, dann hab ich das irgendwie extra so wie wenn er die Erde, also die Erde hat er im Prinzip auf dem Bauch und der läuft da immer mit rum. - Und der andere eben auch. Aber also der hat die nicht, der stellt sich das eben so vor. Daß er dann so die Erde tragen würde. Daß er über das, also über das Böse - herrschen täte. Ja also und der, also der hat eben Schuhe an, der ist barfuß, - - der hat einen Bart und der nicht, - - und die haben beide also so lange Arme. - - - - - - *(Die anderen Mädchen sind sehr unruhig geworden).*

SK: Nun, wollt ihr noch was wissen?

Ki: Nein (...) nein.

B: Hat noch jemand Fragen?

R: Und das ist das Ende der Sendung.

3.3 Beschreibung des Gesprächs

Den eigentlichen Impuls für das Malen der neuen Bilder im zweiten Mal-Interview stellt das Gespräch unter den Mädchen dar, das sich an das gemeinsame Anschauen der ein Jahr zuvor gemalten Bildern anschließt. Die folgende strukturelle Beschreibung des Gesprächs stellt einen ersten Interpretationsschritt dar. Hier wird deutlich, wie die Kinder in ihrer Interaktion religiöse Vorstellungen entweder in gegenseitiger Anregung und Ergänzung oder in Abgrenzung voneinander entwickeln.

Nachdem Linda als letzte ihr Bild erläutert hat, leite ich durch die offene Frage, ob sie auch manchmal mit Gott reden, zu einem gemeinsamen Gespräch über. Dieser Impuls zielt auf die Frage nach der Beziehung zu Gott. Die Mädchen bejahen dies entschieden und nennen Situationen, in denen sie mit Gott sprechen: wenn man traurig ist oder „heult", am Abend, bei schlechten Noten oder bei einem Streit. Dabei drehen sie meine Fragestellung recht bald um: Ihnen geht es nicht darum, ob sie mit Gott sprechen – das Gespräch mit Gott ist ihnen offenbar eine selbstverständliche Praxis –, sondern sie beschäftigt die Frage, wann und wie Gott mit ihnen spricht und wie Gott, den man nicht sehen kann, wirkt und handelt.[37] Bereits in Bettinas erstem längeren Redebeitrag wird das Ringen um diese Frage deutlich, zugleich wird sichtbar, wie sie

[37] Auch in den Gesprächen, die Robert Coles mit Kindern führte, standen diese Fragen häufig im Mittelpunkt; vgl. Coles 1994, 83-96; 196-202 u.a.

im Reden ihre religiöse Auffassungen konkretisiert. Sie unterbricht sich zweimal, um Gott nicht als direkt Handelnden ins Spiel zu bringen, und findet dann eine Formulierung, in der sie selbst Handelnde ist, die nach dem Willen Gottes fragt. In einem weiteren Beispiel greift Bettina auf ihre Erfahrung zurück. Sie erzählt, wie sie sich beim Streiten zum Aufhören mahnt und darin Gottes Mahnung erkennt: „Und dann denk ich manchmal, Gott ist das, der sagt, daß ich das nicht machen soll." Theresa führt als ein Beispiel für das Handeln Gottes eine Geschichte von einem Jungen an, der um Geld für seine Familie betet und dessen Familie unerwartet Geld geschickt bekommt. Hier gehen nun die Meinungen über die Art des Handelns Gottes auseinander. Während Bettina die Vermutung äußert, ein Spender habe „so getan, als wär das Gott", besteht Theresa darauf, daß Gott selbst geholfen hat. Bettina versucht evaluierend, beide Deutungen zu vermitteln, wobei sie aber ihre eigene Position präzisiert: Da sich Gott nie zeige, verhelfe er armen Menschen durch andere Menschen zu ihrem Recht.
Die Aussage, daß sich Gott nie zeige, veranlaßt sie zu einem kleinen Exkurs, mit dem sie begründet, warum sie trotz seiner Unsichtbarkeit dennoch an Gott glaube. Hier bringt sie die Frage nach der Existenz Gottes und die Möglichkeit seiner Nicht-Existenz als ein Thema ein, das die Mädchen später unterschwellig weiter diskutieren. Sie führt als Gegenhorizont eine Position von Menschen an, die die Existenz Gottes leugnen. Sie selbst hält dem das Argument der Herkunft der Schöpfung entgegen: „Aber ich glaub das schon, weil er macht ja alles, und woher soll das alles gekommen sein."
Auch Linda verknüpft die Frage nach dem Handeln Gottes mit der Erfahrung des Streites: Diese Erfahrung scheint ein Ort im Leben der Mädchen zu sein, an dem Gott – vermutlich als moralische Instanz – präsent wird. Bettina generalisiert das Thema Streit im Hinblick auf den Krieg und auf das Böse überhaupt und entfaltet im Anschluß daran ihre eigene Theologie über die Herkunft des Guten und Bösen in der Welt. Sie stellt sich einen Streit zwischen Gott und einer anderen, nicht näher bezeichneten Macht vor. Gott erschafft das Gute, und „irgendeiner", „der so ähnlich ist wie Gott", „oder ein Mensch auch" schafft das Böse und will Gott vernichten. In der Begründung argumentiert sie wieder schöpfungstheologisch: Gott sei den Menschen niemals böse gesinnt, denn er würde die Erde, die er selbst geschaffen hat, nicht zerstören. Im

Krieg hingegen würde sie beschädigt. Woanders, „viel weiter weg", sei eine Grenze zwischen zwei Reichen, um die sich Gott und sein Gegner streiten. Durch diesen Streit verteilen sich das Böse und das Gute in der Form von bzw. wie „Brocken". Während das Böse Streit, Krieg, Zerstörung und Beschädigung der Erde bewirkt, sieht sie das Gute Gottes im Wachstum der Natur, das auch Lebensvoraussetzung für die Menschen ist, am Werk. Die „Brocken" werden über die Luft oder Nahrung aufgenommen: „...wenn die dann auf dem Brot sind, oder wenn man irgendwie so Luft holt und dann was abkriegt, dann hat man ein bißchen Böses und ein bißchen Liebes in sich". Im Hinblick auf ihre Ausgangsfrage nach dem Streit evaluiert sie, der Grund dafür, daß es keinen Menschen gibt, der nicht streitet, sei, daß Menschen immer sowohl gute als auch böse „Brocken" aufnehmen.

Diese Theologie wird von den anderen Mädchen auf meine Rückfrage hin nicht geteilt, aber sie präsentieren auch keinen Gegenentwurf. Um wieder auf die gemeinsame Gesprächsbasis zurückzukommen bezieht Bettina ihre Überlegungen auf die Ausgangsfrage nach dem Ursprung des Übels und der schlechten Noten. Sie beantwortet die Frage, warum Gott sie nicht beschützt, „wenn irgendwas Doofes ist, eine schlechte Note zum Beispiel" nun damit, daß die bösen Brocken in jedem sind und jedes Kind deshalb auch mal schlechte Noten schreibt.

Die anderen Mädchen knüpfen an die Frage nach den schlechten Noten und der Angemessenheit und Nützlichkeit des Gebetes um sie an. Während Rita (?) um bestimmte Noten betet, findet Theresa (?) dies anmaßend, sie betet, aber nicht um konkrete Noten. Bettina stellt pragmatisch fest, daß sich nichts mehr ändern läßt, wenn die Arbeiten schon korrigiert sind.

Rita weitet die Frage nach dem Gebet nun auf existentielle Probleme aus. Sie erzählt, daß sie abends betet, daß sie nicht so schlecht träumt. Nur wenn man weiß, daß Rita nachts gerade beim Einschlafen manchmal epileptische Anfälle hat, die sie als sehr bedrohlich erfährt, wird die existentielle Bedeutung dieser Bemerkung erkennbar. Theresa teilt solche Erfahrungen nicht und kontert, daß ihr das im Prinzip egal sei. Rita bringt das Denken an Gott mit noch weiteren lebensgefährdenden Situationen in Zusammenhang: mit Krankenwagen, Feuerwehr, Polizei und Verletzten. Hier stimmt ihr Bettina spontan zu und entwirft sogleich Vorstellungen von reziproken Handlungsmöglichkeiten für die Zukunft:

Wenn sie erwachsen ist, möchte sie Blut spenden, weil man selbst im Notfall auch Blut bekommt, das jemand gespendet hat.
Bei der Frage, woran sie beim Beten denken, bestätigen die Mädchen gemeinsam wieder die Selbstverständlichkeit ihrer Gottesbeziehung. Bettina problematisiert jedoch nun die Vorstellung von Gott: „Ich würde mal gerne wissen, was Gott eigentlich wirklich ist, aber ich glaube, das weiß keiner. Weil es hat ihn ja noch keiner gesehen. Man weiß das ja nur aus der Bibel so. ... Aber vielleicht ist es ja gar nicht so. Das wurde ja alles weitererzählt. Vielleicht ist er ja auch ganz anders." Theresa pflichtet zwar ihrer Frage nach einer Vorstellung von Gott spontan bei, betont aber ihre Überzeugung, daß Gott im Himmel sei. Auch die anderen Mädchen stimmen nun energisch ein und lokalisieren Gott „woanders", „im Himmel" oder „überall". Die Situation ist an dieser Stelle von hoher interaktiver Dichte geprägt. Hier wird unterschwellig die Möglichkeit eines Nicht-Seins Gottes energisch abgewehrt. Bettina, deren Äußerung die Emotionen erregt hat, findet eine vermittelnde Lösung: „Gott ist eben überall."
Nun legt Theresa ihren Entwurf von der Herkunft des Guten und Bösen vor: Jeder Mensch hat einen guten und einen schlechten Engel, die durch Gott losgeschickt worden sind. Der schlechte Engel ist verantwortlich für das Schlechte in ihr. Ein Mädchen (Gabriele?) lehnt den Engelgedanken konfrontativ ab und bringt ihn in Gegensatz zu Gott, an den sie glaube. Engel verbinde sie mit „Geschichten" – also mit fiktiven Vorstellungen. Wieder vermittelt Bettina, indem sie den Begriff der Geschichte differenziert: Viele Geschichten seien nur ausgedacht, doch sie glaube, daß jede Geschichte auch mal passiert. Als Beispiel führt sie eine Geschichte aus dem Fernsehen an, von der sie glaubt, sie würde auch wirklich einmal geschehen. Sie schlichtet damit aber nicht nur den Streit um die Wahrheit von Geschichten, sondern stellt zugleich ihre eigene Überzeugung klar, die ihr den emotionalen Widerspruch der anderen eingetragen hat. Sie hatte festgestellt, daß man über Gott ja nur aus der Bibel wüßte, aus Geschichten, die weitererzählt worden sind. Auch wenn das ausgedachte Geschichten sind, sind diese, so ihre Überlegung, doch wirklich einmal passiert.
Ritas Wunsch, jetzt selbst zu malen, unterbricht dieses Gespräch. Sie hat sich bislang nur wenig an dem Gespräch beteiligt und stört sich mögli-

cherweise an Bettinas und Theresas Dominanz.[38] Mein Versuch, vor dem Hintergrund der beiden explizierten theologischen Entwürfe auch die anderen Mädchen zu ermutigen, ihre eigenen Vorstellungen zu erläutern, gelingt nur spärlich. Immerhin legt Linda kurz dar, sie stelle sich vor, daß Gott in jedem Menschen sei und daß er in einer Ecke des Körpers wohne. Gabriele schweigt auch auf die an sie gerichtete Nachfrage.
Das Gespräch bildet zusammen mit der Auseinandersetzung mit den im ersten Mal-Interview gemalten Bildern den Impuls zum Malen, der offen und indexikal formuliert wird: „Ihr könnt's jetzt einfach auch mal malen." Das Malen gibt jetzt die Möglichkeit, Stellung zu beziehen und einen eigenen Entwurf in Auseinandersetzung mit der genannten Vielfalt von Meinungen und Vorstellungswelten zu entfalten.

3.4 Beschreibung der Bilder

Rita (10,4) (Abb. 10)

Das Blatt ist von fünf verschiedenfarbigen Feldern ausgefüllt. In der Mitte befindet sich eine Gestalt ohne Arme und Beine mit einem dreieckigen, kräftig grün gemalten Gewand, das zugleich das mittlere der fünf Felder darstellt. Sie ist sorgfältig gemalt, die Farben sind kräftig und ohne Lücken ineinander verrieben aufgetragen. Das gelbbraune Gesicht mit kugelförmigen, blaugünen Augen ist mit braunen Haaren umgeben, ein schwarzer Bart umgibt einen nach oben zeigenden „freundlichen" Mund. In der Mitte des Gewandes und zugleich auch des Blattes befindet sich ein dickes schwarzes Kreuz mit eckigen Kanten. Um die-

---

38 Hier wird ein enthierarchisierender Aspekt des Malens deutlich. Das Gespräch tendiert durch Inhalt, Tonfall, Redelängen oder SprecherInnenwechsel dazu, soziale Hierarchien herzustellen oder zu festigen. Im Malen ist das Kind diesen sozialen Mechanismen zunächst entzogen, jedes Bild bringt gleichermaßen die eigene Aussage zur Geltung. Das Malen gibt dem Kind unabhängig von der Sprache, die oft als Mittel sozialer Wertung eingesetzt und erlebt wird, einen zeitlichen und gestalterischen Raum, um eigene Vorstellungen zu entfalten und ihnen Ausdruck zu geben. Vgl. hierzu auch Mollenhauer 1996, 48-50. Er weist darauf hin, daß Kinder gerne für sich, d.h. alleine malen, auch wenn sie sich sonst an der Peer-Group orientieren.

ses verteilen sich unsymmetrisch und flüchtig gemalt vier schwarze Ovale mit flüchtig angedeuteten Gesichtszeichen (Augen, Nase, Mund), die mit Balken mit verdickten Enden durchkreuzt sind: Offensichtlich handelt es sich um Totenkopfsymbole. Um die Gestalt herum ist das Blatt vollständig mit vier farbigen Feldern ausgemalt: links ein rotes, rechts ein gelbes, oben ein grünes und unten ein blaues. Sie sind im fortlaufenden Fluß durch senkrechte, in Malbewegung bogenförmige Kritzel schraffiert, nur der Teil der grünen Fläche über dem Kopf ist waagrecht schraffiert. Über diese vier Felder verteilt befinden sich 19 kräftiger blau ausgemalte waagrechte ovale Balken, wohl Wolken.

Das Bild wirkt auf mich klar und gegliedert und durch die Figur und das Kreuz in der Mitte des Blattes zentriert. Die vier Flächen um die Figur in den vier Grundfarben wirken wie Richtungsanzeigen: Thematisiert Rita hiermit die Gesamtheit von Raum und Sein? Die fortlaufenden großflächigen Schraffierungen, die dem Schwung der malenden Hand folgen, und die Richtung des nach oben weisenden Dreiecks der Gestalt geben dem Bild zugleich etwas Dynamisches. Diese Gestalt schwebt in den kosmischen Elementen. Die blauen Wolken lösen die Strenge der Flächigkeit auf. Die bunten Farben, das grüne Gewand und der Mund machen das Bild freundlich. Zugleich aber wirken das Kreuz zusammen mit den Totenkopfsymbolen und der schwarze Bart, der das Gesicht halb verdeckt, auch bedrohlich und werfen Fragen auf.

Rita beginnt die Vorstellung ihres Bildes mit dem grünen Gewand, dem sie die Bedeutung der Hoffnung zuschreibt; dieses grüne Gewand hat sie auch als erstes gemalt, es scheint für sie zentral zu sein. Merkwürdig ist ihre Formulierung, in der sie selbst als Subjekt der Gestalt erscheint: „... also, ich hab - mir - ein grünes Gewand, weil es die Farbe der Hoffnung ist". Das Kreuz bringt sie in Zusammenhang mit Gräbern und Friedhof und mit toten Menschen, also mit dem Tod an sich. Die Totenköpfe in der Figur bringt sie nicht mit dem Tod in Verbindung, sondern mit dem Schlechten überhaupt, speziell mit bösen Menschen. Dieses kontrastiert sie jedoch sofort sie mit dem Guten, das sie um die Gestalt herum gemalt hat. „Und da hab ich da Totenköpfe hin gemalt, weil es gibt Gutes und Schlechtes, und da hab ich Wolken hin gemalt, und dann hab ich die Liebe, die Hoffnung und den Himmel und die Sonne gemalt, und das – ist nur Gutes." Das Gute sind Qualitäten wie Liebe und Hoffnung, aber auch kosmische Elemente wie Sonne, Himmel und Wolken. Gott ist

Schöpfer des Guten, das durch die farbigen Felder symbolisiert wird, und verkörpert selbst (in dem grünen Gewand) die Hoffnung. Er macht das Gute, aber in ihm ist zugleich das Schlechte und der Tod. „Und innen drin in dem, also der macht jetzt nur Gutes. Und innen drin, im Gewand, ist Schlechtes. ... Er hat Hoffnung und Tod und so." Als Begründung führt sie an, daß die Menschen ja auch nicht immer alles gut machen, und begeht in dem Moment selbst eine kleine Boshaftigkeit, indem sie als Beispiel Gabriele anführt. Auf die Frage, wie sich Gott dazu verhält, weitet sie die Vorstellung auf Geburt und Tod des Menschen aus. "Ein Mensch kommt und er geht ja auch wieder. Ja, dafür ist das Kreuz da, und die Totenköpfe sind für das auch da, für die schlechten Menschen. Aber für die schlechten Menschen sind auch die guten Sachen da." Kulturell ist das Kreuz das Zeichen der Hoffnung für die Toten, das Totenkopfsymbol Zeichen des Todes an sich. Rita gebraucht die Symbolik etwas anders, sie weist dem Kreuz eine Bedeutung als Symbol für die Verstorbenen zu, dem Totenkopf eine Bedeutung als Symbol für Boshaftigkeit der Menschen, doch betont sie wiederholt, daß auch die bösen Menschen in dem grünen Gewand der Hoffnung aufgehoben sind und daß auch für sie die guten Dinge geschaffen sind.
Rita ist es wichtig, daß Gott schwebt. Das Fehlen von Beinen und Armen gehört zur bewußten Konzeption des Bildes, denn sie malt sie auch nach einem kurzen Austausch mit Theresa über fehlende Füße nicht hinzu: „Ich mal da keine Beine dran." „Der hat keine Füße". Das Schweben könnte, findet sie, am besten durch Flügel zum Ausdruck gebracht werden, doch auf diese verzichtet sie, „weil das doof aussieht". Anders ist es mit der Nase, von der sie kichernd sagt, sie habe sie vergessen: Eine Nase könnte sie sich durchaus im Bild vorstellen.
Rita greift mit ihrer Darstellung die in dem Gespräch unter den Mädchen diskutierte Frage nach dem Ursprung des Guten und Bösen und der Rolle Gottes dabei auf. Anders als Bettina, die in ihrem Entwurf das Gute und Böse zwei verschiedenen Mächten zuschreibt, löst Rita die Frage integrativ. Der Gott der Hoffnung ist Schöpfer des Kosmos und des Guten und hat zugleich den Tod und das Schlechte, den Ursprung und das Ende der Menschen wie auch die Qualitäten des Bösen und Guten in sich. Sie legte mit ihrem Bild einen eigenen theologischen Entwurf vor, den sie im Gespräch noch nicht formuliert hat. An dem Gespräch der Mädchen beteiligt sie sich explizit vor allem mit zwei ei-

genen Beiträgen, die die Angst- und Todesproblematik thematisieren. Sie nennt zwei Situationen, in denen sie sich im Gebet an Gott wendet: einmal abends, damit sie gut schläft, wobei sie vermutlich auch an ihre bedrohlichen epileptischen Anfälle denkt, und zum anderen wenn sie andere Menschen gefährdet weiß und sie dadurch an die eigene Kontingenz erinnert wird: „Wenn so Krankenwagen oder Feuerwehr oder Polizei ...". In ihrem Bild findet diese Problematik eine schöpfungstheologische Zuordnung und eine Integration in Gott, der Hoffnung ist und das Gute auch für das Böse und Schlechte erschafft.

Vergleicht man dieses Bild mit den beiden Bildern, die Rita ein Jahr zuvor gemalt hat, so fällt auf, daß sich das kräftig schwarz gemalte Kreuz ihres zweiten Bildes (Abb. 6) durchgehalten hat. Die dynamischen Arme der Gottesgestalt sind nun verschwunden, was auf eine konzeptionelle Entscheidung zurückzuführen ist. In beiden Bildern ist die Konzeption des farblich gestalteten Hintergrundes als Ausdruck der kosmischen Schöpfung, die Gott hervorgebracht hat, ähnlich. Neu sind nun die quer gemalten Wolken; diese könnte sie aus den Bildern von Bettina (Abb. 1) und Gabriele (Abb. 7) rezipiert haben. In allen ihren Bildern verbindet sie Gott mit Himmel. An ihrem ersten Bild (Abb. 4) ist ihr beim Betrachten nach einem Jahr wichtig, daß Gott unsichtbar ist, wie ein Geist, der in der Luft schwebt und nicht vom Himmel zu unterscheiden ist. Zweimal betont sie bei der Betrachtung des Bildes den Bart, der ihr offenbar wichtig ist, doch zugleich in der kindlichen Wahrnehmung die Darstellung des unsichtbaren Geistes stört. „Gespenst, ... nur noch mit Schnurrbart." Die Störung durch den Bart bestätigt auch Gabriele: „Aber am Himmel sieht man doch keinen Schnurrbart ...".

Gabriele (7,9) (Abb. 11)

Gabrieles Bild ist in sieben kleingliedrige verschiedenfarbige Flächen aufgeteilt, die das ganze Blatt ausfüllen. Etwas links von der Mitte befindet sich eine Gestalt mit einem blauen, als einheitliche verbundene Fläche gemaltem dreieckigen Gewand. Auf der Brust trägt sie ein dickes schwarzes Kreuz. Der braune Kopf ist gekennzeichnet durch grünblaue Augen, einen kaum sichtbaren punktförmigen Mund und einen großen schwarzen Bart, der in heftigen senkrechten Zickzackbewegungen das Gesicht fast bis zu den Augen bedeckt. Die gelben Haare heben sich nur durch die verbundene Malweise von dem schraffierten gelben Hintergrund ab. Die Figur ist durch braune Beine und Füße mit einer roten trapezförmigen Fläche verbunden. Sie wurden erst nachträglich aufgrund eines kleinen Gesprächs zwischen Rita und Theresa, dem Gabriele schweigend zugehört hatte, gemalt. Die Umgebung der Figur ist durch verschiedene bunte Flächen gestaltet. Auf der linken Seite füllt ein großes gelbes Feld, das senkrecht und waagrecht gelb schraffiert ist, das Blatt aus. In dieses Feld sind waagrecht 14 blau ausgemalte ovale Wolken gemalt. Auf der rechten Seite ist die Gestalt von einem zart blauen Feld begrenzt, das wahrscheinlich Luft oder Himmel andeutet. An die rechte obere Blattseite ist eine große gelbe Sonne gemalt, von der neun Strahlen ausgehen, die in strahlenförmigen Kritzeln von einem gelbbraunen Feld unterlegt sind. Die Sonne ist mit dem Kopf der Gestalt durch eine grüne Fläche verbunden, die durch zwei Sonnenstrahlen begrenzt ist. Unter dem braunen Strahlenfeld der Sonne befindet sich in dem leicht hellblau schraffierten Feld eine große Mondsichel mit acht nach außen weisenden Strahlen, darunter eine blaue Wolke.

Das Bild macht durch die vielen Felder, die hellen Farben, die einzelnen Elemente und die unterschiedlichen Richtungen der Schraffierungen einen bewegten und freundlichen Eindruck. Nur der Bart irritiert mich, da er das Gesicht in heftigen Strichen weitgehend verdeckt.

Die verschiedenfarbigen Felder erklärt Gabriele als Elemente der Schöpfung: als Wiese, Wasser, Feuer, Sonne, Mond und Wolken. Konkrete und abstrakte Darstellungen kommen hier nebeneinander vor. Die Gestalt Gottes ist durch die Malweise und die kräftige Farbe zwar von dem Hintergrund abgehoben, doch ist sie zugleich in eine Vielzahl von Elementen eingebunden: Die Fläche des Gewands korrespondiert mit den fünf andersfarbigen Flächen und die Konkretheit der Gestalt mit den konkreten Darstellungen der kleinen Wölkchen, der Sonne, der Mondsichel und der Wolke. Gabriele thematisiert Gott in einem strahlenden, leuchtenden Himmel oder Kosmos. Doch die Gestalt, die durch das Kreuz wohl als christlicher Gott gekennzeichnet ist und durch den Bart als Mann, ist weder ein Herrscher über die Elemente noch ein Gegenüber, sondern er befindet sich unter ihnen, sie ist in das Gesamte integriert.

In ihrer Beschreibung des Bildes geht Gabriele über den statischen Ausdruck der Darstellung hinaus. Hier spricht sie nun vom Wollen und

Handeln Gottes. „Ich hab mir Gott so vorgestellt, daß der, wenn der immer wo hin zeigt, daß es dann auch das gibt." Sie bezieht damit Stellung zu der Frage nach dem Wirken Gottes in der Welt, die die Mädchen in dem vorangegangenen Gespräch diskutiert hatten: Für sie wirkt Gott durch den wirkmächtigen Akt des Zeigens. Da ihr das Zeigen so wichtig ist, erscheint es mir erstaunlich, daß sie keine Arme gemalt hat. Doch in der Wahrnehmung der Kinder ergibt sich daraus keine Störung, sie verteidigen Gabrieles Darstellung: „Vielleicht hat er sie hinter dem Rükken", und Gabriele ergänzt: „oder im Gewand", was Bettina sofort verstärkt: „sind das eher so Umhänge?" Das Fehlen der Arme ist den Kindern kein Problem, sie bewegt mehr die Frage, ob Gott die Phänomene immer neu erschafft oder bestehenden Phänomenen Weisung gibt: „Der muß das ja auch irgendwie machen. Hat er das erschöpft, erst, oder zeigt der da nur drauf, wo gar nichts ist?" Und Bettina konkretisiert: „Ja aber wenn da keine Wolken sind, da kann der ja nicht drauf zeigen, auf die Wolken, weil ja keine da sind." Die Mädchen lassen sich sehr selbstverständlich auf Gabrieles Vorstellungswelt ein und testen sie auf Widersprüche, wobei das ernsthafte Bemühen um Verständnis sichtbar wird. Gabriele versucht, ihre Vorstellung zu erklären: „Ja er erschöpft die ja erst. Und dann, der macht die erst und dann, em, ja dann kann er ja immer drauf zeigen, was er dann haben will." Bettina macht sich diese Antwort zu Eigen, indem sie sie murmelnd wiederholt: „ja, er erschöpft die ja, *(unverständlich)* ...", doch indem sie sie konkret durchdenkt, bleiben Fragen: „... aber manchmal ist der Himmel ja ganz klar, aber da kann er ja nicht drauf zeigen, wenn er Wolken will. Dann muß er die noch mal erschöpfen, oder wie." Dieses Problem können die Mädchen nicht lösen.[39] Hier zeigt sich eine unterschiedliche Bildwahrnehmung von Erwachsenen und Kindern: Während mich das Fehlen von Armen als Symbole für das Zeigen stutzig macht, dies die Kinder aber in keiner Weise stört, problematisieren sie die kausale Logik der magischen Vorgänge, auf die ich mich gedanklich in dem Gespräch gar nicht erst einlasse.

---

[39] Ein ganz ähnlicher Dialog findet sich bei Sies 2000, was zeigt, wie sehr in diesem Dialog von Kindern geteilte Denkweisen und Fragehorizonte zum Ausdruck kommen.

Interessant ist der Entstehungsprozeß des Bildes. Wie bereits bei ihrem Bild, das sie im Anschluß an das erste Mal-Interview sorgfältig von Rita kopierte (vgl. Abb. 6 und 7), beginnt Gabriele auch im zweiten Mal-Interview, ihr Bild von Rita abzumalen. Dabei läßt sie sich von Rita bluffen, die die Bedeutung ihrer Darstellung lange offen läßt und Gabriele in die Irre führt. Während Rita (Abb. 10) als erstes ein kräftig grünes Feld in die Mitte ihres Blattes malt, zeichnet Gabriele ebenfalls ein kräftig grünes Feld, allerdings an den unteren Blattrand. Offenbar deutet sie die Fläche als Wiese und setzt sie gewohnheitsgemäß an den unteren Blattrand. Als nächstes malt Rita nicht, wie zu erwarten gewesen wäre, den Kopf, sondern die blauen ovalen Wölkchen. Gabriele malt nun ebenfalls blaue Querbalken, aber an den oberen Blattrand. Damit ist die Konstellation einer grünen Wiese mit blauen Wolken darüber gegeben. In dem Moment, als Rita als nächstes oberhalb der grünen Fläche einen Kopf malt, wird ihre Zeichnung als Gestalt identifizierbar. Aufgrund der unterschiedlichen Anordnung kann Gabriele Rita nun nicht mehr folgen und bittet um ein neues Blatt Papier.
Bei ihrem neuen Bild (Abb. 11) orientiert sie sich zwar auch an Ritas Darstellung, was sich in der Gestalt Gottes mit einem langen Gewand mit einem Kreuz darauf, den blauen Wölkchen und der Hintergrundgestaltung durch farbige Felder zeigt, malt aber mehr und feingliedrigere Flächen als Rita und konkrete Himmelserscheinungen wie Sonne, Mond und Wolke. Hierin kommt ein eigener Akzent zum Ausdruck. Anders als bei Rita, bei der die Gottesgestalt Zentrum des Bildes ist, ist diese bei Gabriele in die Gesamtheit vieler Elemente integriert.
An dem Gespräch der Mädchen vor dem Malen beteiligt sich Gabriele kaum. Auf die explizite Frage nach ihren Vorstellungen am Ende des Gesprächs schweigt sie beharrlich. Wie bereits bei ihrem zweiten Bild vor einem Jahr (Abb. 6) malt sie von Rita ab oder versucht es zumindest und orientiert sich stark an ihr. Allerdings löst sie sich auch: Sie übernimmt nicht die düsteren Totenköpfe und malt eine Vielzahl von Elementen der Schöpfung. Ihre Vorstellung von der Befehlsgewalt Gottes über die Elemente der Schöpfung wird erst bei der Erklärung ihres Bildes deutlich. Gabrieles starke Orientierung an Rita und ihre Zurückhaltung, eigene Vorstellungen zu entwickeln, werfen jedoch Fragen auf: Traut sie sich kein eigenes Bild zu (sie ist mit Abstand die Jüngste in der Gruppe)? Ist sie so stark an Rita orientiert, daß ihr ihre eigenen Vorstel-

lungen nicht zugänglich sind? Möchte sie ihre Vorstellungen nicht mitteilen, und aus welchem Grund?

Linda (11,9) (Abb. 12)

Lindas Bild ist durch die gemalte Darstellung in der oberen Hälfte des Blattes und die schriftliche Erklärung in der unteren Hälfte strukturiert. Im rechten oberen Teil des Blattes befindet sich eine große gelbe Sonne, von der abwechselnd 14 gelbe linienförmige und 14 dunkelrote gestrichelte Strahlen ausgehen. Schräg links unterhalb der Sonne befindet sich vor einem dünn hellblau schraffierten Feld eine kräftig gemalte dunkelrote tulpenartige Blüte mit vier nach oben weisenden Zacken. Die äußeren Teile der Blüte sind dunkelblau unterlegt, sie wurden offenbar zunächst blau begonnen und dann rot übermalt. Die Blüte befindet sich auf einem kurzen, dünnen grünen Stengel, aus dessen unterem Ende beidseitig zwei kleine herzförmige Blätter hervorgehen. Es läßt sich kaum entscheiden, ob die Sonne oder die Blüte die Hauptaussage des Bildes darstellt, beide korrespondieren miteinander und sind in ihrer Ausdrucksgestalt gleichrangig. In der unteren Hälfte des Blattes steht in orangener Schrift: „Gott als Wunderbare Blume, die im Himmel ist die Blume braucht wärme anstatt Wasser."

Das Bild wirkt auf mich durch die roten, gelben und orangenen Töne sehr warm und zugleich lebendig, freundlich und ausdrucksstark. Zwischen der Blume und der Sonne besteht in mehrfacher Hinsicht eine enge Beziehung: Die Strahlen der Sonne berühren die Blüte und umfangen sie, und die rote Farbe der Blüte korrespondiert mit den roten Strahlen der Sonne. Die Sonne hat etwas Versprühendes, da die Strahlen nach allen Seiten auseinandergehen, zugleich aber in Bezug auf die Blume etwas Bergendes. Sie scheint mit ihren Strahlen die Blume fast zu umarmen und zu halten. Die Blume schwebt in der blauen Luft, der kleine Stengel scheint die große Blüte kaum tragen zu können. Ihre Lebendigkeit bekommt die Blume aus ihrer Beziehung zur Sonne, nicht aus dem Stengel, der in keinem Boden verwurzelt ist.

Die orange-braune Farbe des schriftlichen Kommentars verbindet die Farben der Sonne und der Blume. Gott wird als wunderbare, also außernatürliche oder außerordentliche Blume geschildert, die Wärme braucht, nicht aber, wie die natürliche Blume, Wasser.

In ihrer mündlichen Erläuterung geht Linda zuerst auf den Blütenstaub ein, den sie vergessen habe zu malen, und in dem Liebe und Hoffnung seien. Die Konkretheit des Blütenstaubs wird mit abstrakten Zuschreibungen Gottes – Hoffnung und Liebe – in Verbindung gebracht. Diese Konkretheit regt die Phantasie der anderen Mädchen an. In dem nun folgenden Gespräch versuchen sie, Lindas Vorstellung zu verstehen, hinterfragen und testen sie aber auch. Bettina bestätigt zunächst Lindas Erklärung und verstärkt sie im Horizont ihrer eigenen theologischen Vorstellungswelt. „Eine Blume hat ja Blütenstaub und der verteilt sich ja so". Hier zeigt sich etwas von ihrer eigenen theologischen Vorstellungswelt, nach der Gott seine Liebe am Abendhimmel „verstreut", oder sich die guten und bösen „Brocken verteilen". Durch Licht und Wärme wächst die Blume, erläutert Linda weiter. Licht und Wärme sind durch die gelben und roten Sonnenstrahlen dargestellt. Gott (als Blume) wächst in der Beziehung zu seiner Schöpfung, er ist bedürftig und braucht sie. Bettina greift Lindas Gedanken auf und führt sie im Hinblick auf ihre eigene Frage nach Gottes Wirken in der Welt weiter. Analog zum Wachsen der Blume stellte sie sich das Wachsen der Liebe auf der Erde vor. Theresa, die die Vorstellung der Blume ebenfalls sehr konkret durchdenkt, widerspricht, denn sie kann die Vergänglichkeit einer Blume nicht mit ihrer eigenen Vorstellung eines ewigen Gottes vereinbaren: „Aber eine Blume stirbt doch auch mal." Bettina, die nun für Linda das Gespräch weiterführt, nimmt den Einwand positiv auf und versucht ihn innerhalb ihres eigenen analogen Konzepts weiterzudenken: Wenn die Blume stirbt, stirbt vielleicht auch das Böse. Sie vergegenwärtigt sich den konkreten Gedanken, daß jede Pflanze blüht und dann verwelkt. Hier wehrt sich nun Linda selbst: „Aber das ist eine besondere Blume, die ..." und Bettina führt ihren Satz fort: „die nie stirbt, nur wächst." Diese Vorstellung des ewigen Wachstums ruft nun Rita und Gabriele auf den Plan: „Aber irgendwann wird die ja so groß, die Blume, daß sie nirgends mehr hinpaßt. Es geht ja nicht immer weiter höher, höher, höher", und Gabriele ergänzt: „breiter, breiter, breiter ...". Sie greifen damit das Bild auf und testen und kritisieren es auf der konkreten Ebene.

Mit der Darstellung Gottes als Blume bezieht sich Linda nicht auf das dem Malen vorangegangene Gespräch, an dem sie sich auch kaum aktiv beteiligt hatte. Auf die explizite Frage nach ihrer Vorstellung war sie nicht auf das von den Mädchen diskutierte Thema eingegangen, sondern hatte eine eigene Vorstellung von Gott vorgelegt: „Also, der ist in jedem Menschen so drin, also daß man eine Ecke im Körper hat, wo er wohnt." Doch auch diese Vorstellung malt sie nicht, sondern entwirft ein neues Bild und vergewissert sich sogar, ob dies erlaubt sei: „Kann ich auch was anderes malen, also was ich jetzt nicht gesagt habe?" Wenn sie sich mit ihrem Bild nun nicht auf das Gespräch bezieht, stellt sich die Frage, was sie dann bewegt hat, Gott als Blume zu malen. Setzt sie sich mit ihrem eigenen Entwurf auseinander, den sie vor einem Jahr gemalt hat – dem Bild eines Gottes mit Bart und priesterlichem Gewand (Abb. 3), von dem sie sagte, das sei Gott der Herrscher über die ganze Welt? Faktisch stellt ihre Darstellung Gottes als eine in Abhängigkeit und Beziehung lebende Blume einen Gegenentwurf zum männlichen Herrschergott dar. In ihrem neuen Entwurf betont Linda nun Gott als zartes, ästhetisches und bedürftiges Lebewesen. In der Blume bringt sie Aspekte der Lebendigkeit und Schönheit Gottes, die sie auch in der Natur beobachten kann, des Wachstums und der Beziehung zum Ausdruck. Eine Pflanze ist in sich ruhend, eher passiv und nehmend als aktiv handelnd. Auf die Frage, ob Gott auch etwas macht, charakterisierte sie Gott als Schöpfer des Lebendigen: „Er schöpft die Blume, er schöpft auch die Tiere, also die Blume erschöpft auch die Tiere." Linda setzt sich hier von dem männlichen Pronomen „er" ab, korrigiert sich und setzt an die Stelle der damit verbundenen männlichen Gestalt die Blume. Die göttliche Blume selbst ist ein Lebewesen, das nicht allein aus sich selbst lebt, sondern eine Umwelt braucht. Sie ist Schöpferin aller Lebewesen, aber auch der Sonne, die ihr Licht und Wärme spendet. Materielle Grundlagen wie Wasser braucht die göttliche Blume hingegen nicht, in dieser Hinsicht ist sie anders als die Geschöpfe, sie ist „wunderbar".

Theresa (10,9) (Abb. 13)

Das Bild zeichnet sich durch viele Details aus: eine große Gestalt und vier kleinere, Sonne, Mond, ein Stern und sechs Worte. Im Zentrum steht eine Gestalt vor einer bunten Fläche. Sie trägt ein langes schwarz konturiertes weißes Gewand mit langen Ärmeln. Auf ihm befinden sich zwanzig schwarze Kreuze, um die Körpermitte ist eine schwarze Schärpe geschlungen. Ohne sichtbaren Hals schwebt über dem Gewand der

Kopf. Das Gesicht ist von einem kräftigen schwarzen Bart und schwarzen Haaren umgeben. Augen, Augenbrauen und Nase sind schwarz angedeutet, darunter befindet sich ein großer waagrechter und dadurch streng aussehender roter Mund. Hände und Gesicht sind orange gemalt und gleichen damit der Farbe des Hintergrundes. Die Gestalt hat keine Beine, sie schwebt. Das viereckige Feld hinter ihr ist in sehr dichten horizontalen Kritzeln mit bunten, vorwiegend roten, gelben und braunen Farben ausgemalt. Es läßt die weiße Gestalt besonders ausdrucksvoll erscheinen. Über der Gestalt befindet sich eine große gelbe Sonne, von der 15 Strahlen ausgehen, links von der Sonne eine große Mondsichel sowie rechts unter ihr am Bildrand ein kleinerer vierzackiger Stern. In zarten blauen Strichen ist um die Sonne herum Himmel angedeutet.
Die beiden seitlichen Ränder des Blattes sind nicht ausgemalt und wirken dadurch wie senkrechte Leisten, in die Gestalten und Worte gezeichnet sind. Zu beiden Seiten der Gottesgestalt befinden jeweils über einander zwei kleine, flüchtig gemalte Figuren. Sie sind durch schwarze Farbe konturiert, besitzen einen runden Körper, runde Füße an ovalen Beinen und ausgebreitete Flügel. Die Köpfe der beiden oberen sind schwarz ausgemalt, die der beiden unteren rot und gelb. Alle haben flüchtig gemalte Augen und Münder, die sich aber von den schwarzen Konturen kaum abheben. An den linken Rand des Blattes hat Theresa oben orange „fröligkeit" und in der Mitte schwarz „Kummer" geschrieben. Dieses Wort reicht als einziges in das bunte Feld hinein. In der rechten oberen Ecke des Blattes steht rot „Liebe", darunter grün „Hoffnung", unter dem Stern blau „frieden" und in der rechten unteren Ecke braun „Hilfe".
Durch die vielen Details und die schriftliche Kommentierung macht das Bild auf mich einen gut durchdachten Eindruck. Es wirkt sehr sorgfältig und liebevoll gemalt. Die bunte Fläche und die Kombination der bunten Farben machen es ausdrucksvoll und freundlich. Die Gottesfigur wirkt ernst und herrschaftlich. Fragen werfen vor allem die vier schwarzen Gestalten mit Flügeln auf.
In ihrer Erläuterung geht Theresa zunächst auf die Gottesgestalt ein. Die Kreuze kennzeichnen sie als Jesus. Dann erläutert sie die Bedeutung der Farben: „Die Farben bedeuten - und die schickt er von sich – von sich aus los. ... Zum Beispiel rot ist ja die Farbe der Liebe, der nimmt (...) und wirft es auf die Erde, und da haben viele die Liebe, oder grün, da

hat jemand dann mal Hoffnung." Die verschiedenfarbigen Begriffe am Rand verdeutlichen die Bedeutung der Farben. Sie stehen für Qualitäten wie Fröhlichkeit, Liebe, Hoffnung, Friede, aber auch Kummer. Gott ist nicht nur umgeben von diesen Farben, sondern er besteht auch selbst aus ihnen, wo sein Körper nicht von dem Gewand verhüllt ist: Der Hals geht völlig in den Hintergrundfarben auf, die Hände heben sich kaum von ihnen ab, das Gesicht nur deshalb, weil es durch Bart und Haare konturiert ist. Damit ist Gottes Unsichtbarkeit thematisiert.

Theresa führt in ihrem Bild ihren Beitrag in dem Gespräch aus, in dem sie einen eigenen Entwurf zur Frage nach der Herkunft des Guten und Bösen in der Welt vorlegte: „Ich denk mir, daß er seine Engel los schickt, und jeder hat einen eigenen, einen guten und einen schlechten, also wenn man ... jetzt zum Beispiel über irgendwas nachdenkt, daß man so Seiten sieht, einmal für das Schlechte und einmal für das Gute und so." Den guten Engeln hat sie bunte Gesichter gemalt, sie haben also auch etwas von den Qualitäten Gottes. Wie die Farben werden auch sie von Gott losgeschickt. Gott ist Handelnder, bedient sich aber ausführender himmlischer Gestalten.

Im Vergleich mit dem Bild, das Theresa vor einem Jahr gemalt hat (Abb. 2), fallen einige Ähnlichkeiten auf, die darauf hindeuten, daß Theresa entweder eine recht gefestigte religiöse Vorstellungswelt hat oder daß sie bewußt an ihre alte Vorstellung angeknüpft hat. Auf beiden Bildern steht die Gottesfigur in Zusammenhang mit einer großen Sonne. Ähnlich ist auch das weiße Gewand sowie die Darstellung der Durchsichtigkeit des Körpers, durch den der Hintergrund hindurch scheint. Auf beiden Bildern hat der Hintergrund, einmal die Sonne, das andere Mal die Farben, die Bedeutung, daß sie Teil Gottes sind bzw. durch ihn hindurch scheinen. Auf beiden Bildern ist Gott wirkmächtig dargestellt. Während er, wie Theresa erläutert, die Arme auf dem ein Jahr zuvor gemalten Bild erhoben hat, weil er „beschwört", was auf der Erde geschehen soll, „daß zum Beispiel der eine lächelt und der andere nicht, daß der andere traurig wäre", „schickt" er in der Konzeption des neuen Bildes die Engel und „wirft" die Farben, die in den Menschen Wirkungen hervorrufen. Mit dem Wort „beschwören" verwendet sie einen Begriff, der nicht in der alltäglichen, sondern eher in der religiös-magischen Sprache angesiedelt ist. Gott „tut" nicht etwas (wie ein Mensch), sondern er wirkt durch eine nicht menschliche Macht.

Bettina (11,9) (Abb. 14)

Das Bild ist symmetrisch und komplementär aufgebaut. Es zeigt zwei Gestalten in Frontalsicht, die das Blatt fast vollständig ausfüllen: links eine Frau und rechts einen Mann. Die Frau nimmt etwas mehr als die Hälfte der Bildfläche ein. Vor dem Bauch tragen beide eine große Weltkugel. Die der Frau ist grün und braun, die des Mannes schwarz und braun, wobei sich die Aufteilung und Konturen der Flächen entsprechen. Die Weltkugeln sind mit Trägern an den Schultern befestigt und werden durch den ganzen Körper getragen, nicht durch die Hände. Die Arme weisen kreisförmig nach hinten, sie verschwinden hinter der Kugel oder hinter dem Rücken. Die Frau hat halblange schwarze Haare, große grünblaue Augen, eine gelbe Nase und einen „freundlichen" roten Mund. Sie trägt einen blauen Rock, ihre zierlichen Füße sind barfuß. Der Mann hat kurze schwarze Haare und einen kurzen Vollbart, schmale blaue Augen und eine gelbe Nase. Obwohl der breite Mund nach oben gezogen ist, wirkt sein Gesicht durch die schmalen Augen streng. Er trägt eine grünbraune Militärhose und braune Stiefel. Dadurch, daß Bettina zunächst die beiden Weltkugeln zentral in die Mitte des Blattes gemalt hat und danach erst die Gestalten, sind die Köpfe ab der Stirn vom Blattrand abgeschnitten. Die Farben der Wachskreiden sind sehr sorgfältig aufgetragen und zu einheitlichen Flächen verwischt. Neben der Frau steht senkrecht, ins Bild weisend, in dicken roten Buchstaben, die mit Bleistift konturiert sind: „ICH WERDE siegen!" Neben dem Mann steht senkrecht dünn und kleiner mit Bleistift geschrieben, mit der Unterseite zur Bildkante weisend: „Nein ich werde die Weld zerstorren".

Das Bild wirkt sorgfältig durchdacht und ausgearbeitet. Das Menschenpaar macht zunächst einen recht friedlichen Eindruck. Beide stehen in etwa gleicher Größe und gleicher Haltung nebeneinander; ihre Komplementarität ist durch das Geschlecht und dic zugehörigen Zuschreibungen bestimmt. Sie sind nicht gegeneinander gerichtet, sondern sehen die Betrachterin oder den Betrachter an. Erst die schriftliche Erklärung weist auf einen Kampf hin. Sie verrät auch, wie der Kampf ausgeht, wer letztlich stärker ist: Die dicke rot geschriebene Aussage „ICH WERDE siegen!" drückt Stärke und Selbstvertrauen aus, sie setzt performativ eine Realität, während die farblos und dünn geschriebene Aussage „nein ich werde die Weld zerstorren" als Antwort, als Reaktion formuliert ist

und Schwäche suggeriert. Die orthographischen Fehler geben ihr etwas Fehlerhaftes und Lächerliches.
In ihrer Erläuterung zu dem Bild beschreibt Bettina Gott als Schöpfer einer guten Welt, der diese umschlingt und in sich trägt. „Und da hab ich mir das eben so vorgestellt, daß Gott die Erde so umschlingt und so, also und daß er viel größer ist als die Erde eben, und daß das innen also wie sein Bauch ist, nur viel breiter noch, und dann, also daß Gott, ich hab ihn hier so gemalt, daß Gott die Erde ganz schön geschaffen hat." Den Gegner Gottes bringt sie mit Krieg in Verbindung: „Hier hat eben dieser eine Mann, der da eben das Böse schafft, hat eben so eine Militärhose an, so also, so ein bißchen also kriegs-ische Sachen, also wie im Krieg mehr. ... Und hier ist eben alles, was da grün war, ist da eben schwarz, weil da sind eben die Atombomben und so also drauf gefallen. ... Der stellt sich das eben so vor. Daß er dann so die Erde tragen würde. Daß er über das, also über das Böse herrschen täte." Den Streit stellte sie sich so vor, „daß da der Gott zu dem anderen sagt, daß er siegen wird, daß er seine Erde so schön schaffen kann, wie er sich das auch vorgestellt hat, wie er angefangen hat schön, und da sagt der andere halt, sein Gegner, der will eben nun mal partout, daß Krieg ist, daß er da wieder irgendwas Neues hin bauen kann."
Bettina stellt Gott als Prinzip des Guten als Frau dar (mit Rock, längeren Haaren, kleinen Füßen). Sie ist Schöpferin und Beschützerin des Lebendigen. Den Gegner Gottes, Prinzip des Bösen, stellt sie als Mann dar (mit Bart und Hose), ihm ordnet sie Krieg (Stiefel, Militärhose), Aggression und das Trachten nach Herrschaft und Zerstörung zu. Die Wahrnehmung der Gestalten als Frau und Mann teilte spontan auch Rita, die eine Darstellung von Eva und Adam vermutete.
Ein Widerspruch entsteht nun dadurch, daß Bettina die von Rita und mir (und anderen befragten Personen) als Frau wahrgenommene Gottesgestalt in der Erklärung nicht als Frau identifiziert. Das Aussehen der Gestalt bringt Bettina mit Jesus in Verbindung und erklärte sie mit dem Aussehen von Menschen in früherer Zeit: „Also Jesus, der hat dann ja auch wie man früher hatte, da lief man ja auch barfuß rum und mit so langen Gewändern, also hat Jesu eben da ja, eh, - hat Gott hier noch". Auf die direkte Nachfrage, das sehe mehr wie eine Frau aus, antwortete sie: „Ja, weil früher hatten die Menschen ja eher lange Haare, deshalb hab ich das so". Allerdings unterläuft es ihr selbst, die Gottesgestalt mit

dem femininen Pronomen zu benennen: „Und die hat hier die Erde so grün". Der gleiche Widerspruch ist bereits ein Jahr zuvor aufgetreten, als Bettina in der Erklärung ihres zweiten Bildes (Abb. 8), auf dem offensichtlich eine feminine Gestalt dargestellt ist, auf das Aussehen von Engeln und der Menschen früher verwies. Um zu überprüfen, wie sie sich Jesus und die Menschen früher vorstellt, bat ich sie einige Wochen nach dem zweiten Mal-Interview, mir ein Bild von einer Geschichte mit Jesus zu malen. Bettina malte die Auferstehung Jesu. Auf diesem Bild ist Jesus mit Bart, mit brauner Hose und braunem Hemd eindeutig als Mann dargestellt. Auf eine mögliche Erklärung des Widerspruchs zwischen bildlicher Darstellung und sprachlicher Deutung werde ich später (vgl. III.3.2) eingehen.

In dem Gespräch unter den Mädchen, das dem Malen vorausgegangen ist, entwickelt Bettina ausführlich ihre theologischen Vorstellungen von zwei Mächten, die um die Welt kämpfen. Um die Frage, inwieweit Gott selbst durch eigenes Handeln eingreift, ist während des ganzen Gesprächs bei Bettina ein Ringen zu spüren. Sie löst sie tendenziell in der Richtung, daß Gott dadurch handelt, daß die Menschen handeln und seinen Willen tun. Dem könnte bildlich entsprechen, daß Gott die Welt trägt, aber „die Finger von der Welt läßt". In dem Gespräch ist die Gestalt des Bösen unschärfer: Es ist „irgendeiner, der so ähnlich wie Gott ist" „oder irgendein Mensch auch" bzw. eine Vielzahl von Subjekten. Im Bild nun bekommt das Böse die symbolische Gestalt des kriegerischen Mannes. In dem vorausgegangenen Gespräch hatte Bettina ihre Vorstellung dargelegt, durch den Kampf der Mächte würden sich böse und gute „Brocken" verteilen, die die Menschen durch die Luft und Nahrung aufnehmen. Dies sei der Grund, warum Menschen Gutes und Böses in sich haben, erfahren und tun. Auf die Darstellung der „Brokken" verzichtet sie in ihrem Bild ganz zugunsten einer eher statischen Darstellung zweier Prinzipien.

4 Das dritte Mal-Interview

Das dritte Mal-Interview führte ich zu einem Zeitpunkt, als die Auswertung der ersten beiden Interviews schon weit fortgeschritten war. Es diente weniger der Entdeckung neuer Theorien als vielmehr der Verdichtung der entwickelten Theorien. Ich stelle die Auswertung der Bilder und Gespräche hier nur in einer knappen Zusammenfassung vor.

4.1 Zum Ablauf

In der Erhebungssituation ein gutes Jahr nach dem zweiten Mal-Interview, im September 1999, zeigt sich auch etwas von der veränderten Lebenssituation der älter gewordenen Mädchen. Es war nun schwer, überhaupt einen Termin zu vereinbaren, an dem alle Mädchen gemeinsam Zeit hatten. Das Treffen an dem vereinbarten Termin verlief schließlich turbulent. Doch dies ist kennzeichnend für die Unberechenbarkeiten qualitativer Alltagsforschung, in der der Alltag nicht ausgeblendet wird, sondern Gegenstand und Medium der Erhebung der Daten ist. Gabriele fuhr am nächsten Tag in Kur. Bettina und Linda waren in Aufregung, weil sie einige Tage später zu einer Sprachreise nach London aufbrachen. Rita war erst einige Tage zuvor von einem Krankenhausaufenthalt zurückgekehrt. Und schließlich konnte ich die vereinbarte Uhrzeit nicht einhalten, da ich auf dem Weg zu dem Interview in eine Vollsperrung auf der Autobahn geriet. Da ich keine Gelegenheit mehr sah, mich in absehbarer Zeit mit allen fünf Mädchen noch einmal zu treffen, bat ich sie telefonisch, auf mich in der Wohnung von Familie A. zu warten. Als ich zweieinhalb Stunden später eintraf, waren die Mädchen äußerst aufgedreht. Da es nun schon Abend war und Gabriele nach Hause mußte, war die Zeit knapp. Das Gespräch vor dem Malen war nicht in der Form möglich, wie ich es geplant hatte, und ich hielt es kurz. Ich versuchte zunächst, durch offene Fragen die Gedanken der Mädchen auf Erfahrungen mit Gott zu lenken. Bettina, jetzt mitten in der Pubertät, machte sich zur Wortführerin, zog Beiträge von anderen manchmal ins Lächerliche oder versuchte sie zum Lachen zu bringen. Dadurch entstand eine prekäre Situation. Einerseits ließen sich die Mädchen auf das Gespräch ein und malten zum Teil ernsthaft und gerne, auf der anderen Seite machten sie sich teilweise auch lustig über die Aussagen der anderen. Der Impuls zum Malen setzte sich vermutlich aus der Erinnerung an die Mal-Interviews, Gespräche und Bilder der letzten beiden Jahre und dem Gespräch vor dem Malen zusammen, in dem ich durch den Eingangsimpuls die Gedanken auf Erinnerungen an Situationen lenkte, in denen sie an Gott gedacht oder sich nah bei Gott gefühlt hatten.

4.2 Dokumentation des Gesprächs

Das Gespräch

SK: Rita sagte mir am Telefon, daß es schwierig sei, ein Bild zu malen, wie man sich Gott vorstellt. Deshalb fangen wir jetzt nicht gleich an zu malen, sondern überlegen mal erst gemeinsam. Könnt Ihr euch an eine Situation erinnern, in der ihr besonders an Gott gedacht habt, oder wo ihr Gott erfahren habt, oder euch ganz nah bei Gott gefühlt habt?
Th: Ja, wenn man traurig ist.
SK: Ja, kannst du die Situation mal erzählen?
Th: Öh - oh.
G: Ja, da kann ich eine erzählen, aber das sag ich nicht. Das ist ein Geheimnis.
SK: Ein Geheimnis? Du mußt das nicht erzählen, wenn du es nicht sagen willst. - - Aber vielleicht fällt den anderen noch eine bestimmte Situation ein *(Pause).*
B: Wo ich an den Himmel geguckt hab *(lacht).* Ich hab bestimmt mal ne halbe Stunde in der Wiese gesessen und hab in den Himmel gestiert. Auf einmal hab ich da irgendwie an Gott geglaubt.
Ki: *(Durcheinander)(...).*
L: (...) Oder an den Sternenhimmel (...).
SK: Wenn du an den Sternenhimmel schaust?
L: Nö, wenn man da so ein Gesicht sieht, oder so.
Th: Wenn man in der Kirche ist.
G: Ja, oder abends im Bett, wenn man betet.
B: Wenn ich Hunger hab, und nichts zu essen krieg, in der Schule, dann krieg ich dann immer irgendwas, und da denk ich dann immer, daß er geholfen hat.

L: Bei mir ist das jetzt nicht so, aber vielleicht wenn man einen Test oder eine Arbeit schreibt *(allgemeine Zustimmung)*.

B: Ja, immer wenn ich vorher gebetet hab, dann krieg ich eine bessere Note, als wenn ich erst hinterher gebetet hab, das stimmt.

SK: Und das macht Gott?

B: Ja, vielleicht. - - - - - - Oder wenn ich niese *(Gelächter)*.

L: An Weihnachten.

?: An Ostern.

Th: An Advent.

L: An Festtagen. - - - - - - -

B: An meinem Geburtstag. Da krieg ich immer, was ich mir gewünscht hab.

SK: Es gibt ja auch Leute, die sagen, das gibt es nicht, das ist ja alles Quatsch. Was würdet ihr denn dann sagen?

Th: Es ist wahr.

B: Ja, es ist wahr. Ich würde mich an manchem stören, an manchem nicht.

Th?: Ja also, daß er von eigener Kraft her die Welt erschaffen hat.

B: Ne. Also daß er sich dahin gesetzt hat und die Welt geknetet hat, das glaub ich nicht.

Th?: Oder daß er die Frau im Paradies aus einer Rippe gemacht hat.

SK: Wie glaubst du denn, daß das gewesen ist?

B: Ja also daß sich so Zellen gebildet haben und sich die Welt erschaffen hat, und daß vielleicht irgend etwas der daran gemacht hat. Vielleicht das ganze Leben da drauf gebracht hat, oder so. Aber die Erde für sich hat sich alleine geschaffen, das war da nur so ein Kreis mit, wo da so Erde war oder so.

Th: Ja so Geschichte und Religion ineinander, also mit einander so verbunden.

B: Daß der dann eben so, daß er die ganzen Pflanzen und Bäume und Blätter und so dahin gemacht hat.

SK: Und glaubt ihr, daß er auf der Erde wohnt?

?: Im Himmel.

L: Daß der überall bei uns ist.

?: Daß er überall drin ist.

B: Ja wenn man niest, vielleicht will der dann irgendwann mal raus *(Gelächter)*. Der ist doch in einem drinnen. Wenn man dann niest, will er vielleicht aus einem raus und will irgendwas machen.

L: In der Seele.

B: Der wohnt in meinem Blut, und wenn ich blute, geht immer ein Stück von ihm raus.

R: Nein, der ist in jedem Menschen in der Seele drin.
L: Ja. Wie das geht weiß ich auch nicht, aber ...
B: Der beguckt bestimmt alles, was wir machen. Was wir denken, was wir sehen, was wir fühlen ...
SK: Könnt ihr euch vorstellen, so was zu malen? Wie ihr euch das vorstellt?
Th?: Aber Gott weiß, was wir machen, und sieht, was wir machen.

Erläuterungen zu den Bildern

Linda

L: Also das hier soll die Erde sein, und dann - da oben der Kopf, also das soll der Gott sein, und, die Augen hab ich extra so groß gemalt, weil er auch alles sieht, was man, also der kann immer auf die ganze Erde gucken, dann, dann kann er alles beobachten, und die Ohren sind auch groß, da kann er auch alles hören, und der kann die auch bewegen. - - -
S: Und warum hast du keinen Körper gemalt?
L: Ja em, nur den Kopf.
S: Und die Sterne?
L: Ja em, da kann er sich auch verstecken, die kann er auch bewegen, und da kann er sich auch verstecken.
B: Jetzt du, Gabi.

Gabriele

R: *(Kichert)* Gabi im Bett.
G: Also: wenn ich im Bett liege, denk ich ganz oft an Gott. Ja und, *(lacht verlegen)* da fühl ich immer, daß Gott ganz nah bei mir ist. - -
S: Das bist du im Bett? *(Gekicher)*
G: Ja.
?: Da sieht man die Arme.
S: und das da oben?
G: Das ist der Gott. Im Himmel *(Gelächter)*.

Bettina

B: Also das soll darstellen der Gott unterm Regenbogen im Wasser, und das soll, wenn Wasser und die Sonnenstrahlen zusammenkommen, dann gibt es einen Regenbogen, und der Regenbogen gibt dann die Strahlen an uns wieder, und die Strahlen sollen dann eben alles Gute auf der Welt bedeuten. Und weil es nicht immer einen Regenbogen auf der Welt gibt, gibt es eben auch Böses auf der Welt. Ende. Rita, du *(Gelächter)*.

Th: Nein, ich hab ne Frage! Seit wann gibt es einen braunen Strich im Regenbogen.

B: *(Kichert)* den hab ich hier abgemalt *(auf dem Kästchen, in dem sich die Wachskreiden befinden, ist ein Regenbogen in den Farben abgebildet, wie Bettina sie gemalt hat)*. Ja, und ich hab dem einen Vollbart gemalt, weil ich eben gedacht hab, daß er so aussieht. Und der hat so riesen Füße, weil ich den *(undeutlich)* (...) also so gedacht hab, ja und so einen großen Gürtel, ja weil der eben so riesig ist, ja und den Gürtel hab ich eben gemalt, weil *(lacht)*, ja und der hat ein schickes Jackett an, *(alle lachen)* ja und der steht im Wasser, weil der kann ja immer übers Wasser laufen, und den Regenbogen, den schleppt er immer mit sich.

Th: Mit einem Rucksack.

B: Ja. Und der hat orangene Haut, weil *(lacht)* ja und ich hab das Gesicht weiß gelassen, weil sonst hätte man die Nase nicht mehr erkannt, ja, und das ist eben ein Strubbelkopf. Ja und - ja und ich glaub, das war's.

?: Ja jetzt ist die Rita dran.

?: Da mußt du lesen.

Rita

R: Die Schöpfungsgeschichte. Gott sah, daß es gut war, und schuf das Wasser. Gott sah, daß es gut aussieht und schuf das Licht. Gott sah, daß es gut war, und schuf die Tiere.

B: Ja also, er sah, daß das schön war, und dann hat er's geschaffen, oder wie? Da muß das ja schon dagewesen sein.

R: Nein, das was schon da war, das sah er, und sagt, daß es gut aussah. So steht das in der Schöpfungsgeschichte. Er machte es, und sah, daß es gut war - bum. Ja und das soll ein Schimmer sein, also das soll sozusagen auch Gott sein, ein Schimmer, der einfach auftaucht, ja, und da hat der die Fische (...), und das soll eine Qualle sein.

?: Eine rote Qualle?

Th: Da bin ich schon mal durchgeschwommen, bin ich schon mal durchgeschwommen, durch eine Feuerqualle.

B: Der kann verschwinden und wieder auftauchen. Toll.

R: Ja, und - da hab ich noch schwarze Wolken gemalt *(lacht)*, weil ich keinen Bleistift hatte, - und eine gelbe Sonne.
S: Warum sind die Wolken schwarz?
R: Eh - *(denkt nach)* Gewitterwolken.
B: Und jetzt ist die Theresa dran.

Theresa

Th: Ja also: da (...).
B: Geile Menschen, sehr schön *(Gelächter)*.
S: Theresa, magst du mal erzählen, was du gemalt hast?
Th: Ja, also das da soll ein Mensch sein, und das soll auch ein Mensch sein, und das da ist Gott, und das da sind auch Menschen, die aber schon im Himmel sind. Ja. *(Schnell und klar)* ich denke, wenn Jesus nicht gekreuzigt wär, dann wär das Kreuz nicht da, und dann würden wir hier in den Abgrund fallen.
B: *(Lacht)* wär das Kreuz nicht da.
Th: Dann würden wir nicht über den Abgrund kommen, und dann würden wir immer hier reinfallen. *(Zeigt ein anderes Bild, das sie nicht fertig gemalt hat):* ja und das hier ist, wenn das Kreuz nicht da ist, guck, da liegt einer drin.
B: Guck mal der hat ja coole Füße.
Th: Und das sind seine Engel. Und die hier sind schon drüber, die sind schon im Himmel.

4.3 Beschreibung des Gesprächs

Das Gespräch beginnt mit meiner Frage nach einer konkreten religiösen Erfahrung. Die Kinder sollen sich an eine Situation erinnern, in der sie besonders an Gott gedacht oder sich nahe bei Gott gefühlt haben. Die Mädchen reagieren spontan mit vielerlei Erinnerungen. Theresa erwähnt recht allgemein gehalten: „Wenn man traurig ist“, eine konkrete Situation will oder kann sie aber nicht erzählen. Auch Gabriele reagiert spontan: Ihr fällt zwar eine Situation ein, aber sie möchte sie nicht preisgeben: „Ja, da kann ich eine erzählen, aber das sag ich nicht. Das ist ein Geheimnis.“ Als einzige erzählt Bettina von einem konkreten Erlebnis: „Ich hab bestimmt mal ne halbe Stunde in der Wiese gesessen und hab in den Himmel gestiert. Auf einmal hab ich da irgendwie an Gott geglaubt.“ Diese Erzählung erinnert die anderen Kinder offenbar an ähnliche Erlebnisse; sie kommentieren sie aufgeregt durcheinander. Verständlich ist nur Lindas Hinweis auf den Sternenhimmel. Auf Nachfrage erzählt sie von einer Vorstellung oder Erscheinung eines Gesichts am Himmel. Diese Erinnerung malt sie auch anschließend. Theresa erwähnt eine Situation in der Kirche und Gabriele das Gebet am Abend im Bett. Ob sie hier von ihrem „Geheimnis" spricht ist unklar, jedenfalls malt sie anschließend diese Situation. Auf der Suche nach weiteren Situationen lenkt Bettina ihre Gedanken auf die Schule und erzählt, daß sie an Gott denke, wenn sie Hunger habe. Linda nimmt diesen Faden auf, grenzt sich aber ab und erzählt, daß sie eher bei einem Test an Gott denkt, was Bettina sofort bestätigt. Als Linda weiter Weihnachten erwähnt, wird sie sofort von den anderen durch entsprechende Festtage wie Ostern, Advent und Geburtstag ergänzt. Abschließend resümiert Linda: „an Festtagen".

Nachdem die Mädchen zwar spontan auf die Erfahrungsebene eingestiegen sind, dann aber auf eine distanzierte Ebene des Aufzählens kommen, setze ich einen neuen, offenen und indexikalen Impuls, der nun an ihre Argumentationsfähigkeit appelliert: Ich bringe eine fiktive Position ins Gespräch, die „das alles" für unsinnig hält und frage, wie die Mädchen darauf reagieren würden. Daran schließt sich ein Gespräch an, das den indexikalen Ausdruck „das alles" – die je eigene religiöse Vorstellung – inhaltlich aus Sicht der Mädchen füllt und zugleich die Einwände zur Sprache bringt. Theresa beginnt mit einer bekenntnishaften Behauptung: „es ist wahr", die Bettina aufgreift und bestätigt, aber im zweiten Schritt differenziert: Sie würde sich an manchem stören und an manchem nicht. Dies veranlaßt Theresa (?), ihre Behauptung zu erläutern: Sie denkt an die Erschaffung der Welt durch Gott. Bettina präzisiert nun ihre Aussage ebenfalls an diesem Thema. Sie formuliert ein naives Bild, daß Gott „sich dahin gesetzt hat und die Welt geknetet hat", gegen das sie sich deutlich abgrenzen kann. Hier pflichtet ihr Theresa (?) bei und wird noch konkreter: Auch daß Gott die Frau aus einer Rippe gemacht hat, glaubt sie nicht. Auf meine Frage, wie sie denn glauben, daß es gewesen sei, antwortet Bettina mit einem naturwissenschaftlichen Modell. Sie glaubt, daß sich die Erde allein gebildet hat, und daß Gott vielleicht das Leben, die Pflanzen und Bäume auf die Erde gebracht hat. Theresa will Geschichte und Religion verbunden wissen. Auf die Frage, wo sie dann Gott verorten, antworten sie spontan: „im Himmel", „überall unter uns", „überall drin", und Linda präzisiert: „in der Seele". Wie das geht, weiß sie allerdings nicht. Bettina nimmt das Bild des Wohnens Gottes im Körper wörtlich und überlegt, wie Gott durch das Niesen oder Bluten aus dem Körper tritt. Ich beende das Gespräch mit einem offenen Impuls und bitte sie zu malen, wie sie sich es vorstellen. Interessant ist Theresas (?) abschließende Bemerkung, daß Gott weiß und sieht, was sie machen. Sie fühlt sich offenbar von Gott beobachtet und malt ihr Bild vielleicht auch in diesem Bewußtsein.

4.4 Beschreibung der Bilder

Linda (12,12) (Abb. 15)

In der Mitte des unteren Blattrands ist ein Teil der Weltkugel dargestellt, die durch dunkelblaue Flächen und grüne Kontinente charakterisiert ist. Über der Weltkugel ist durch leichte blaue Schraffierungen der Himmel oder Weltraum angedeutet. Unter der oberen Blattkante sieht man die pinkfarbenen, etwas verzerrten Umrisse eines Gesichts mit zwei großen Ohren, zwei großen grün konturierten ringförmigen Augen und einem breiten roten Mund. Es ist auffällig, wie scheinbar ungelenk das Gesicht gegenüber der sorgfältig gemalten Erde gezeichnet ist. Neben dem Gesicht befinden sich ein kugelförmiger gelber Stern und darunter drei weitere gelbe Sterne mit Zacken.
Das Bild wirkt abstrakt und konkret zugleich. Die Erde wird als Weltkugel thematisiert, in einer abstrakten Weise also, in der sie gewußt, aber nicht erfahren wird. Doch die erfahrbare „Oben-unten-Perspektive" wird beibehalten. Der Raum über der Erde scheint Himmel und Kosmos zugleich zu sein: Die drei Sterne mit Zacken tragen Züge der klassischen Darstellung von „Sternen am Himmel", während der runde Stern an einen Planeten im Kosmos erinnert. Durch die Plazierung der nur zum Teil sichtbaren Erde an der unteren Blattkante und dem Gesicht an der oberen ist eine große Distanz ausgedrückt. Gott erscheint nur schemenhaft in Umrissen, transparent, in dem Gesicht aber doch konkret und personal.
Linda ist es wichtig auszudrücken, daß Gott das gesamte Geschehen auf der Erde wahrnimmt. Dies macht sie auch in ihrer Erklärung deutlich:

„Also das hier soll die Erde sein, und dann – da oben der Kopf, also das soll der Gott sein, und, die Augen hab ich extra so groß gemalt, weil er auch alles sieht, wenn man, also er kann immer auf die ganz Erde gukken, dann kann er alles beobachten, und die Ohren sind auch groß, da kann er auch alles hören, und der kann die auch bewegen." Obwohl sie auch die Vorstellung hat, daß Gott in den Menschen wohnt, in ihrer Seele, wie sie sagt, und daß Gott überall ist, führt sie in ihrem Bild die Idee des Gegenübers Gottes aus, das das Geschehen in der Welt von außen beobachtet.

In ihrer Darstellung verbindet Linda offenbar abstrakte Reflexionen über Gott und die Welt, die in der kosmischen Darstellung zum Ausdruck kommen, mit konkreten Erfahrungen. Durch Bettinas Erzählung, wie sie einmal lange an den Himmel „gestiert" und plötzlich an Gott „geglaubt" hatte, wird sie offenbar an eigene Erfahrungen erinnert und ergänzt spontan: „oder an den Sternenhimmel ... wenn man da ein Gesicht sieht, oder so". Diese hier angedeutete Erfahrung stellt Linda offenbar in ihrem Bild dar.

Im Vergleich mit ihren früheren Bildern zeigt sich, daß Linda, nachdem sie Gott zunächst als Mann (Abb. 3) und dann als Blume (Abb. 12) gemalt hatte, nun zu einer personalen Darstellung zurückkehrt, allerdings nur andeutungsweise, umrißhaft, transparent und ohne geschlechtsspezifische Attribuierung.

Gabriele (8,12) (Abb. 16 und 20)

Gabriele malte zunächst ein Bild (Abb. 20), verwarf dieses aber und malte ein neues (Abb. 16), das sie dann auch in der Gruppe vorstellte. Auf dieses gehe ich zuerst ein.

Das Bild ist vollständig mit kräftigen Farben ausgefüllt. Auf dem brauen Boden steht eine braune Bettstatt mit langen Leitern an den Enden, die einen gelben Vorhang tragen. Links neben dem Bett ist eine braune Tür mit einem Türgriff zu sehen. Auf das Bett hat Gabriele ein rotes Kissen und eine rote Decken gemalt sowie eine kleine Gestalt mit einem rosa Kopf, schwarzen Haaren und einem hellblauen Oberkörper. Sie erhebt einen Arm schräg nach oben. Das Blatt oberhalb und rechts der Bettstatt ist mit dichten kräftigen dunkelblauen Schraffierungen ausgefüllt. Über dem Bett befindet sich schwebend eine große Gestalt mit einem Kopf mit halblangen Haaren, einem langen Gewand und kreisförmig gebeugten Armen, aber ohne weitere Differenzierungen. Diese Gestalt wurde mit gelber Farbe nachträglich auf den blauen Untergrund gemalt und erscheint deshalb grün.

Gabriele malt sich selbst in ihrer Beziehung zu Gott. In ihrer Erläuterung zu dem Bild erzählt sie: „wenn ich im Bett liege, denk ich ganz oft an Gott. Ja und, *(lacht verlegen)* da fühl ich immer, daß Gott ganz nah bei mir ist." Es ist eines der wenige Kinderbilder überhaupt, auf dem ein Kind sich selbst zusammen mit Gott darstellt.

In dem Gespräch vor dem Malen hatte ich nach einer Situation gefragt, in der sie besonders an Gott gedacht oder sich nah bei Gott gefühlt hatten. Gabriele hatte spontan geäußert, ihr fiele eine Situation ein, doch das wäre ein Geheimnis. Im weiteren Fortgang des Gesprächs hatte sie aber eine Antwort gegeben: „... abends im Bett, wenn man betet". Offenbar erinnert sie sich an eine Erfahrung der Beziehung und Nähe zu Gott beim abendlichen Gebet, die sie zeichnerisch darstellt. Ihr Hinweis auf ein Geheimnis zeigt, daß sie sich auch an religiöse Erfahrungen erinnert, die ihr persönlich so wichtig sind, daß sie sie nicht vor anderen preisgeben möchte.

Die Unsichtbarkeit und Geheimnishaftigkeit Gottes versuchte sie in einem ersten Entwurf ins Bild zu setzten, den sie dann aber verwarf (Abb. 20). Das Blatt ist blau ausgemalt, nur in der Mitte ist ein großes Oval weißes Papier freigelassen. Erst bei ganz genauem Hinsehen erkennt man in dem weißen Ausschnitt eine mit weißen Wachskreiden ausgemalte Gestalt mit einem langem Gewand. Sie ist der Gestalt auf dem Bild sehr ähnlich, das sie anschließend malte. Mit diesem Bild drückt sie die Unsichtbarkeit Gottes aus.

Diese beiden Bilder und ihre Äußerungen sind nun ein Schlüssel zum Verstehen der Bilder, die sie in den vergangenen Jahren gemalt hat. Zweimal hatte sie ein Bild ganz oder teilweise von Rita abgemalt (Abb. 7 und 11). Dies war offenbar nicht dadurch begründet, daß sie keine religiösen Vorstellungen oder keine Beziehung zu Gott hatte, sondern wohl eher dadurch, daß sie sich scheute, Gott differenziert zu malen. Für sie ist Gott ein Geheimnis. Zudem sind diese Bilder vermutlich auch ein Ausdruck für ihre enge Beziehung zu Rita.

Gabrieles eigene Gottesvorstellung kommt in ihrem ersten (Abb. 5) und den beiden letzten Bildern zum Ausdruck (Abb. 16, 20). Es ist erstaunlich, wie ähnlich die Gottesdarstellungen sind, obwohl zwischen dem ersten und den beiden letzten Bildern zwei Jahre liegen und sie im dritten Mal-Interview ihre früheren Bilder nicht mehr betrachtet hatte. Gott hat eine unsichtbar weiße oder gelbe – oder wie sie selbst sagte: „lichte" – Gestalt mit weitem Gewand, die jedes Mal vor blauem Hintergrund gemalt ist und mit dem Himmel in Verbindung gebracht wird. Gabriele verzichtet auf Details und drückt dadurch aus, daß Gott für sie ein Geheimnis ist, das sich nicht detailliert malen läßt.

Bettina (12,12) (Abb. 17)

In der Mitte des Blattes steht breitbeinig eine große Gestalt mit erhobenen Armen. Das Gesicht mit braunen Augen, einer orangefarbigen Nase und einem „freundlichen" roten Mund ist umgeben von dichten, spiralförmig gemalten schwarzen Haaren und einem schwarzen Bart, der sich bis zu den Haaren hinaufzieht. Die Ohren, die Hände mit fünf Fingern, ein langer Hals und der Kragenausschnitt sind orangefarbig gezeichnet. Sorgfältig ist ein brauner Anzug gemalt, bei dem drei Knöpfe weiß ausgespart sind, mit einem schwarzen Gürtel und einer großen Gürtelschnalle. Die schwarzen gewölbten Schuhe sind überdimensional groß und geben der Figur Stand. Der untere Teil des Blattes ist mit dunkelblauer Farbe kräftig in flüchtigem, bewegtem Schwung ausgefüllt. Den oberen Teil der Gestalt umspannt torförmig ein Regenbogen in gelber, roter, hellblauer, brauner, grüner und dunkelblauer Farbe; die Fläche in dem innersten Bogen ist schwarz ausgemalt.
Durch die überdimensionalen Schuhe und die breiten mächtigen Beine wirkt die Gestalt so, als würde man sie schräg von unten betrachten. Sie wirkt freundlich, aber durch die Perspektive und die erhobenen Arme sehr mächtig.
Die Erklärung zu dem Bild ist bündig und offenbart eine eigene Vorstellungswelt: „Also das soll darstellen der Gott unterm Regenbogen im Wasser, und das soll, wenn Wasser und die Sonnenstrahlen zusammenkommen, dann gibt es einen Regenbogen, und der Regenbogen gibt dann die Strahlen an uns wieder, und die Strahlen sollen dann eben alles Gute auf der Welt bedeuten. Und weil es nicht immer einen Regenbogen auf der Welt gibt, gibt es eben auch Böses auf der Welt. Ende." Bettina konzentriert sich in ihrer Erklärung auf den Regenbogen, die Gestalt

Gottes hingegen spielt keine große Rolle. Sie knüpft an einem naturwissenschaftlichen Modell für das Zustandekommen des Regenbogens an, verbindet es aber mit einem Modell der Deutung für das Gute und Böse in der Welt: Die Strahlen des Regenbogens bedeuten das Gute in der Welt, ihr Fehlen ist Ursache für das Böse.
Es ist durchaus möglich, daß Bettina diese Deutung erst während des Vorstellens ihres Bildes entwirft, daß diese Überlegungen also noch nicht der Konzeption des Bildes zugrunde gelegen haben. Denn als Theresa nach der brauen Farbe fragt, die im natürlichen Regenbogen nicht vorkommt, erklärt Bettina kichernd, daß sie den Regenbogen von dem Malkasten abgemalt hat, aus dem sie ihre Stifte holte.
Im Gespräch vor dem Malen hatte Bettina spontan eine Erinnerung an eine religiöse Erfahrung erzählt: „Ich hab bestimmt mal ne halbe Stunde in der Wiese gesessen und hab in den Himmel gestiert. Auf einmal hab ich da irgendwie an Gott geglaubt." In dieser Erzählung zeigt sich, wie Bettina ihre Naturbetrachtung und -erfahrung mit Gott in Verbindung bringt und religiös ausdeutet. Eine ähnliche Deutung des roten Abendhimmels auf Gott hin hatte sie schon zwei Jahre zuvor erzählt. Es scheint ihre Art zu sein, die Natur und Welt wahrzunehmen und auf Gott hin zu transzendieren. Ähnlich verfährt sie mit der Erklärung des Regenbogens, den sie zunächst naturwissenschaftlich erklärt, dann aber mit ihren Überlegungen zum Guten und Bösen in der Welt verbindet. Diese Frage hatte sie auch schon ein Jahr zuvor zentral beschäftigt und in dem Bild von der guten und bösen Macht in menschlicher Gestalt (Abb. 14) zum Ausdruck gebracht.
Mit ihrer Darstellung Gottes im Regenbogen läßt sich Bettina nicht auf die Erfahrungsebene ein, sie malt keine der Erfahrungen, die sie erzählt hatte. Wieder malt sie, wie schon in den Jahren zuvor, Gott detailliert in menschlicher Gestalt. Sie malt ihn nun als einen großen, mächtigen Mann, und darin erinnert ihre Gottesdarstellung an ihr erstes Bild zwei Jahre zuvor (Abb. 1), auf dem sie ebenfalls eine zentrale männliche Gottesfigur malte. In ihrer Erläuterung weist sie dem Regenbogen theologische Bedeutung zu, nicht aber der männlichen Gestalt.

Rita (11,7) (Abb. 18)

Im unteren Teil des Blattes ist mit dunkelblauen wellenförmigen Strichen bewegtes Wasser dargestellt, in dem sich sechs nach rechts schwimmende gelbe, violette und orangene Fische befinden, aus deren Köpfen blaue Blasen emporsteigen, sowie am unteren Rand in der Mitte des Blattes ein rotes Gebilde, das an eine feurige Qualle oder Wasserpflanze erinnert. Über dem Wasser ist mit leichten blauen waagrechten Strichen der Himmel angedeutet, durch den sich ein Band von sechs schwarzen Wolken zieht. Dazwischen befinden sich acht fliegende m-förmige blaue Vögel. Etwas rechts von der Mitte des Blattes ist zwischen drei Wolken eine rote Schattierung sichtbar. In der rechten oberen Ecke befindet sich eine gelbe Sonne mit sieben Strahlen. In schwarzer Schrift ist in den oberen Teil des Blattes in größeren Buchstaben und geschwungen unterstrichen ein Überschrift geschrieben: „DIE SCHÖPFUNGS-Geschichte", links daneben kleiner: „Gott sah das es gut war und schuf das Wasser. Gott sah das es gut aussieht und schuf das Licht. Gott sah das es gut war und schuf die Tiere".
Rita erklärt mit dem Text ihr Bild nicht, sondern sie erzählt eine Geschichte. Dabei überträgt sie den Inhalt, den sie aus der Erinnerung zitiert, wieder zurück in eine poetische Versform. Besonders kommt es ihr auf die Bewertung an, daß Gott sah, daß es gut war. Dies impliziert Gottes Aufmerksamkeit und Interesse für die Welt und seine positive Bewertung. Rita stellt in ihrem Bild nicht, wie zwei Jahre zuvor (Abb. 6), den Schöpfergott dar, sondern sie illustriert die *biblische Geschichte* von der Schöpfung. In einer eigenen kreativen Weise setzt sie Gott nun nicht als handelnde Person ins Bild (was im Hinblick auf den Schöpfungsbericht durchaus nahegelegen hätte), sondern als eine Lichterscheinung am Himmel: „Ja und das soll ein Schimmer sein, also das soll sozusagen auch Gott sein, ein Schimmer, der einfach auftaucht." Die Gottesdarstellung leitet sie hier nicht aus der erzählten Geschichte, sondern aus ihrer eigenen Phantasie, ihrer religiösen Vorstellungs- und vielleicht auch Erfahrungswelt ab. Gott ist hier etwas, was unberechenbar auftaucht wie ein Lichtschimmer und integriert ist in die Schöpfung. Interessant ist, daß diese Darstellung die spontane Zustimmung und Bewunderung ihrer Schwester findet: „Der kann verschwinden und wieder

auftauchen. Toll." Diese Vorstellung ist anschlußfähig, hier treffen sich offenbar religiöse Vorstellungswelten der beiden Mädchen.
Mit dem Motiv der Schöpfung malt Rita etwas, was sie schon in vergangenen Jahren bewegt hatte. Sie knüpft an ihre eigene religiöse Vorstellungswelt und Fragestellung an. Die Schöpfung scheint ein zentrales Thema ihrer Religiosität zu sein. Doch während sie in vergangenen Jahren eine eigene Konzeption vom Schöpfergott entwarf (Abb. 6, 10), verbindet sie jetzt das Thema mit der biblischen Schöpfungsgeschichte, die sie wohl aus dem Religionsunterricht kennt. Hier finden sich Spuren, wie biblischen Geschichten im Laufe der religiösen Sozialisation vor dem Hintergrund der eigenen religiösen Fragen kreativ angeeignet und mit der eigenen religiösen Vorstellungswelt in Verbindung gebracht werden.

Theresa (11,12) (Abb. 19)

Das Blatt ist in zwei polare Hälften aufgeteilt, die links durch einen blauen und rechts durch einen roten Himmel markiert sind. Ein braunes und darüber ein grünes Feld am unteren Blattrand ist durch ein trichterförmiges schwarzes Feld durchbrochen, das durch ein braunes, schwarz konturiertes liegendes Kreuz überbrückt ist. Auf der rechten Seite befindet sich eine große, sorgfältig mit Bleistift gemalte männliche Gestalt mit Gesichtszügen, Haaren, einem Bart und einem langen gelben Gewand. Sie ist nach links, zu dem Kreuz hin gewendet streckt ihre beiden Arme nach dieser Seite hin aus. In diese Richtung gehen auch gelbe Strahlen von ihr aus. Hinter ihr befinden sich, in die gleiche Richtung gewendet, drei halb so große Gestalten, die pinkfarben ausgemalt sind. Über den Gestalten schweben im roten Himmel rot konturiert waagrecht zwei Gestalten. Durch die Mitte ihres Körpers gehen senkrechte, rot ausgemalte Balken, die wohl die Flügel darstellen. Auf der linken Seite des Blattes, vor dem blauen Himmel, sind drei größere und eine kleinere Gestalt mit Bleistift flüchtig gezeichnet, die nach rechts gewendet sind. Nur mit leichtem Aufdruck, kaum sichtbar, sind sie durch einige pinkfarbene Striche schraffiert. Auf dem Kreuz vor dem Hintergrund, in dem der rote und der blaue Himmel ineinander übergehen, befindet sich eine weitere Gestalt, die pinkfarbene ausgemalt ist. Sie hat längere Haare, ist zur Gottesgestalt hin gewendet und streckt zwei Arme nach in diese Richtung aus.

Das Bild wirkt in seiner Konzeption und Farbsymbolik sorgfältig durchdacht. Theresa legt einen reflektierten theologischen Entwurf vor. Anders als Rita, die eine biblische Geschichte malt, stellt Theresa ein theologisches Konzept, die „Rettung durch das Kreuz", bildlich-anschaulich dar. Woher sie diese theologischen Gedanken hat, ob aus dem Elternhaus, dem Religionsunterricht, der evangelischen Jugendgruppe oder aus dem Gottesdienst, ist unklar, jedenfalls sind sie ihr wichtig, sie hat sie sich angeeignet und sie in ihre religiöse Vorstellungswelt eingebaut. Nachdem sie die Erklärung ihres Bildes zuerst stammelnd beginnt, bringt sie klar und flüssig ihre theologische Überzeugung vor, die sie ins Bild gesetzt hat: „Ich denke, wenn Jesus nicht gekreuzigt wär, dann wär das Kreuz nicht da, und dann würden wir hier in den Abgrund fallen."

Gott oder Jesus erscheint als eine strahlende, empfangende männliche Gestalt, als Erlöser. Wie auf dem Bild ein Jahr zuvor (Abb. 13) ist er von Engeln umgeben. Seine Größe und die Strahlen weisen auf seine Wirkmacht hin, die sie in ihrem ersten Bild zwei Jahre zuvor stark akzentuiert hatte (Abb. 2). Damit hat sich das Bild des wirkmächtigen Gottes, der umgeben ist von Engeln, durchgehalten und weiter ausdifferenziert.

5 Profile religiöser Vorstellungswelten

Im folgenden werde ich die Analysen der verschiedenen Bilder und Gesprächsbeiträge eines jeden Mädchens kurz zusammenfassen und daraus die Profile ihrer religiösen Vorstellungswelten erstellen. Es geht mir um die Beschreibung der Themen und Bilder, die sich durchhalten, erweitern und modifizieren und zusammen Hinweise zu den je eigenen religiösen Fragen und Vorstellungswelten geben, nicht darum, entwicklungspsychologische Linien nachzuzeichnen.

5.1 Rita – der kosmische Schöpfergott

In Ritas Bildern kommt die kosmische und schöpferische Dimension Gottes zum Ausdruck. Rita stellt Gott in Beziehung zur Schöpfung dar, als Schöpfer oder als eine geistartige Erscheinung in der Schöpfung. In ihrem ersten Bild (Abb. 4) betont sie die Unsichtbarkeit Gottes. Sie stellt Gott als ein Luft- oder Geistwesen mit weichen, undeutlichen Konturen dar, in der Farbe des Himmels oder der Luft, betont aber durch einen Bart die Männlichkeit oder vielleicht auch die Göttlichkeit dieses Wesens. Doch mit diesem Bild ist sie unzufrieden. Sie korrigiert einige Stunden später und malt Gott als Schöpfer von Himmelserscheinungen (Regen, Blitz, Donner, Himmel, Sonne), Farben und Formen (Abb. 6). Durch ein dickes Kreuz kennzeichnet sie die Gestalt als Gott. Ein Jahr später malt sie eine ganz ähnliche Gestalt des Schöpfergottes mit einem dicken Kreuz (Abb. 10). Doch in diesem Bild fehlt die aktive Handlung. Die Arme fehlen, die Gestalt befindet sich im Zentrum symbolischer Felder, die die Qualitäten Liebe und Hoffnung und die Phänomene Himmel und Sonne, die er erschafft, ausdrücken. Konkrete und abstrakte Darstellungsweisen mischen sich nun in dem Bild. Die Fragen nach der Herkunft und Wirkung des Bösen und Guten, von Tod, Übel und Glück, die die Mädchen in dem Gespräch beschäftigen, beantwortet Rita in ihrem Bild integrativ: Gott birgt „Kommen und Gehen", Geburt und Tod, Böses und Gutes in sich. Er ist Hoffnung für alle Menschen, und er bringt das Gute für alle Menschen hervor. Dieser Gott ist integrativ und universal.

Ein weiteres Jahr später verbindet sie ihre Vorstellung vom Schöpfergott mit der biblischen Schöpfungsgeschichte, die sie aus der Erinnerung in poetischer Form zitiert und durch ihr Bild illustriert (Abb. 18). Hier wird nun sichtbar, wie sie die gesellschaftlich und kirchlich geteilte religiöse Tradition von der Schöpfungsgeschichte mit ihren subjektiven phantasievollen Vorstellungen vom Schöpfergott verbindet. Wichtig ist ihr an der angeeigneten Schöpfungsgeschichte die positive Bewertung der Schöpfung durch Gott. Dies entspricht ihrer Wertung ein Jahr zuvor, daß Gott nur gute Dinge erschafft, die für alle Menschen da sind. Gott wird nun nicht mehr als Person ins Bild gesetzt, sondern als eine Lichterscheinung am Himmel, ein Schimmer, der „auftaucht". Dies erinnert an ihr erstes Bild, in dem sie Gott als unsichtbare, umrißhafte Luft- oder

Himmelserscheinung thematisierte. Gerade in der Gottesdarstellung in ihrem Bild von der Schöpfungsgeschichte sind Fragmente eigener Naturerfahrung zu finden, die sie auf Gott hin deutet, die sie aber nun mit erlernten Wissensbeständen verbindet.
Für Ritas religiöse Vorstellungswelt sind die kosmischen schöpferischen Dimensionen Gottes zentral. Zugleich beschäftigt sie sich wie kein anderes Mädchen mit dem Tod und den Kontingenzen des Lebens. Ihr Gott ist ein integrativer Gott, in dem Gutes und Schlechtes, Leben und Tod aufgehoben sind. Er ist ein guter Gott, der Hoffnung für alle ist und die gute Schöpfung für alle Menschen, auch die Schlechten hervorbringt.

5.2 Gabriele – die verborgene Gottheit

In der Folge von Gabrieles Bildern ist es auffällig, daß sie nach dem ersten Mal-Interview und im zweiten Mal-Interview ihr Bild von Ritas Zeichnung abmalt und sich im Gespräch, auch auf Nachfrage hin, kaum zu ihrer religiösen Vorstellungswelt äußert. Auf ihrem ersten Bild, bei dem ihr ein Abmalen nicht möglich war, malt sie in groben Strichen eine gelbe undifferenzierte Gestalt vor einem blauen Hintergrund, nur die Gesichtszüge sind sorgfältig gezeichnet (Abb. 5). Es stellte sich die Frage, ob Gabriele keine oder keine genauen religiösen Vorstellungen hat, ob sie sich nicht traut, sie zu äußern, da sie die Jüngste in der Gruppe ist, ob ihr die eigenen Vorstellungen aufgrund ihrer engen persönlichen Bindung an Rita vielleicht gar nicht einfallen oder ob sie sie bewußt nicht äußern möchte.
Die Bilder und Äußerungen im dritten Mal-Interview sind wie ein Schlüssel für das Verständnis der Vorangegangenen. Obwohl sie die Möglichkeit dazu hat, malt sie nun nicht mehr von Rita ab. Sie hat sich nun aus ihrer engen Bindung an Rita, die vor allem auch in den Beobachtungsprotokollen deutlich wurde, gelöst. Es zeigt sich aber, daß Gabrieles Zurückhaltung nicht nur in der Gruppenkonstellation begründet war, sondern auch inhaltliche Gründe hatte. Sie ist ein Ausdruck ihrer religiösen Vorstellungswelt. Im Gespräch erinnert sie sich spontan an eine Situation, in der sie Gott nah erlebt hat, erzählt sie aber nicht, sondern spricht von einem „Geheimnis“, das sie nicht mitteilen will. Für

Gabriele scheint ihre religiöse Vorstellungswelt, ihre Erfahrung und Beziehung zu Gott eine persönliche Kostbarkeit zu sein, die sie schützt, über die sie weder einfach reden noch die sie darstellen will. Ihre persönliche Beziehung zu Gott kommt in ihrem Bild (Abb. 16) zum Ausdruck, auf dem sie sich beim Abendgebet zusammen mit der erscheinungsartigen Gottesgestalt darstellt. Es ist das einzige Kinderbild in meiner Untersuchung und eines von wenigen überhaupt, auf dem sich ein Kind selbst in Beziehung zu Gott malt. Die Überzeugung, daß Gott ein Geheimnis ist, bringt sie in ihrem ersten Bild im dritten Mal-Interview zum Ausdruck, auf dem sie Gott mit weißer Farbe auf weißen Grund malt – er ist tatsächlich auf diesem Bild zwar gemalt und damit da, aber unsichtbar (Abb. 20).

Gabriele hat nicht nur eine enge Beziehung zu Gott, sondern auch eine eigene religiöse Vorstellungswelt, die sich über Jahre hin durchgehalten hat. Es ist erstaunlich, wie ähnlich sie die Gottesgestalten auf ihrem ersten Bild (Abb. 5) und ihren beiden Bildern zwei Jahre später gemalt hat (Abb. 16, 20): Gott ist eine einfarbig ausgemalte gelbe, „lichte", wie sie sagt, oder weiße, unsichtbare Gestalt mit einem langen Gewand vor einem blauen Hintergrund, im Himmel also. Als einzige Differenzierung malt sie auf dem ersten Bild (Abb. 5) ein Gesicht, das die Personalität Gottes zum Ausdruck bringt, auf dem letzten längere Haare. Die Undifferenziertheit der Gottesgestalt gehört zu Gabrieles theologischen Aussage. Für sie ist Gott ein personales Wesen, das unsichtbar ist und nicht beschrieben oder gemalt werden kann.

In ihren beiden von Rita abgemalten Bildern (vgl. Abb. 7 und 11) drückt sich nicht nur die Weigerung aus, ihre eigene Vorstellung von Gott preiszugeben, sondern auch ihre enge persönliche Bindung an ihre Freundin. Während sie im erste Mal-Interview ihr Bild sorgfältig von Rita kopiert und dabei erstaunliche zeichnerische Fähigkeiten beweist (Abb. 6 und 7), weiß dies Rita ein Jahr später zu verhindern und zwingt Gabriele damit, ihr Bild zu variieren (Abb. 10 und 11). Sie übernimmt zwar die Thematik der Schöpfung und Darstellungsweisen von Rita, setzt jedoch eigene Akzente: Gott ist eingebunden in eine Vielzahl von Erscheinungsformen der Schöpfung.

Für Gabriele, so läßt sich zusammenfassen, ist Gott eine Person, zu der sie eine enge Beziehung hat, und die zugleich ein Geheimnis ist, das sich nicht in konkreten Bildern darstellen läßt.

5.3 Linda – Gott in Beziehung

Linda stellt Gott im ersten Mal-Interview als eine männliche Gestalt mit priesterlichen Attributen in einer freundlichen, empfangenden Haltung dar (Abb. 3), die sie später als Herrscher über die ganze Welt beschreibt. Diese Gestalt trägt in einer Verdickung über dem Mund auch das Merkmal ihrer eigenen Krankheit, des gespaltenen Kiefers, an sich. Von diesem Bild setzt sie sich ein Jahr später dezidiert ab und malt ein nicht-personales Gottesbild (Abb. 12) einer lebendigen, schönen Blume, die in einer reziproken Beziehung zur Schöpfung steht. Die Gottheit bringt die lebendige Schöpfung hervor und wohnt in ihr. Sie steht nicht nur in gebender, sondern auch in nehmender Beziehung zur Schöpfung.
Ein weiteres Jahr später kehrt sie zu einer personalen Darstellungsweise zurück, doch verzichtet sie nun auf die Darstellung einer Gestalt und auf männliche Attribute und malt nur die schemenhaften Umrisse eines Gesichtes (Abb. 15). Nur Augen, Ohren und Mund sind betont dargestellt: Ihr ist es wichtig auszudrücken, daß Gott das Geschehen auf der ganzen Erde, nun als Weltkugel gemalt, wahrnimmt und an ihm beteiligt ist. Gott weiß, was jeder Mensch macht, wie sie sagt. Auch wenn sie nun die Distanz zwischen Gott und Welt darstellt, ist es ihr wichtig zu betonen, daß Gott doch am Leben der Welt Anteil nimmt.
Lindas religiöse Vorstellungswelt ist vom Ringen und Experimentieren mit verschiedenen, auch gegensätzlichen Vorstellungs- und Darstellungsweisen gekennzeichnet. Dem Gott als männlich-priesterliche Gestalt und Herrscher der Welt stellt sie eine Gottheit gegenüber, die sie als von Wärme abhängiges, ästhetisches, in reziproker Beziehung zur Welt stehendes Wesen kennzeichnet. Dann kehrt sie zur Darstellung Gottes als personales Wesen zurück, doch verzichtet sie auf den Körper und männliche Attribute. Sie malt Gott als Gegenüber zur Erde, als eine Erscheinung am Himmel, weit weg, aber doch als Person, die das Weltgeschehen wahrnimmt und um alles weiß. Hierin drückt sich vermutlich weniger der Aspekt der Kontrolle als das Vertrauen auf Gottes allgegenwärtiges Dasein und Bei-den-Menschen-Sein aus. Sie erzählt, daß sie sich vorstellt, daß Gott „in einer Ecke" des Menschen oder in der Seele wohne und daß Gott überall sei.

Lindas religiöse Vorstellungswelt kreist um die Beziehung Gottes zur Welt und zu den Menschen, die sie in sehr unterschiedlichen Darstellungen zum Ausdruck zu bringen versucht.

5.4 Theresa – der wirkmächtige Gott

Theresa stellt auf allen Bildern Gott als eine strahlende, mächtige, männliche Person dar. Auf ihrem ersten Bild (Abb. 2) malt sie Gott mit erhobenen Armen und weißem Gewand. Sie bringt sein Strahlen und seine Wirkmacht durch die Sonne und ihre Strahlen zum Ausdruck, die den Hintergrund der Gottesgestalt abgibt. Ein Jahr später malt sie Gott wieder mit weißem Gewand (Abb. 13), nun umgeben durch gute und böse Engel, durch die er das Glück und Unglück der Menschen bewirkt. Ein weiteres Jahr später malt sie die Erlösung der Menschen durch das Kreuz (Abb. 19). Gott oder Jesus, der Retter der Menschen, ist als mächtige männliche, strahlende Gestalt gezeichnet, wieder umgeben von Engeln und nun auch von erlösten Menschen.
Theresa denkt Gott personal, als Entscheidungs- und Handlungsträger. Er ist es, der das Weltgeschehen beeinflußt, der Hoffnung und Trauer schickt und die Menschen erlöst. Er ist nicht allein, sondern von Mächten umgeben: von der Sonne, von Engeln oder von den erlösten Menschen. Das Kreuz spielt in Theresas Vorstellung eine wichtige Rolle. Auf dem zweiten Bild hat Gott/Jesus das Kreuz vielfach auf dem Gewand, es kennzeichnet ihn als Gekreuzigten und Gott. Im dritten Bild ist die Kreuzestheologie weiter ausgebaut. Das Kreuz bekommt eine differenzierte Bedeutung als Brücke der Menschen zu Gott. Hier zeigt sich, wie Theresa anfängt, sich gesellschaftlich bzw. kirchlich geteilte theologische Aussagen von der Erlösung der Welt durch Gott anzueignen und in ihre subjektive religiöse Vorstellungswelt, die sich um das mächtige Handeln Gottes in der Welt dreht, einzubauen.

5.5 Bettina – Gott als Inbegriff des Guten

Bettina beschäftigt über Jahre hinweg die Frage nach dem Guten und Bösen, Krieg und Frieden. Für sie ist Gott der Inbegriff des Guten und

des Friedens. Wichtig ist ihr die Liebe und der Friedenswille Gottes, Eigenschaften, die sie im ihrem ersten Bild (Abb. 1) und auch ein Jahr später (Abb. 14) explizit thematisiert. Gott steht für das Gute, bringt die Schönheit der Schöpfung hervor und hat eine liebevolle und schützende Beziehung zur ihr. Ihre Gottesvorstellung verbindet Bettina mit konkreten Erfahrungen und Beobachtungen: mit der Schönheit und dem Wachstum der Natur, mit Himmelserscheinungen wie dem roten Abendhimmel, bei dem sie sich vorstellt, Gott „verstreut" seine Liebe, mit einer konkreten Erfahrung, als sie auf einer Wiese sitzt und lange in den Himmel schaut, mit der moralischen Stimme in ihr, die sie mahnt, aufzuhören zu streiten. Sie hat die Vorstellung, daß Gott seine Qualitäten verteilt, wie die Liebe, die er am Abendhimmel „verstreut", wie der Blütenstaub einer Blume, der sich „verteilt" oder wie die „Brocken", die sich „verteilen" und über Luft und Nahrung aufgenommen werden.
Bettina beschäftigt die Frage, wie Gott in der Welt wirkt und woher das Böse kommt. Sie vermutet Mächte, die um die Welt streiten (Abb. 14). Dabei glaubt sie nicht, daß Gott direkt in der Welt handelt, sie vermutet eher, daß die Menschen Anteile des Guten und Bösen in sich haben und Gottes Wille durch das Handeln der Menschen geschieht. Das Böse bringt sie mit Streit, Krieg und der Zerstörung der Schöpfung in Zusammenhang.
Durchgängig malt Bettina Gott sehr sorgfältig und detailliert in menschlicher Gestalt, als Mann oder Frau. Das bedeutet aber nicht, daß sie eine naive Gottesvorstellung hätte. In ihren verbalen Äußerungen wird deutlich, daß für sie Gott vielfältiger ist, daß Gott überall ist und letztlich nicht vorstellbar und darstellbar ist. Durch ihre detaillierte menschliche Darstellung muß sie sich für ein Geschlecht entscheiden, das sie Gott zuweist. Dadurch wird sie stärker als die anderen Mädchen mit dieser Frage konfrontiert. Es liegt zwar nahe, Gott gemäß der Konvention als Mann zu malen. In zwei Bildern problematisiert Bettina allerdings die Männlichkeit Gottes. Im ersten Jahr korrigiert sie ihre männliche Darstellung (Abb. 1) durch eine weibliche (Abb. 8) und karikiert sie schließlich durch eine klischeehafte Darstellung Gottes als „Mann mit Bart auf einer Wolke". Ein Jahr später (Abb. 14) stellt sie Gott in Gestalt einer Frau als Prinzip des Guten, Friedliebenden, Schöpferischen und Behütenden einer bösen Macht in Gestalt eines Mannes als Prinzip des Bösen, Kriegerischen und Zerstörerischen gegenüber. Doch nie benennt

sie ihre weibliche Gottesdarstellung als Frau, sondern weicht in beiden Jahren in Erklärungen aus, daß Menschen früher eben anders ausgesehen hätten. Im letzten Mal-Interview malt sie wieder ein stark männlich attribuiertes Bild (Abb. 17), das an ihr erstes Bild erinnert.
Bettina denkt stark in Analogien, die zum Teil auch mit Kausalschlüssen verbunden sind: So wie / weil die (himmlische) Blume immer weiter wächst, wächst auch das Gute in der Welt. So wie / weil der Regenbogen nur manchmal da ist, ist in der Welt auch nicht immer Gutes. Ihr analoges Denken ist vielleicht auch der Grund dafür, daß sich Bettina nicht wie die anderen Mädchen darum bemüht, ihre menschliche Darstellung Gottes zu verfremden: Es ist ihr ganz selbstverständlich, daß sie Gott nicht abbildet, sondern eine Analogie herstellt.

Dritter Teil

Ergebnisse und Diskussion

In diesem Kapitel werde ich die Ergebnisse der vergleichenden Analyse der Bilder und Gespräche meiner Untersuchung zusammenfassen und mit den vorliegenden Ergebnissen aus anderen empirischen Studien zu Gottesvorstellungen in Kinderbildern vergleichen und diskutieren. Hierzu bietet sich aufgrund des breiten Datenmaterials besonders die große Bilderstudie von Hanisch (1996) an. Die qualitative Studie von Arnold/Hanisch/Orth (1997) und Orth/Hanisch (1998) sind deshalb weniger aussagekräftig, weil sie zwar von Bildern ausgehen, diese dann aber in der Auswertung kaum eine Rolle spielen.

1 Gott und die Schöpfung

1.1 Himmelserscheinungen und Naturerscheinungen

Gott wird in den Bildern der Mädchen in meiner Untersuchung wie auch in Bildern anderer Studien häufig mit Himmels- und Lichterscheinungen in Zusammenhang gebracht. Wichtig sind vor allem die Sonne, Lichtphänomene wie Strahlen, Helligkeit und Farben, die Luft und ihre Durchsichtigkeit, sowie Wolken, Mond, Sterne, Blitz, Donner, Regen und Regenbogen. Rita malt Gott als „Schimmer" am Himmel (Abb. 18) oder als Gestalt, durch die der Himmel hindurch scheint (Abb. 4). Häufig wird auch die Sonne und ihre Strahlen mit Gott in Verbindung gebracht, wie auf Theresas Bild (Abb. 2).
Viele Kinder betonen, daß Gott „schwebt" und im Himmel ist, was sie mit vielerlei zeichnerischen Mitteln zum Ausdruck bringen: durch Flügel, durch das Fehlen von Beinen, durch Wolken, einen blauen Hintergrund u.a. Hinweise auf die alltagsweltliche Rede von „Gott im Himmel", auf die kulturelle Stereotype des Gottes auf einer Wolke und das sehr frühe Auftauchen der Sonne in der Entwicklung des Malens bei Kindern genügen nicht, um die Bedeutung des signifikanten Zusam-

menhangs von Gott und Himmelsphänomenen in den Bildern zu erfassen. Vielmehr scheint dieser Zusammenhang auf die Erfahrungswelt der Kinder zurückzugehen und auf Strukturen der religiösen Erfahrung zu verweisen. Ich möchte hier also nicht, wie Reto Luzius Fetz (1986) in seiner strukturgenetischen Untersuchung zur Entwicklung der Himmelssymbolik, der kognitiven Entwicklung der Kinder nachgehen, obwohl das Datenmaterial auch hierfür Anhaltspunkte gibt, sondern es geht mir um das Wahrnehmen und Verstehen der religiösen Erfahrungswelt der Kinder.

Die grundsätzliche Unterscheidung zwischen Erde und Himmel, unten und oben, ist aufgrund der Schwerkraft eine anthropologische Grundkonstante der Orientierung. Sie dürfte die Erfahrung und Vorstellungswelt der Menschen fundamental bestimmen. Während die Erde gegenständlich, greifbar, räumlich und zeitlich begrenzt und zumindest prinzipiell der Verfügungsgewalt der Menschen zugänglich ist, sind Himmelserscheinungen zwar real und erfahrbar, aber nicht greifbar. Erscheinungen wie Wind, Luft, Licht, Strahlen und Wärme sind nicht gegenständlich und doch in ihren Wirkungen erfahrbar. Sie sind bewegt, doch der Ursprung der Bewegung bleibt verborgen. Sie werden von den Kindern nicht nur als lebensnotwendig gewußt, sondern auch als lebensnotwendig, schön und beglückend erfahren. Die Unbegrenztheit von Raum und Zeit verweist auf Unendlichkeit. Die Phänomene des Himmels regen zum Staunen an, sie sprengen die Dimensionen des Weltlichen. Sie geben Anlaß zu religiösen Fragen nach der Herkunft der Schöpfung, nach Werden und Vergehen und nach der Ewigkeit. Sie relativieren die Dimensionen, das Geschehen und die Handlungsmacht „auf der Erde", indem sie einen Horizont anderer Dimensionen aufspannen. Das deutsche Wort „Himmel" hat zudem noch eine zweite Bedeutung: es verweist auf die ewige Glückseligkeit bei Gott, auf das endzeitliche Paradies.

Die Himmelsphänomene eignen sich für eine Vorstellung und Darstellung des Göttlichen, das alle Vorstellungen übersteigt, das unendlich ist, nicht gegenständlich und nicht sichtbar, der menschlichen Verfügungsgewalt entzogen, aber doch real und erfahrbar. Dabei werden die Himmelserscheinungen von den Kindern wohl nicht bewußt als „gute Vergleiche" gewählt, um Gott auszudrücken. Vielmehr weist die in den Bildern zum Ausdruck gebrachte Verbindung von Gott mit Himmels- und Naturphänomenen auf eine religiöse Erfahrungswelt der Kinder hin. Sie beobachten den Himmel und die Natur und deuten deren Erscheinungen auf Gott hin. *In* diesen Erscheinungen wird Gott erfahren, und in ihnen bricht die Frage nach Gottes Sein und Handeln auf. Sie gehören zur religiösen Erfahrungswelt von Kindern, so daß die Frage nach Gott und seiner Darstellung sie veranlaßt, Gott in Verbindung mit oder in Gestalt von solchen Erscheinungen zum Ausdruck zu bringen.

Solche Spuren von religiöser Erfahrung und Deutung finden sich in Bettinas Bild von Gott im roten Abendhimmel (Abb. 1), zu dem sie erläutert, sie denke beim Anblick des Himmels manchmal, da verstreut Gott seine Liebe. Bettina deutet ihr staunendes Erleben des Abendhimmels religiös und macht sich den abstrakten Begriff Liebe, der Gott von der christlichen Tradition zugeschrieben wird, im Erleben des Himmels erfahrbar und vorstellbar. Diese Verbindung zwischen dem Erleben und religiösen Deuten hinterläßt schließlich ihre Spuren in ihrem Bild von Gott. Eine ähnliche Spur findet sich in Ritas Bild von der Schöpfungsgeschichte, in dem sie Gott als einen roten Schimmer am Himmel, „der einfach auftaucht", malt (Abb. 18). Diese Darstellung findet spontan Bettinas zustimmende Bewunderung. Auch Linda malt Gott als eine gesichtartige Erscheinung am Himmel (Abb. 15), angeregt durch Bettinas Erzählung, wie sie auf der Wiese gesessen und lange in den Himmel „gestiert" hat und auf einmal an Gott „geglaubt" hat.

Im Alter von zehn oder elf Jahren verschiebt sich oft die Darstellungsweise von der erfahrenen zur gewußten Wirklichkeit (vgl. auch Fetz 1986). Die Erde wird nun auf vielen Bildern zum Planeten, und der Himmel weitet sich zum Kosmos, der die Welt umfängt (vgl. Abb. 14 und 15). Es gibt verschiedene Mischformen von erfahrener und gewußter Wirklichkeit. So wird häufig die „Oben-unten-Perspektive" beibehalten, auch wenn die Welt als Planet gemalt wird (Abb. 15). Doch der Unterschied zwischen Himmel und Kosmos ist letztlich nur ein gradueller. Wie früher der Himmel, verweist nun der Kosmos auf Gott.

1.2 Die Unsichtbarkeit und Unvorstellbarkeit Gottes und das Problem der Darstellung

Die Mädchen lokalisieren Gott auch deshalb in der Luft, im Himmel oder Kosmos, um seine Allgegenwart auszudrücken. An verschiedenen

Stellen im Gespräch äußern sie ihre Überzeugung, daß Gott „überall", „überall drin", „überall bei uns" oder „in der Seele" sei. Die Kinder geraten in einen Widerspruch, wenn sie das, was nicht sichtbar ist, bildlich sichtbar darstellen sollen. Wenn das Göttliche überall oder unsichtbar ist, kann man es nicht abbilden. Große Mühe verwenden einige Kinder deshalb darauf, Gottes Unsichtbarkeit auf besondere Weise zum Ausdruck zu bringen. Die Unsichtbarkeit hat ihre Entsprechung in der Erfahrung von Durchsichtigkeit: Aus der Unsichtbarkeit wird Durchsichtigkeit. Rita drückt Unsichtbarkeit durch die Darstellung Gottes als Geist mit weichen, wolkigen Konturen aus, der die gleiche Farbe wie der Himmel hat bzw. durch den der Himmel hindurch scheint (Abb. 4). Theresa malt die unbedeckten „Körperteile" Gottes in der Farbe des Hintergrundes (Abb. 2 und 13). Gabriele zeichnet Gott als eine weiße Gestalt auf weißes Papier, was tatsächlich für das Auge kaum sichtbar ist, umgeben vom Blau der Luft oder des Himmels (Abb. 20). Sie hat offenbar eine ähnliche Assoziation wie Bettina sie zwei Jahre zuvor hat, die das Malen Gottes mit dem Malen von Schnee auf weißem Papier vergleicht. In zwei anderen Bildern malt Gabriele Gott vor blauem Hintergrund als eine gelbe undifferenzierte Erscheinung, die sie auch „lichte Gestalt" nennt. (Abb. 5 und 16). Ihre Beziehung zu Gott ist ein „Geheimnis", wie sie sagt, über das sie nichts erzählen kann oder möchte.
Die Bilder und Äußerungen zeigen deutlich, daß die Kinder ein Bewußtsein davon haben, daß Gott nicht darstellbar ist und jede Vorstellung übersteigt. Doch dieses Bewußtsein hindert sie nicht, Gott zum Teil auch sehr konkret zu malen. Sie halten ihre Darstellung nicht für ein Abbild Gottes. Am deutlichsten wird der Unterschied zwischen der Vorstellung bzw. dem Problembewußtsein und der Darstellung von Gott bei Bettina. Gleich zu Beginn des ersten Mal-Interviews weigert sie sich, mit dem Malen anzufangen und ruft: „Gott kann man sich nicht vorstellen! Gott ist alles. Da kann ich genauso den Schnee malen." Doch gerade sie malt über alle Jahre hinweg sehr differenzierte und konkrete Bilder von Gott als einem Menschen. Im zweiten Mal-Interview zeigt sie ihr differenziertes Bewußtsein in der Bemerkung: „Ich würde mal gerne wissen, was Gott eigentlich wirklich ist, aber ich glaube, das weiß keiner. Weil es hat ihn ja noch keiner gesehen. Man weiß das ja nur aus der Bibel so", und Theresa, die Gott ebenfalls auf allen ihren Bildern sehr

konkret in menschlicher Gestalt darstellt, pflichtet ihr bei: „Wie man den sich vorstellen kann...“.

1.3 Gott als Schöpfer und Beschützer der Welt

In den Bildern und Äußerungen der Mädchen finden sich Spuren, daß die Erfahrung der Natur und ihrer Gefährdung und die Frage nach der Herkunft der Schöpfung eine Quelle ihres religiösen Nachdenkens ist. Linda stellt Gott als Blume dar (Abb. 12) und assoziiert damit nicht nur, daß Gott die Blumen und Tiere erschafft, sondern auch Gottes eigene Lebendigkeit, die sich in der Beziehung zu Sonne, Wärme und Licht ausdrückt. Ihr ist es wichtig zum Ausdruck zu bringen, daß Gott in einer reziproken Beziehung zur Schöpfung steht.

In Ritas religiösen Vorstellungen hat der Schöpfergott kosmische Dimensionen. Ihr erstes Bild (Abb. 4), auf dem sie die Unsichtbarkeit Gottes thematisiert, korrigiert oder präzisiert sie durch ein zweites Bild, auf dem sie Gott als Schöpfer des Universums, von Farben und Formen sowie von Himmelserscheinungen darstellt (Abb. 6). Ein Jahr später malt sie Gott als Schöpfer und Mittelpunkt von allem, von Farben, Raum und Zeit, als Ursprung des Kommens und Gehens der Menschen sowie des Guten und Bösen überhaupt (Abb. 10). Wiederum ein Jahr später verbindet sie ihre Schöpfungsvorstellung mit der biblischen Schöpfungsgeschichte und betont Gottes positive Bewertung der Schöpfung (Abb. 18).

Auch Bettinas Bilder und Äußerungen thematisieren die Schöpfung. Besonders in ihrem Bild aus dem zweiten Mal-Interview (Abb. 14) macht sie Gottes Sorge um die Schöpfung deutlich. Sie betont, daß Gott die Welt „schön” hervorgebracht hat und deshalb auch um sie kämpft. Im Gespräch vor dem zweiten Mal-Interview führt sie die Schöpfung als Existenzbeweis für den unsichtbaren Gott an: ”Ja weil Gott, der läßt sich ja eigentlich nie zeigen, weil die meisten, also viele eher, die denken ja zum Beispiel, also das gäb’s nicht, oder die Erde, die hätte er nicht geschaffen und so, aber ich glaub das schon, weil er macht ja alles, und woher soll das alles gekommen sein.” Den Aspekt der Zerstörung der Schöpfung thematisiert sie auf dem gleichen Bild. Auch in anderen empirischen Studien gibt es Belege, daß die Kinder die Schönheit der

Schöpfung sowie ihre die Zerstörung mit der Frage nach Gott in Verbindung bringen (vgl. z.B. Arnold/Hanisch/Orth 1997, 84).

1.4 Gottes Wirken in der Welt

In den Bildern wie auch in den Gesprächen wird deutlich, wie sehr die Mädchen die Frage nach dem Wirken Gottes in der Welt und in ihrem Leben beschäftigt. Meine Frage aus der Erwachsenenperspektive im zweiten Mal-Interview nach ihrer eigenen Beziehung zu Gott interessiert sie wenig, vielmehr kehren sie die Frage bald um: Wie handelt Gott in der Welt? Woher kommen Krieg und Streit? Kann ich Gott um gute Noten bitten? Was nützt das, wie verhält sich Gott? Diese Fragen werden recht unterschiedlich gestellt und bearbeitet. Rita bringt eine ganzheitliche ontologische Auffassung zum Ausdruck (Abb. 10): Gott ist Ursprung und Ziel der guten und bösen Menschen sowie der guten und schlechten Vorkommnisse. Er birgt das Schlechte in sich, die Toten und die Bösen, er ist zugleich Hoffnung und Schöpfer von allem Guten. Für Theresa ist der Handlungsaspekt wichtiger: Gott handelt und bewirkt das Geschehen, indem er „beschwört" (Abb. 2), indem er seine „Farben" oder seine guten und bösen Engel schickt (Abb. 13), oder indem er die Welt durch das Kreuz erlöst (Abb. 19). Bettina entwickelt eine ganz eigene Theorie, die sie im Bild teilweise darstellt (Abb. 14): Gegen Gott, Schöpfer und Beschützer seiner schönen Welt, kämpft ein Gegner, der die Welt zerstören und beherrschen will. In dem Kampf der guten und bösen Macht werden „Brocken" frei, die das Gute und Böse oder das Übel in der Welt bewirken. Für Linda steht Gott in einer reziproken Beziehung zur Schöpfung (Abb. 12). Das Göttliche bringt die Schöpfung, Pflanzen und Tiere hervor, es wohnt im Körper eines jeden Menschen, doch ist es nicht autonom, sondern steht in einer lebensnotwendigen reziproken Beziehung zur Schöpfung.

2 Gott ist Person und anders

2.1 Gott ist Person

Die Mädchen stellen Gott in ihren Bildern bis auf zwei Ausnahmen in personaler Gestalt dar. Das mag nicht unbedingt an der Unfähigkeit zum abstrakten oder symbolischen Denken liegen, sondern daran, daß die Mädchen eine lebendige Gottesbeziehung haben. Besonders in den Gesprächen, aber auch in den Bildern der Mädchen wird deutlich, wie selbstverständlich und fraglos ihnen ihre Beziehung zu Gott ist. Diskussionswürdig ist ihnen umgekehrt die Beziehung Gottes zu ihnen und zur Welt. Sie beziehen Gott in ihre alltäglichen Probleme mit ein und denken an Gott bei Klassenarbeiten, bei einem Streit, abends vor dem Einschlafen, beim Erleben eines Verkehrsunfalls oder beim Staunen über Naturphänomene. Gott ist für sie ein Subjekt, das ihre Gespräche und Bitten hört, das sie beim Malen beobachtet, das am Weltgeschehen interessiert teilnimmt (Abb. 15) und sich um die Welt sorgt (Abb. 14), das wirkmächtig ist und handelt (Abb. 2, 13), das Eigenschaften wie Liebe, Hoffnung, Friedensliebe hat, die es den Menschen mitteilt (Abb. 1, 10, 13, 14), und das selbst zu einer reziproken Beziehung fähig ist (Abb. 12). Wenn die Ich-Du-Beziehung zu Gott am adäquatesten in einer personalen Vorstellung repräsentiert werden kann (vgl. Kap. I.4.2), dann scheint auch eine personale Darstellungsweise Gottes nahezuliegen.

2.2 Gott ist anders

Obwohl die Mädchen unbefangen Gott als Person malen und dies in ihren Erläuterungen auch nicht für erklärungsbedürftig halten, ist zugleich ein großes Bemühen festzustellen, durch unterschiedliche Techniken und Attribute auszudrücken, daß Gott „anders" ist, daß er zwar Person, aber kein Mensch ist. Der Anthropomorphismus der Darstellung Gottes wird dadurch gerade gebrochen. Ich möchte einige dieser Techniken aufzählen.

Ein häufig verwendetes Attribut, um Gott als „anders" darzustellen, ist das „*Gewand*"[40]. Es unterscheidet Gott von dem alltäglichen Menschen. Es wird zum einen in Zusammenhang gebracht mit „den Menschen früher" (Bettina). Damit wird eine assoziative Verbindung zu Jesus als Gott hergestellt und zugleich auf religiöse Wissensbestände und Darstellungen in Kirchen, Religionsbüchern etc. rekurriert. Zum anderen wird eine assoziative Verbindung zum priesterlichen Gewand hergestellt (Abb. 3).
Ein weiteres Stilmittel ist die Betonung, daß *Gott schwebt*. Dies kann dadurch zum Ausdruck gebracht werden, daß Gott ohne Boden, in Distanz zur Erde oder im Himmel (oft nur durch blaue Farbe angedeutet) dargestellt wird, aber auch dadurch, daß keine Beine und Füße gemalt werden. So problematisieren Theresa und Rita in einem kurzen Dialog im zweiten Mal-Interview die Frage nach den fehlenden Beinen. Beide entscheiden ganz bewußt, keine Beine zu malen (vgl. Abb. 10 und 13). Auch Lindas (Abb. 3) und Gabrieles (Abb. 5 und 16) Gottesdarstellungen schweben ohne Beine.
Häufig wird auch *auf körperliche Details verzichtet*. Dies wird besonders in Gabrieles Bildern deutlich, in denen sie nur schemenhafte Gestalten von Gott malt (Abb. 5 und 16). Rita malt Gott als eine Gestalt ohne Arme und Beine (Abb. 10). Im Zusammenhang des flächigen und symbolischen Entwurfs des Bildes und der symbolischen Erklärung Ritas erschließt sich die Darstellung trotz der Menschengestalt als eine symbolische und abstrakte Konzeption. Linda verzichtet in ihrem Bild von Gott als Gesicht (Abb. 15) ganz auf den Körper und stellt nur ein Gesicht in flüchtig gemalten Umrissen dar. Die etwas schiefe, flüchtige Darstellungsweise des Gesichts bildet einen merkwürdigen Kontrast zu der sorgfältig gemalten Weltkugel. Die Verzerrung der Gottesdarstellung ist nicht auf mangelnde zeichnerische Fähigkeiten zurückzuführen, sondern hat ihre Ursache in einer bewußten Konzeption.
Der Versuch, die Andersartigkeit Gottes auszudrücken, wird auch in der *Wortwahl* deutlich, mit der die Mädchen ihre Bilder beschreiben. Es werden manchmal Wörter benutzt oder auch erfunden, die in der Umgangssprache der Kinder nicht vorkommen. So sagt und schreibt Rita,

---

[40] In der Studie von Hanisch 1996, in der sehr viele Attribute Gottes in Kinderbildern statistisch ausgewertet werden, ist das „Gewand" merkwürdiger Weise keine eigene Kategorie.

daß Gott die Welt „erschöpft" (Abb. 6), was von den anderen Kindern fraglos aufgegriffen und weiter verwendet wird. „Erschöpft" ist eine Neubildung aus den Wörtern „Schöpfer" und „erschaffen"; beide Wörter lassen sich der religiösen Sprache zuordnen und kommen in der Alltagssprache der Kinder wohl kaum vor. Rita gibt dem Handeln Gottes auf diese Weise eine religiöse Konnotation und unterscheidet es vom Handeln von Menschen, für das das Wort „geschaffen" üblich ist. Bettina betont den Bart der Gottesdarstellung auf ihrem Bild und sagt, er sei „gewuchsen", weil Gott schon so unendlich alt sei. Gabriele stellt sich Gott als „lichte Gestalt" vor, oder Theresa betont das wirkmächtige Handeln Gottes, als sie sagt, Gott „beschwört", wie die Menschen handeln sollen.

2.3 Anfragen an vorliegende empirische Studien

Aus diesem Befund ergeben sich zwei Anfragen an vorliegende empirischen Studien zu Gottesbildern von Kindern: einmal an die Angemessenheit der aus kognitiven Entwicklungstheorien entlehnten Kategorien „anthropomorph" und „symbolisch" zur Kategorisierung von gemalten Gottesbildern und zum anderen an die daraus folgende Beurteilung der religiösen Reife.

In einigen Untersuchungen ist die Unterscheidung zwischen symbolischer und anthropomorpher Darstellung eine grundlegende Kategorie zur Einschätzung von Kinderbildern (vgl. Bucher 1994, Hanisch 1996). Hanisch verwendet diese Kategorien sogar als zentrale Achse zur Auswertung seiner empirischen Untersuchung.[41] Unter der Kategorie „an-

[41] Problematisch scheint mir auch Hanischs Definition von anthropomorph und symbolisch zu sein. Unter anthropomorph zählt Hanisch Bilder, „auf denen die Gottesdarstellung deutliche menschliche oder menschenähnliche Züge aufweist" (Hanisch 1996, 32). Dazu rechnet er auch Geistdarstellungen. Unter symbolisch zählt er alle Bilder, „die keine menschliche oder menschenähnliche Gestalt erkennen lassen" (ebd.). Zu den symbolischen Bildern rechnet Hanisch jedoch auch Darstellungen Gottes im Rückgriff auf biblische Geschichten wie die Geburtsgeschichte Jesu oder Gott als Hirte. Warum aber ist die Darstellung eines Geistes anthropomorpher als eine von Jesus, von dem das Christentum bekennt, daß Gott in ihm Mensch geworden

thropomorphe Gottesbilder“ sucht er allerdings nach der Menschenähnlichkeit und übersieht die Mühe, die Kinder darauf verwenden auszudrücken, daß Gott gerade anders als ein Mensch ist. Im Hinblick auf dieses Bemühen der Kinder, gerade einen Unterschied zwischen Gott und Mensch darzustellen, ist zu fragen, ob die Begriffe „anthropomorph” und „symbolisch“ überhaupt angemessene Kategorien sind, um die Vorstellungen und Aussagen der Kinder theoretisch zu fassen. Die Kategorie „anthropomorph” geht m.E. an der Intention der Kinder vorbei. Gerade die Andersartigkeit Gottes scheint konstitutiv für die meisten Gottesbilder der Kinder zu sein. Für mein Dafürhalten ist es angemessener, von personalen und nicht-personalen Gottesbildern zu sprechen.
Bei der genauen Analyse der Bilder zeigt sich zudem, daß in einigen Bildern konkrete und abstrakte oder symbolische Elemente gemischt sind (Abb. 10, 13, 14, 15, 19) und sich oft erst in der Erklärung des Kindes zu seinem Bild zeigt, ob ein Darstellungsgegenstand eine konkrete oder symbolische Bedeutung hat. Deshalb ist eine Trennung von Bildern nach „anthropozentrischen“ und „symbolischen“ Inhalten, wie sie Hanisch (1996) vorgenommen hat, ohnehin fragwürdig.
Die beobachteten Entfremdungseffekte in der Gottesdarstellung drängen weiter die Frage auf, ob aus psychologischen oder kognitiven Entwicklungstheorien entlehnte Kategorien einen geeigneten theoretischen Rahmen abgeben, um gemalte Bilder von Gott richtig zu verstehen und die „zeichnerische Entwicklung des Gottesbildes“ (Hanisch 1996) zu untersuchen. Denn gerade die Darstellung Gottes scheint sich den Kategorien der strukturgenetischen Theorien zu sperren. Ein Beispiel dafür ist ein Bild, das Linda mit fast 13 Jahren malt (Abb. 15): Sie stellt die Welt sorgfältig als Weltkugel dar, was auf eine bestimmte kognitive und motorische Entwicklung hinweist, malt Gott aber scheinbar ungelenk als ein schemenhaftes Gesicht, das an die Darstellung eines Kindergartenkindes erinnert. Wenn bewußte Verfremdungen wie das Fehlen von Beinen und Armen, von Details, Verzerrungen von Körperproportionen, flüchtige Darstellungsweisen etc. von Kindern als Stilmittel eingesetzt werden, um Gottes Andersartigkeit auszudrücken, dann eignen sich die-

---

ist und daß er wirklich gelebt hat? In anderen Untersuchungen wird die scheinbar griffige Unterscheidung nicht definiert.

se Indizien nicht für die Zuordnung zu einer bestimmten Entwicklungsstufe.

Ebensowenig kann eine personale Darstellung Gottes nicht als mangelnde Fähigkeit zum abstrakten Denken, eine naive Religiosität oder ein „märchenhaft geprägte(s) Gottesbild" (Hanisch 1996, 228) interpretiert werden. Als Beispiele können Bettinas Bilder angeführt werden. Sie stellt Gott am differenziertesten von allen Mädchen in menschlicher Gestalt dar (Abb. 1, 8, 9, 14, 17). Doch diese Bilder haben nichts mit religiöser Unreife oder Naivität zu tun. Bettina zeigt von Anfang an ein differenziertes Bewußtsein von der Unvorstellbarkeit Gottes. Sie erzählt von Erfahrungen, die sie auf Gott hin reflektiert und legt eine eigene durchdachte Theologie vor. Die Vorstellungen von Gott dürfen nicht nur als Ausdruck einer Stufe kognitiver Entwicklung verstanden werden, sondern sie müssen auch als Ausdruck einer persönlichen Gottesbeziehung begriffen werden, für die sich die personale Darstellungsweise als besonders adäquat anbietet (vgl. I.4.2).

Die Gottesvorstellung und -darstellung entzieht sich der strukturgenetischen Theorie, nach der es eine Entwicklung von einer personalen zu einer nicht-personalen Vorstellung geben müßte.[42] Ein symbolisches Gottesbild kann nicht als Ausdruck größerer religiöser Reife eingeschätzt werden als ein personales. Linda kehrt ein Jahr, nachdem sie Gott nicht-personal dargestellt hat (Abb. 12), wieder zu einer personalen Darstellungsweise zurück (Abb. 15), was nicht als Regression gewertet werden kann.

Aufgrund der geistigen Entwicklung nimmt aber die Vielfalt von Möglichkeiten zu, sich Gott vorzustellen und Gott darzustellen. Symbolische bzw. nicht-personale Darstellungen Gottes können auch Ausdruck von aufkommenden Zweifeln an der Existenz Gottes sein, sie können die Weigerung ausdrücken, sich auf die Vorstellung und das Malen des eigenen Gottesbildes einzulassen, oder sie können Ausdruck der Kritik an gesellschaftlich oder kirchlich tradierten Gottesbildklischees sein.

---

[42] In der Untersuchung von Kay Petersen zu persönlichen Gottesvorstellungen drückten auch Erwachsene Gott sehr häufig in personalen Metaphern und Bildern aus (Petersen 1993, 119). Und auch die Kunst stellte und stellt bis in unsere heutige hoch rationale und abstrakte Kultur hinein Gott häufig personal und mit einem menschlichen Gesicht dar.

Um Entwicklungen, Entfaltungen und Veränderungen der Religiosität bei Kindern zu untersuchen, könnte nach den Möglichkeiten geforscht werden, die Andersartigkeit Gottes darzustellen, die sich mit dem fortschreitenden Alter ergeben. Es wäre interessant, die Ausdrucksmittel weiter zu untersuchen, durch die die Kinder in verschiedenen Altersstufen die Eigenart und Andersartigkeit Gottes gestalten. Dadurch werden die für die Beschreibung kindlicher Gottesvorstellungen problematischen Kategorien „anthropomorph“ und „symbolisch” überwunden und es wird ein Zugang zu den differenzierten Vorstellungswelten von Kindern gewonnen.

3 Gott in männlicher, weiblicher und nicht-personaler Darstellung

3.1 Gott als Mann

All die Mühe, die die Kinder darauf verwenden, Gott zwar personal, aber „anders” als einen Menschen darzustellen, tangiert offenbar nicht die Männlichkeit Gottes. Im Gegenteil: Der Bart dient geradezu als Kennzeichnung Gottes. So malt Rita Gott als Geist, um Gottes Unsichtbarkeit zu betonen, malt diesem Geist jedoch einen Bart (Abb. 4).[43] Dies entspricht nicht der kindlichen Geistvorstellung, was aus Gabrieles Einwand sichtbar wird. Rita vermeidet eine menschliche Darstellung, kennzeichnet Gott aber trotzdem als Mann. Die Tendenz, die Männlichkeit Gottes durch einen Bart zum Ausdruck zu bringen, ist auch in anderen empirischen Studien belegt. Mehr als die Hälfte aller Kinder in der Studie von Hanisch (1996) malt Gott mit Bart.[44]

---

[43] Ein Geist mit Bart ist auch in der Studie von Schreiner/Thomas (2000) dargestellt sowie bei Arnold/Hanisch/Orth 1997, 28.

[44] Es mag sein, daß mit dem Bart häufig auch eine temporale Attribuierung verbunden ist. Darauf weist z.B. Bettinas Erläuterung zu ihrem Bild (Abb. 1) hin, dieser Bart sei ‚gewuchsen‘, weil Gott schon so unendlich alt sei (vgl. hierzu auch Hanisch 1996, 42). Der Bart kennzeichnet Gott aber immer auch als Mann. – Frau A. befragte Rita und Bettina einige Zeit nach dem dritten Mal-Interview, was ihnen zu „Bart“ einfällt. Spontan antworteten sie:

Kultur- und religionsgeschichtlich ist die enge Verbindung von Gott und Mann durchaus nicht verwunderlich und leicht erklärbar, da in der Rede von Gott in Bibel und Tradition, im Glaubensbekenntnis und in der darstellenden Kunst Gott fast immer als Mann, als Vater, Sohn, Herrscher, König u.a. zum Ausdruck gebracht und so auch den Kindern vermittelt wird. Die Männlichkeit Gottes, gekennzeichnet durch einen Bart, gehört zudem zur kulturellen Stereotype von Gott: Gott als ein alter Mann mit Bart auf einer Wolke. Dies kommt auch in der Persiflage von Gott zum Ausdruck (Abb. 9), die Bettina nach ihrer Auseinandersetzung um die Darstellung Gottes als Mann (Abb. 1) oder Frau (Abb. 8) fabriziert. Sowohl in der tradierten religiösen Vorstellungswelt als auch in kulturell vorherrschenden Stereotypen von Gott ist die Person Gottes nicht nur mit dem Mann-Sein untrennbar verbunden, der Bart als Symbol für Männlichkeit dient förmlich dazu, die Gestalt *als Gott* zu kennzeichnen. In Hanischs Untersuchung steht der Bart unter verschiedenen Attribuierungen Gottes in der statistischen Häufigkeit an erster Stelle, „um Gott als überirdisches oder göttliches Wesen ... kenntlich zu machen" und „um Gott als Gott darzustellen" (Hanisch 1996, 41; vgl. 41-63). Damit wird eine Verbindung zwischen Männlichkeit und Göttlichkeit hergestellt. Die Männlichkeit ist ein notwendiges Attribut Gottes. Das Bild einer Frau hingegen eignet sich nicht, Gott darzustellen. Gesa Daniel beschreibt folgende Beobachtung während des Malprozesses: „Mehrfach wurden ‚mißglückte' Zeichenversuche mit Worten wie ‚Oh nein, der sieht ja wie eine Frau aus!' kommentiert und ausradiert." (Daniel 1997, 254). Monika Bertram, die im Rahmen eines Seminars mit einer Berliner Gruppe von Kindern im Alter von ca. 11 bis 12 Jahren Gottesvorstellungen malte, gibt in ihrer Seminararbeit folgenden Dialog wieder: „Gloria: 'Mann, jetzt sieht Gott schon wieder aus wie eine Frau!' M. B.: ‚Warum kann Gott denn nicht aussehen wie eine Frau?' Kurzes Schweigen. Gloria: ‚Es heißt doch DER Gott.' Anita: ‚Und er ist doch der Vater von Jesus.'" (Bertram 1999). Die Kinder führen hier zwei Gründe für die Männlichkeit Gottes an: die sprachlich ausschließlich maskuline

---

„Mann". Sie fragte sie weiter, warum sie Gott mit einem Bart gemalt hätten. Bettina: „Ach, so ein Bart, ja, alt, lang nicht rasiert, sieht nicht wie ein normaler Mensch aus, normale Menschen haben höchstens einen kurzen Bart, ist etwas Besonderes, früher hatten die Menschen öfter so Bärte, klug." Rita: „Älter als der Papa, ein Mann auf jeden Fall".

Verwendung des Wortes Gott und die theologische Rede von Gott als Vater Jesu. Tatsächlich bezeichnet der Begriff „Göttin“ nicht den christlichen Gott.
Gott wird also als unterschieden vom Menschen dargestellt, doch ist die Personalität Gottes notwendig mit der Männlichkeit verbunden, sowohl in der kindlichen Vorstellungswelt als auch in kulturellen Darstellungsweisen. Gott kann in nicht-personalen Symbolen, als Sonne, Kerze, Brot etc. dargestellt werden, nicht aber als Frau[45]. Thesenhaft zugespitzt heißt das: *Gott als Person ist nicht menschlich, aber männlich.* Das Männliche scheint sich nicht nur besser zu eignen, um das Göttliche darzustellen, es kommt dadurch auch selbst in eine besondere Nähe zum Göttlichen. „Jedesmal, wenn ein Teil der Wirklichkeit als Symbol für Gott benutzt wird, wird der Wirklichkeitsbereich, aus dem er stammt, in den Bereich des Heiligen erhoben und wird ‚theonom‘.“ (Johnson 1994, 61). Mary Daly drückt dies pointiert so aus: „Wenn Gott männlich ist, muß ... das Männliche Gott sein.“ (Daly 1986, 33).
Wenn der Zusammenhang zwischen Göttlichkeit und Männlichkeit offenbar selbstverständlich und unproblematisiert gedacht und dargestellt wird, muß gefragt werden, wie dies auf das religiöse Selbstverständnis und die Glaubensentwicklung von Mädchen und Jungen wirkt. Zu dieser Frage gibt es meines Wissens noch keine empirische Untersuchungen in der Religionspädagogik. Einige Bilder, auf denen Mädchen Gott als Frau dargestellt haben, geben hier erste Hinweise.

3.2 Gott als Frau

In der Literatur ist belegt, daß in den verschiedenen Untersuchungen keine Jungen, aber eine kleine Anzahl von Mädchen Gott in weiblicher Gestalt gemalt hat.[46] Obwohl die weiblichen Gottesbilder der Mädchen

---

[45] Zumindest ist dies nicht problemlos möglich. Zu den weiblichen Gottesdarstellungen von Mädchen vgl. den nächsten Abschnitt.

[46] Vgl. Hanisch 1996, 39f; 134-136. Hanisch gibt an, daß 28 von 1471 (1,9%) Gottesbildern aus der Studie mit religiös sozialisierten Kindern und 42 von 1187 (3,5%) aus der Studie mit nicht religiös sozialisierten Kindern Gott als Frau darstellen. Bucher (1994, 83) spricht nur von „nicht wenigen weiblichen Gottesbilder(n)”, hier fehlen aber absolute Zahlen. Der recht groben

die Forschenden offenbar fasziniert und sie immer wieder darüber berichtet haben, gibt es bislang keine schlüssige und zufriedenstellende Interpretation dieses Befundes.[47] Ich möchte dieser Frage deshalb hier ausführlicher anhand der genauen Analyse der weiblichen Gottesbilder in meiner eigenen Studie sowie der in der Literatur dokumentierten weiblichen Bilder von Gott nachgehen.
In meiner Untersuchung malt Bettina zweimal ein weibliches Gottesbild. Die Analyse dieser Bilder gibt interessante Ansatzpunkte für ein Verständnis von weiblichen Gottesbildern, ich möchte sie hier deshalb zunächst noch einmal zusammenfassen. Im Rahmen des ersten Mal-Interviews kommt Bettina meiner Bitte, ihre Vorstellung von Gott zu malen, nach einer anfänglichen Weigerung („Gott kann man sich nicht vorstellen"), zunächst in konventioneller Weise durch ein sehr männlich attribuiertes Gottesbild nach (Abb. 1). Einige Stunden später malt sie offenbar aus einer inneren Unzufriedenheit heraus unaufgefordert ein zweites Gottesbild, das genau die männliche Attribuierung korrigiert und das Gott als Frau zeigt (Abb. 8). In ihrer Erklärung verneint sie, daß die Darstellung eine Frau sei, mit Hinweis auf das Aussehen von Engeln oder der Menschen früher. Ihrer innerlichen Zerrissenheit macht sie in einem dritten Bild Luft, in dem sie zu Mitteln der Komik greift und die Normativität des geltenden Gottesbildes, Gott mit Bart und Wolke, pervertiert (Abb. 9). Ein Jahr später stellt sie Frau und Mann zusammen im Bild dar, wobei sie die Frau als Gott und Inbegriff des Guten, Schöpferi-

---

Skala ist zu entnehmen, daß ca. 18% der Mädchen und 0% der Jungen (N=343) weibliche Gottesbilder gemalt haben. In einer anderen Studie von Bucher (1991, 7) haben von 223 Kindern 17 (7,6%) Gott als Frau gemalt, vgl. Hanisch, 1996, 40. In der Untersuchung von Daniel (1997, 253) stellen drei Kinder (4%) Gott in weiblicher Gestalt dar.

47 Hanisch interpretiert die weiblichen Gottesbilder der Mädchen folgendermaßen: „In ihren Darstellungen kommt entweder der Wunsch nach Anerkennung zum Ausdruck oder sie sind Hinweis auf einen weiblichen Gott, der durch die Erfahrung des Behütet- und Versorgtseins durch die Mutter gespeist wird" (Hanisch 1996, 40f). Hanisch müßte dann aber auch die männlichen Gottesbilder der Jungen unter dem Aspekt „Wunsch nach Anerkennung" interpretieren. Doch den interessanten Aspekt, wie sich männliches Gottesbild und männliches Selbstverständnis zueinander verhalten, diskutiert er nicht. Zu fragen ist weiterhin, warum die Erfahrung des Behütetseins durch die Mutter nur Mädchen zu weiblichen Gottesbildern veranlassen sollte und nicht auch Jungen.

schen und Fürsorglichen akzentuiert und den Mann als Gegner Gottes und Inbegriff des Bösen, des Aggressiven und Zerstörerischen (Abb. 14). Auch hier begründet sie in ihrer Erläuterung wieder das weibliche Aussehen Gottes mit dem Aussehen der „Menschen früher". Um zu überprüfen, wie sie sich „Menschen früher" vorstellt, bitte ich sie später, mir ein Bild von Jesus zu malen, den sie dann eindeutig männlich mit Hose und Bart darstellt. Ein Jahr darauf malt sie Gott wieder, ähnlich ihrem ersten Bild, in eindeutig männlicher Gestalt (Abb. 17).
An diesen Befund schließen sich viele Fragen an: Warum malt von den fünf Mädchen gerade Bettina Gott auch als Frau? Warum schwankt sie zwischen männlichen und weiblichen Darstellungen hin und her? Und warum benennt sie ihre weiblichen Gestalten nicht als Frau?
Auffällig ist zunächst, daß Bettina Gott auf allen ihren Bildern am differenziertesten in menschlicher Gestalt malt. Die anderen Mädchen bemühen sich stärker um Entfremdungen der Menschengestalt. Damit ist aber Bettina wohl auch mehr als die anderen mit der Frage nach dem Geschlecht der Person Gottes konfrontiert. Sie kann dieser Frage nicht ausweichen.
Erklärungsbedürftig ist aber vor allem der Widerspruch zwischen den weiblichen Darstellungen Gottes und den ausweichenden Erklärungen. Er gibt einen Hinweis auf einen Konflikt in der religiösen Glaubenswelt des Mädchens. In der Durchsicht der vorliegenden Literatur, in der über weibliche Gottesbilder berichtet wird, findet sich der entdeckte Widerspruch bestätigt, wird aber nicht weiter erklärt oder aber unzureichend gedeutet. So schreibt Hanisch (1996, 135): „Obwohl die Zeichnungen Frauengestalten klar erkennen lassen, sprechen manche Kommentatorinnen von Gott als einem männlichen Wesen. Es könnte sein, daß nicht allen bewußt war, daß sie eine Frau anstelle eines Mannes gezeichnet hatten." Bei Gesa Daniel (1997, 279) findet sich eine in diesem Zusammenhang interessante Abbildung: Eingerahmt von einer großen Wolke kniet mit bittend erhobenen Händen eine offensichtlich weibliche Gestalt mit Flügeln vor einer stehenden weiblichen Gestalt, ebenfalls mit Flügeln, die ihr den Arm entgegenstreckt. Dieses Bild erläutert das aus Kasachstan stammende Mädchen so: „Auf meinem Bild ist links Jesus und rechts Gott. Jesus kommt von der Erde zu seinem Vater und er fragt: ‚Vater, kann ich wieder bei Dir wohnen?' Gott antwortet: ‚Natürlich mein Sohn.' Der Vater gibt ihm die Hand: ‚Komm nach Hause mein

Sohn.‘ Und beide fliegen heim” (ebd.). Eine Gottesdarstellung, die ebenfalls weibliche Züge trägt, ist auch bei Arnold/Hanisch/Orth (1997, 230) abgedruckt. Das Mädchen erläutert dazu: „Na, ich denke, ich finde, er müßte so aussehen, weil ich kann ihn mir nicht vorstellen. Ich stelle mir keinen alten Mann vor. Es steht ja auch in der Bibel, er wird nicht alt. Also, es gibt im Himmel keine Zeit. Und deswegen habe ich den so gemalt. Also nicht alt“ (ebd. 231). Dieses Mädchen grenzt sich von dem Klischee von Gott als altem Mann ab, konzentriert sich in ihrer Begründung aber dann auf die Frage des Alters und blendet die Frage des Geschlechts Gottes aus, das sie weiblich malt und männlich benennt. Eine interessante Variante, die an Bettinas Korrektur ihres ersten männlichen Gottesbildes durch ein zweites weibliches erinnert (Abb. 1, 8), ist bei Schreiner/Thomas (2000) dargestellt: Hier malt ein Mädchen zuerst einen männlichen Gott und unaufgefordert auf ein zweites Blatt eine Frau, neben die sie schreibt: „Ich bin Gott seine Frau“. Auch hier hat das Mädchen offenbar das Bedürfnis, Gott nicht in seiner absoluten Männlichkeit stehen zu lassen, und korrigiert oder ergänzt ihr Bild durch ein zweites, doch ist es ihm nicht möglich, Gott selbst als Frau zu malen und zu benennen.

In allen Beispielen ist ein Widerspruch sichtbar zwischen dem, was die Mädchen zeichnerisch zum Ausdruck bringen und ihrer rationalen Erklärung. Ich habe in der vorliegenden Literatur keinen Beleg dafür gefunden, daß ein Mädchen eine weibliche *christliche* Gottesgestalt malt und auch als Frau benennt.

Hingegen habe ich zwei Belege gefunden, in denen Mädchen eine weibliche Gottesdarstellung malen und direkt als Frau oder Göttin benennen, doch diese werden nicht in einen christlichen Zusammenhang gebracht. Beide Aussagen sind bei Hanisch dokumentiert: „Ich habe eine Göttin gemalt, weil die Welt friedlicher sein könnte, wenn Frauen regieren dürften. Außerdem machen Frauen doch die ganze Arbeit zu Hause und kümmern sich um die Kinder. Eine Indianerin habe ich gemalt, weil Indianer friedliche Menschen sind, die vom Aussterben bedroht sind.” (Hanisch 1996, 134, dazu Abb. 5 im Bildteil. Die Göttin ist eine Indianerin.) „Die ich gemalt habe, soll eine Ernte-Göttin darstellen. Sie ist mir eingefallen, weil die Ernte etwas sehr Wichtiges ist." (Hanisch 1996, 135).

Wenn einige Mädchen trotz der engen Verbindung von Gott und Mann in der christlichen Tradition Gott als Frau malen, Jungen dies jedoch nicht tun, kann dies ein Hinweis darauf sein, daß sie aus ihrem weiblichen Selbstverständnis als Mädchen und aus ihrer Gottesbeziehung heraus die männliche Darstellungsweise Gottes problematisieren und möglicherweise die Sehnsucht nach einer Gottheit haben, die ihrer weiblichen Identität und Perspektivität entspricht und die die eigene weibliche Existenz in sich birgt. Dies bringt sich zeichnerisch bei diesen Mädchen offenbar intuitiv zum Ausdruck. Allerdings ist es den Mädchen nicht möglich, diese Darstellung auch als Frau zu benennen. Darin werden die Macht internalisierter religiöser Normen, die Gott nur als Mann (Vater, Sohn, Herrscher etc.) zulassen, sowie Denkverbote sichtbar, die den Mädchen verbieten, Gott rational als Frau oder Göttin zu denken und sprachlich zu benennen. Die Mädchen geraten dadurch in einen Zwiespalt zwischen der religiösen Norm und der eigenen religiösen Erfahrung und Identität.

Eine solche Spaltung zwischen gesellschaftlichen Normen und Erwartungen und den inneren Bedürfnissen und Vorstellungen haben auch Lyn M. Brown und Carol Gilligan (1994) in ihrer qualitativen Untersuchung zur Entwicklung von Mädchen beschrieben. Sie schildern, wie Mädchen langsam merken, daß ihre Gefühle und Vorstellungen von der Welt gesellschaftlich nicht als angemessen gelten. Sie schwanken zunächst zwischen dem, was sie selbst über sich wissen und dem, was von ihnen erwartet wird. Dabei geht das Vertrauen in ihr Erfahrungswissen zugunsten dessen verloren, was gesellschaftlich adäquat erscheint. „Sie versuchen verzweifelt, nicht zu verlieren, was ihnen vom Gefühl her wesentlich erscheint – ihre Stimme, ihren Verstand, ihr Selbst. ... Sie wissen nicht, wie sie dem inneren und äußeren Druck widerstehen können – einem Druck, demzufolge sie ihr Erfahrungswissen aufgeben und sich an den Rollen und den Beziehungsgeschichten von Frauen orientieren sollen. ... Sie wissen auch nicht, ob sie das, was sie aus Erfahrung wissen, für wahr halten können, und ob andere es für wahr halten werden." (Brown/Gilligan 1994, 179). In ihrer Gespaltenheit spüren sie den Verlust ihrer eigenen Vorstellungen und Deutungen und ringen um ihre Identität.

Ein solches Ringen um die eigene religiöse Identität, ein Ringen zwischen der religiösen Norm eines männlichen und sie entfremdenden

Gottesbildes und der ihrer Gottesbeziehung entsprechenden Gewißheit, daß sie sich in Gott in allem, auch in ihrem geschlechtlichen Selbstverständnis wiederfinden können, ist auch in den Bildern der Mädchen zu spüren, die Gott als Frau malen. Doch zwischen der erlebten Gottheit und dem gedachten Gott, zwischen der Ebene der Gotteserfahrung und -beziehung und der Ebene der kognitiven Gotteskonzepte gibt es einen geschlechtlichen Bruch. Im begrifflichen Fassen dessen, was unvorstellbar und undenkbar ist, aber doch erfahren wird, kommt es zu einer einseitigen Verzerrung zwischen Erfahrung und Reflexion, weil die zur Verfügung stehende religiöse Sprache männlich genormt ist, keine weiblichen Bilder und Metaphern zur Verfügung stehen und zudem Denkverbote bestehen (vgl. I.4.2). Mädchen, die sich der christlichen Tradition nicht verbunden fühlen, können ihre Vorstellungen unbefangen in weiblichen Darstellungen von Gott repräsentieren. Bei christlich erzogenen Mädchen führt die Unmöglichkeit, sich auf Gott als ihresgleichen beziehen zu können, offenbar zu einem Ringen, das allerdings zugunsten der religiösen Norm unter Hinnahme der Selbstverleugnung ausgeht.
Dies macht die Widersprüche bei den Mädchen erklärbar, die Gott als Frau malen und über Gott als Mann reden. In ihrer unmittelbaren Erfahrung und Beziehung zu Gott scheinen sie sich an ein Du zu wenden, das ihrer eigenen, auch geschlechtlichen Wirklichkeit entspricht. Die zur Verfügung stehende Sprache läßt aber nur eine männliche Benennung zu.

3.3 Nicht-personale Gottesbilder

Wenn nun die Vorstellung eines männlichen Gottes nicht ihrer Gottesbeziehung entspricht, die religiöse Norm aber nur ein männliches personales Gottesbild zuläßt, bietet sich den Mädchen ein Ausweg in einer nicht-personalen Darstellung. Diese Lösung scheinen viele Mädchen auch vorzuziehen. Hanisch (1996, 95) stellt fest, daß im Durchschnitt aller Altersstufen die Mädchen gegenüber den Jungen signifikant mehr nicht-personale Gottesbilder malen.
Einen Einblick in die innere Auseinandersetzung um die Vorstellung Gottes, die in einer nicht-personalen Darstellung einen Ausweg findet,

geben Lindas Bilder. Während ihr erstes Bild (Abb. 3) einen männlichen Gott mit Bart und priesterlichen Attributen zeigt, von dem sie in einer späteren Zuschreibung sagt, dies sei Gott der Herrscher, setzt sie sich in ihrem zweiten Bild (Abb. 12) von dieser Darstellung ab. Sie malt Gott als Blume, die schön und „wunderbar" ist, die von einer großen Sonne beschienen wird und die in einer reziproken Beziehung zur Schöpfung steht. In diesem Bild ist Gott nicht mehr allmächtig, autonom und Herrscher, sondern das Göttliche steht in gebender und nehmender Beziehung, es selbst braucht Licht und Wärme. Linda thematisiert hier Beziehung als Voraussetzung des Lebendigen und als Inbegriff des Göttlichen. In ihm, dargestellt als Blume, kann sie sich und das, was ihr wichtig ist, ganz anders wiederfinden als in dem männlichen Herrschergott.
Das Ausweichen in nicht-personale Darstellungsweisen Gottes ist nur um den Preis möglich, daß von der personalen Nähe abstrahiert werden muß. Die Ich-Du-Beziehung, die nur in einem Verhältnis zwischen Personen erfahren wird (vgl. I.4.2), findet ihren adäquaten Ausdruck in personalen Gottesbildern, die für das Glaubensleben damit auch eine wichtige Funktion haben. Linda kehrt auch ein Jahr später zu einer personalen Darstellungsweise zurück (Abb. 15), verzichtet aber ganz auf geschlechtliche und weitgehend auf körperliche Differenzierungen.

3.4 Eine Vielfalt von Vorstellungen und ihre Darstellung

Insgesamt zeigt sich bei der Analyse der Sequenzen der Bilder und Äußerungen der einzelnen Mädchen, daß sie häufig mehrere, oft diffuse Vorstellungen von Gott nebeneinander haben, von denen in einem Bild nur eine aktualisiert werden kann. Das kann dazu führen, daß ein Kind direkt nacheinander verschiedene Bilder von Gott malt, in denen ganz unterschiedliche, auch widersprüchliche Aspekte des Gottesbildes herausgearbeitet werden (vgl. Bettina: Abb. 1, 8, 9; Gabriele: Abb. 5, 7 und 16, 20; Rita: Abb. 4, 6). Deshalb ist der Rückschluß von nur einem einzigen Bild eines Kindes auf seine Vorstellungswelt, wie dies in der Literatur bislang üblich ist, recht ungenau.
Gott wird bevorzugt in personalen Dimensionen dargestellt. Trotzdem sprechen die Mädchen gleichzeitig auch in nicht-personaler Weise von Gott. Sie stellen sich Gott als Person vor und malen Gott als Person,

gleichzeitig aber sprechen sie auch davon, daß Gott überall ist, daß Gott in ihnen, in ihrer Seele oder in ihrem Körper ist, oder daß keiner genau weiß wer Gott ist.
Unter den Kindern scheint es eine große Offenheit und Toleranz gegenüber andersgearteten Darstellungen zu geben. Sie gehen davon aus, daß es nicht nur eine einzige, richtige Darstellung geben kann. Interessante Aspekte aus anderen Bildern können auch in das eigene Bild übernommen werden bis dahin, daß Teile von Bildern (Abb. 10 und 11) oder Bilder insgesamt (Abb. 6 und 7) abgemalt werden. In den Gesprächen werden die Vorstellungen der anderen zwar zum Teil verneint, zum Teil aber auch aufgegriffen, getestet und gemeinsam weiterentwickelt.
In die Darstellung fließen auch spontane Assoziationen und aktuelle Eindrücke aus der unmittelbaren Umgebung ein. So malt Bettina ihren Regenbogen von dem Malkasten ab (Abb. 17, vgl. drittes Mal-Interview). Ähnliche Beobachtungen beschreibt Gabriele Sies (2000). Sie zeigt, wie spielerische Überlegungen in dem Bild einen Niederschlag finden, die im Prinzip revidierbar sind („ich hab gedacht, mal ich auch mal ...").
Die Darstellungen verstehen die Kindern nicht als Abbilder ihrer Vorstellungen. Die Differenz zwischen Gott, ihrer Vorstellung von Gott und ihrer Zeichnung von Gott ist ihnen durchaus bewußt und offenbar so selbstverständlich, daß sie sie in der Regel nicht explizit kommentieren. Dies wird in einigen Bemerkungen Bettinas besonders deutlich: „Gott kann man sich nicht vorstellen", oder: „Ich würde mal gerne wissen, was Gott eigentlich wirklich ist, aber ich glaube, das weiß keiner. Weil es hat ihn ja noch keiner gesehen. Man weiß das ja nur aus der Bibel so. Aber vielleicht ist es ja gar nicht so. Das wurde ja alles weitererzählt. Vielleicht ist er ja auch ganz anders." Dies zeigt ein differenziertes Problembewußtsein, das sie jedoch nicht daran hindert, Gott sehr konkret zu malen. Gerade Bettina, die verbal die Gottesvorstellung am ausdrücklichsten von allen Mädchen problematisiert, malt durchweg die menschlichsten, am wenigsten entfremdeten Bilder von Gott.
Die Vorstellungen können auch in ein- und demselben Bild auf unterschiedliche Weise ausgedrückt werden. Naturalistische, konkrete und abstrakte Darstellungsweisen können sich mischen oder überlagern. Farben können naturalistisch (Grün für eine Wiese, Blau für den Himmel) verwendet werden oder in symbolischer Weise (Grün für die Hoff-

nung, Rot für die Liebe), wobei sich die symbolische Bedeutung meist erst durch die Erklärung des Kindes erschließt. Auf Ritas Bild vom Schöpfergott mit den Totenköpfen (Abb. 10) sind konkrete und symbolische Darstellungen eng ineinander verwoben. Die Gestalt Gottes ist zwar konkret dargestellt, aber das grüne Gewand hat zugleich die symbolische Bedeutung der Hoffnung, die Gott ist. Es ist zudem damit zu rechnen, daß jedes Bild indexikale Dimensionen hat und einen uneinholbaren und nicht erklärbaren Bedeutungsüberschuß besitzt (vgl. I.6.2). Wenn auch die religiöse Vorstellungswelt offenbar vielfältig, modifizierbar und spontan anregbar ist, so scheinen sich doch auch individuelle religiöse Vorstellungen, Fragestellungen, Ideen und sogar Darstellungen über einen langen Zeitraum durchzuhalten. Dies ist eines der Resultate der vorliegenden Langzeitstudie. Diese Vorstellungskerne können sehr unterschiedlich sein: Bei Gabriele ist es die Vorstellung von Gott als einem Geheimnis oder als einer undeutlichen Erscheinung, die sie nach zwei Jahren genauso darstellt wie auf ihrem ersten Bild, oder bei Rita ist es die Faszination der Schöpfung, die sich in verschiedenen Variationen durchhält (vgl. II.5).

4 Spuren von religiösen Bildungsprozessen

In den Bildern und Gesprächen lassen sich vielfältige Spuren von religiösen Bildungsprozessen entdecken – von Verarbeitungs- und Transformationsprozessen, von Aneignungs- und Sozialisationsprozessen. Indem die Kinder über Gott nachdenken und reden, Bilder von Gott entwerfen und ihre Theologie auszudrücken versuchen, sie verwerfen, korrigieren und modifizieren, findet ein Klärungsprozeß statt (III.4.1). In den Äußerungen und Bildern lassen sich aber auch Spuren entdecken, wie Alltagserfahrungen religiös gedeutet und auf Gott hin transzendiert werden (III.4.2). Es zeigt sich zudem, wie die Mädchen erlerntes religiöses Wissen, abstrakte Begriffe oder Zuschreibungen von Gott sich in ihrer eigenen Erfahrungswelt vorstellbar und konkret gemacht haben, wie sie diesem erlernten Wissen damit Bedeutung für ihren Alltag oder ihre Vorstellungswelt abgewinnen können oder wie sie es mit ihrer eigenen Erfahrungswelt in Verbindung bringen (III.4.3).

4.1 Klärungsprozesse

In der personalen Du-Beziehung zu Gott, die bei allen Mädchen offenbar fraglos gegeben ist, scheinen die Vorstellungen von Gott zunächst vage, diffus, vielfältig und im Fluß zu sein. Die Aufforderung, ihre Vorstellung von Gott zu erzählen und zu malen, regt die Mädchen an, aus der Vielfalt diffuser Vorstellungswelten eine Vorstellung zu konkretisieren und ins Bild zu setzen. Im Entwerfen, Malen und Korrigieren des Bildes findet eine Auseinandersetzung mit der eigenen religiösen Vorstellungswelt statt. Auch in der Erläuterung des Bildes kommt es noch einmal zu einer rationalen Auseinandersetzung mit dem eigenen Produkt, die zu spontanen Ergänzungen und Erweiterungen der bisherigen Darstellung veranlassen kann. So malt Linda Gott als eine Blume (Abb. 12), beginnt ihre Erläuterung aber mit dem Blütenstaub, den sie vergessen habe zu malen. Auch die Gespräche, Vorstellungen und Bilder der anderen Kinder regen zur Entwicklung eigener Vorstellungen an. Die Konstitution, Transformation und Modifikation religiöser Vorstellungen im Malprozeß und im Gespräch kann als ein *Klärungsprozeß* verstanden werden, bei dem ein Kind größere Klarheit über seine eigenen religiösen Vorstellungen und Positionen gewinnt.

Auch die Auseinandersetzung mit den Vorstellungen und Darstellungen der anderen Mädchen treibt die Klärung eigener Vorstellungen an. Viele der Vorstellungen sind noch nicht in ein gefestigtes Schema eingepaßt, die Kinder probieren sie spielerisch aus, bauen sie im interaktiven Prozeß aus oder klären sie durch Abgrenzung und Konfrontation. Im Gesprächsverhalten unter den Mädchen zeigt sich eine ganze Bandbreite von Reaktionen, wie sie mit Vorstellungen der anderen umgehen. Diese werden konfrontativ oder auch vorsichtig zögerlich abgelehnt, ignoriert, durch Komik unterlaufen, lächerlich gemacht oder pervertiert. Häufiger aber werden Vorstellungen auch aufgegriffen, durchgespielt, getestet und gemeinsam weiterentwickelt, wodurch eine Aneignung von Vorstellungen anderer und eine Erweiterung der eigenen Vorstellungswelt stattfinden. Vor dem Gegenhorizont geäußerter Vorstellungen können die eigenen in Abgrenzung, Modifikation und Aneignung ihr Profil erhalten. So bezieht sich Bettina häufig auf geäußerte Gedanken der anderen Mädchen, prüft sie auf ihre Logik, spielt sie durch, oder führt sie im Horizont ihrer eigenen Theologie weiter. Theresa hingegen entwickelt und formuliert ihre Gedanken eher in Abgrenzung zu den Äußerungen der anderen Mädchen.

Ähnliche Prozesse lassen sich auch im Vergleich der Bilder beobachten. In einigen Bildern übernehmen die Mädchen Vorstellungen der anderen oder auch eigene, früher gemalte Vorstellungen, modifizieren oder korrigieren sie. In der Rezeption kann ein gesamtes Konzept übernommen werden (Abb. 4 und 6), es können einzelne Details übernommen und in das eigene Bild eingeordnet werden, wobei sie dadurch eine neue Bedeutung bekommen können, es können Elemente aus anderen Darstellungen übernommen und modifiziert oder korrigiert werden, oder ein Bild kann einen Gegenentwurf zu einem anderen darstellen (Abb. 1 und 8).

Auch in der Entfaltung der eigenen Gedanken im Gespräch kann sich eine Klärung vollziehen. Ich möchte dies an einem Ausschnitt aus der Feinanalyse des Gesprächsanfangs aus dem zweiten Mal-Interview deutlich machen (vgl. II.3.2). Ich hatte als einleitenden Impuls die Frage gestellt, ob die Mädchen auch manchmal mit Gott reden. Während alle gemeinsam zustimmen, nennt Bettina ein bestimmte Situation: „ja wenn man betet." Diese Äußerung konkretisiert sie durch eine neue Situation: „also wenn man traurig ist oder so", die sie im folgenden im Rückgriff auf ihre Erfahrung durchspielt. Dabei verhandelt und klärt sie in verschiedenen Anläufen, wie Gott dabei ins Spiel kommt. Sie bearbeitet hier eine Frage, die die Mädchen im folgenden Gespräch von verschiedenen Seiten her immer wieder diskutieren, wie nämlich Gott in der Welt handelt. Bettina führt zunächst Gott als Subjekt eines möglichen Handelns ein: „also daß Gott dann so (...)". Sie wird aber an dieser Stelle unverständlich, unterbricht sich und setzt mit einer neuen Situationsbeschreibung ein: „oder wenn heult oder so". Sie greift dann ihre Erfahrung auf, daß dies wieder aufhört und man als Grund hierfür Gott verantwortlich macht: „man weiß ja nicht wodurch, das hört dann ja irgendwann wieder auf, und dann sagt man, daß Gott (...)". Doch auch hier wird sie wieder unverständlich und unterbricht sich an der Stelle, an der Gott als Subjekt eines möglichen Handelns ins Spiel kommt. Statt dessen führt sie jetzt den Willen Gottes an: „... will ja nicht, daß man den ganzen Tag weint". Dann setzt sie sich selbst als Subjekt des Handelns ein: „und dann mach ich es einfach so, daß ich einfach aufhöre". Gott ist jetzt nicht selbst Handelnder, sondern die *Begründung* für die eigene Handlung. Bettina hat nun eine Vorstellung über das Handeln Gottes gefunden, mit der sie zufrieden ist.

4.2 Spuren von religiösen Deutung der Erfahrungswelt

Aus den Bildern und Gesprächen läßt sich nicht nur entnehmen, daß alle Mädchen eine selbstverständliche und lebendige Beziehung zu Gott haben, sondern daß sie auch viele ihrer alltäglichen Erfahrungen auf Gott hin transzendieren und ihre Vorstellungen von Gott mit alltäglichen Erlebnissen in Verbindung bringen. Bei allen ist Gott in ihren Alltag integriert. Sie beten immer oder manchmal abends im Bett und bei Klassenarbeiten und Notengebung, die ein zentraler Problembereich in ihrem Leben ist. Neben solchen Erfahrungen, die sie offenbar miteinander teilen, hat jedes Mädchen eine eigene, individuell geformte und biographisch gewordene Beziehung zu Gott. In Ritas Erfahrungswelt scheint die Frage nach dem Tod einen Ort zu haben, die sie mit Gott in Verbindung bringt. Sie erzählt, daß sie abends betet, daß sie nicht so schlecht träumt. Damit bezieht sie sich möglicher Weise implizit auf epileptische Anfälle, die sie vor allem in jüngerem Alter in der Phase des Einschlafens bekommen hatte. Auch erzählt sie, daß sie „bei so Krankenwagen, oder Feuerwehr oder Polizei" oder in Anbetracht von Verletzten, in Situationen, in denen Menschen gefährdet sind und die sie an die Kontingenz des Lebens erinnern, an Gott denkt und betet. Diese Erfahrung bestätigt spontan auch Bettina. Die Erfahrungen der Gefährdung des Lebens und das Nachdenken über den Tod, aber offenbar auch über Bosheit und Schuld, die Rita bei anderen und sich selbst erlebt, schlagen sich auch in ihrem Bild von Gott mit dem Kreuz (das für die Toten steht) und den Totenköpfen (die für den Tod und die schlechten Menschen stehen) auf dem Gewand nieder (Abb. 10).
Bettina und Linda erzählen, daß sie bei einem Streit an Gott denken, wie eine innere Stimme, die sie zum Aufhören mahnt. Für Gabriele ist ihre Beziehung zu Gott ein Geheimnis, das sie nicht preisgeben will, was bedeutet, daß diese Beziehung eine ihr wichtige und intime Dimension hat. Bettina hingegen erzählt spontan von einem Erlebnis, das ihr Gott erfahrbar gemacht hat: „Ich hab bestimmt mal ne halbe Stunde in der Wiese gesessen und hab in den Himmel gestiert. Auf einmal hab ich da ir-

gendwie an Gott geglaubt.“ (II.4.3) Das Erleben der Lichterscheinungen am Himmel deutet sie häufiger auf Gott hin. Zwei Jahre zuvor erzählt sie, wie sie beim Anblick des roten Abendhimmels sich manchmal vorstellt, „dort verstreut Gott seine Liebe“ (Abb. 1). Bettinas Erzählung vom Betrachten des Himmels erinnert Linda offenbar an eine ähnliche Erfahrung, bei der sie beim Blick in den Sternenhimmel sich Gott als ein Gesicht vorstellte. Diese Erinnerung stellt sie in ihrem Bild von der Erscheinung Gottes als einem Gesicht am Himmel dar (Abb. 15). Rita malt Gott in ihrem Bild von der Schöpfungsgeschichte als einen „Schimmer, der auftaucht“ am Himmel (Abb. 18). Sie verbindet hier eine Naturerfahrung, die sie offenbar fasziniert, mit einer religiösen Deutung und mit religiösen Erzählungen.
Gerade in jüngeren Jahren greifen die Kinder offenbar häufiger auf ihre Erfahrungen zurück, wenn sie aufgefordert werden zu malen, wie sie sich Gott vorstellen. Die Bilder sind von individuellen Erfahrungen, Phantasien und persönlichem Vorstellungsvermögen bestimmt.

4.3 Spuren der Aneignung religiöser Wissensbestände

Je älter die Kinder werden, desto mehr angelerntes differenziertes gesellschaftliches und kirchliches Wissen steht ihnen zur Verfügung, um die Phänomene und Erlebnisse zu deuten. Dieses Wissen wird auch in den Vorstellungszusammenhang über Gott und sein Dasein in der Welt eingebaut. In den Bildern und Gesprächen sind nun individuelle Aneignungs- Zuordnungs- und Deutungsprozesse dieses Wissens zu beobachten, wobei durchaus aus Erwachsenensicht skurrile Gebilde zustande kommen können. Es läßt sich beobachten, wie Wissen nicht nur abrufbar abgelagert, sondern auch mit dem eigenen biographisch gewachsenen Weltbild und den eigenen Erfahrungen in Beziehung gesetzt und zu einem persönlichen Glauben transformiert wird.
Die Mädchen machen sich angelerntes und abstraktes Wissen zu einem konkreten, d.h. sie verbinden es mit ihrer Erfahrung und geben ihm eine Bedeutung.[48] Die abstrakten Aussagen „Gott ist die Hoffnung“, „Gott ist

[48] Zur Bedeutung von abstrakter und konkreter Theologie bei Kindern vgl. auch Hull 1997.

die Liebe“ macht sich Theresa in ihrem Bild (Abb. 13) konkret und in ihrer Bedeutung für die Menschen vorstellbar, indem sie Gott mit bunten Farben umgibt, von denen sie sich vorstellt, Gott „schickt sie los“. „Rot ist ja die Farbe der Liebe, der nimmt (es) und wirft es auf die Erde, und da haben viele die Liebe, oder grün, da hat jemand dann mal Hoffnung.“ Bettina schreibt in die Gottesgestalt in Buchstaben „Vertrauen“, „Hoffnung“, „Liebe“ (Abb. 1). Diese Begriffe sind Zuschreibungen des christlichen Gottes, die sie im Laufe ihrer religiösen Sozialisation gelernt hat. Es ist nicht sicher, ob sie der abstrakten Begriffsreihung auch persönliche Relevanz abgewinnen kann, oder ob sie nur eine Zuschreibung von angelerntem Wissen darstellt. Sie kennzeichnet dadurch ihre Gottesgestalt als christlichen Gott. Anders scheint es mit den Worten zu sein, die sie neben die Gestalt schreibt: „Gott liebt Frieden“ und nochmals „Liebe“. Auch diese abstrakten Begriffe hat sie als Zuschreibung für den christlichen Gott gelernt. Doch den Begriff „Liebe Gottes“ macht sie sich vorstellbar, indem sie ihn mit ihrer Erfahrung verbindet und sich beim Staunen über den Abendhimmel vorstellt, Gott verstreue dort seine Liebe. Und die Friedensliebe Gottes besitzt offenbar persönliche Relevanz für sie, da sie diese ein Jahr später als ein zentrales Thema in ihrem Bild und ihren theologischen Überlegungen ausführt.
Auch Linda überträgt sich den Begriff der Liebe Gottes in ihr Gottesbild und ihre Erfahrungswelt: sie malt Gott als rote Blume und stellt sich die Liebe Gottes wie den Blütenstaub der Blume vor (Abb. 12). Besonders in Ritas und Theresas Bilderfolge läßt sich erkennen, wie im Älterwerden religiöses Wissen in die Vorstellungswelt eingebaut wird. Rita, die von Anfang an die Frage nach Gott sehr stark mit der Schöpfung verbindet und ihre Überlegungen zunächst in freier Phantasie darstellt, bedient sich in ihrem letzten Bild der *biblischen Geschichte*, um Gottes Schöpfung darzustellen (Abb. 18). Aus dem Gedächtnis schreibt sie einige Verse der Schöpfungsgeschichte in poetischer Form auf und illustriert sie durch ihr Bild. Hier ist ein Lernprozeß kirchlichen Wissens eindeutig identifizierbar. Daß Rita allerdings angelerntes Wissen nicht nur reproduziert, sondern es sich in ihre eigene Theologie und Religiosität einbaut und mit ihrer persönlichen Erfahrungswelt in Verbindung bringt, zeigt ihre Darstellung Gottes in dem Bild. Sie malt ihn nicht als Person und „Macher“, wie es der Schöpfungsbericht nahelegen würde, sondern wie auf ihrem ersten Bild zwei Jahre zuvor als eine Himmelser-

scheinung, als einen Schimmer am Himmel, der plötzlich auftaucht, der mit ihrer sinnlichen Erfahrungswelt in Beziehung steht.
Bei Theresa sind Aneignungsprozesse von *theologisch-dogmatischen Aussagen* zu beobachten: Sie setzt die „Erlösung durch das Kreuz" in ihre konkrete und bildliche Vorstellung um (Abb. 19). Das Kreuz ist eine Brücke über den Abgrund und der einzige Weg, auf die Seite der Erlösten zu kommen, wo Gott/Jesus die Menschen schon erwartet. In ihrer Erklärung bringt sie klar und flüssig ihre theologische Überzeugung vor, die sie ins Bild gesetzt hat: „Ich denke, wenn Jesus nicht gekreuzigt wär, dann wär das Kreuz nicht da, und dann würden wir hier in den Abgrund fallen."
Besonders in den Gesprächen aber auch in den Bildern ist ein Ringen mit in der Schule gelernten naturwissenschaftlichen Auffassungen zu erkennen, die von den älter werdenden Kindern mit ihrer eigenen Vorstellungswelt verbunden werden. Die Welt wird nicht mehr wie die erfahrbare Welt horizontal dargestellt, sondern als gewußte Welt als Weltkugel im Weltall (Abb. 15; vgl. bei Hanisch 1996 Abb. 10, 34, 36, 37, 45, 47, 48, 49). Bettina verbindet ihr naturwissenschaftliches Wissen über das Zustandekommen des Regenbogens mit ihrer konkreten Theologie und ihrer Frage nach der Herkunft des Guten und Bösen (Abb. 17). „Wenn Wasser und die Sonnenstrahlen zusammenkommen, dann gibt es einen Regenbogen, und der Regenbogen gibt dann die Strahlen an uns wieder, und die Strahlen sollen dann eben alles Gute auf der Welt bedeuten. Und weil es nicht immer einen Regenbogen auf der Welt gibt, gibt es eben auch Böses auf der Welt." Diese Deutung, die wahrscheinlich nicht bereits als Entwurf das Malen des Bildes bestimmte, sondern aus dem Zwang heraus, das Bild erklären zu müssen, gebastelt wird, läßt Spuren der religiösen Verarbeitung naturwissenschaftlichen Wissens erkennen. Sie deutet naturwissenschaftliches Wissen religiös aus und hinterfragt umgekehrt religiöse Traditionsbestände: „Ne. Also daß er sich dahin gesetzt hat und die Welt geknetet hat, das glaub ich nicht." Und Theresa ergänzt: „Oder daß er die Frau im Paradies aus einer Rippe gemacht hat." Gemeinsam versuchen sie, die Weltbilder, die sie als unterschiedliche begreifen, miteinander zu verbinden. Bettina beginnt: „Ja also daß sich so Zellen gebildet haben und sich die Welt erschaffen hat, und daß vielleicht irgend etwas der daran gemacht hat. Vielleicht das ganze Leben da drauf gebracht hat, oder so. Aber die Erde für sich hat

sich alleine geschaffen, das war da nur so ein Kreis mit, wo da so Erde war oder so“. Theresa ergänzt sie: „Ja so Geschichte und Religion ineinander, also mit einander so verbunden.“ (II.4.2).

Vierter Teil

Ausblick

1 Religionspädagogische Perspektiven

Die Studie hatte das Ziel, anhand der Bilder und Gespräche die religiösen Vorstellungswelten von Kindern, speziell von Mädchen, wahrzunehmen und besser kennenzulernen. Es ging hier also nicht um Veränderung, nicht um Erziehung oder Bildung der Kinder, sondern um den Schritt, der diesen vorausgeht: um die Wahrnehmung der Perspektiven und der religiösen Sinnwelt von Kindern und um den Versuch des Verstehens aus der Perspektive von Erwachsenen. Erst wenn wir in der Lage sind, die Welten der Kinder wahrzunehmen, können wir wirklich in ein reziprokes Gespräch mit ihnen eintreten und wir können sie unterstützen, ihre religiösen Vorstellungen und Fähigkeiten auszubilden.
Wenn auch die Wahrnehmung der Religiosität der Kinder der Gegenstand des Buches war, so stellt sich gerade für die, die täglich mit Kindern umgehen, die letztlich nicht davon trennbare Frage, wie wir die Kinder denn darin unterstützen können, ihre Religiosität weiter zu entfalten. Wie verhalten sich die Erwachsenen und die Erziehenden richtig? Gerade in bezug auf die religiöse Erziehung gibt es viele Unsicherheiten: Wie sollen wir mit den zum Teil den Erwachsenen recht fremden Vorstellungswelten der Kinder in einer richtigen Weise umgehen? Müssen wir nicht falsche Gottesbilder korrigieren? Was sollen wir den Kindern beibringen? Wie können wir angemessen von Gott reden? Wie sollen wir auf ihre Fragen antworten?
Ich möchte hier abschließend einige pädagogische Perspektiven aufzeigen (IV.1), die sich aus den Beobachtungen der Studie sowie aus phänomenologisch und interaktionstheoretisch ausgerichteter religionspädagogischer Literatur ergeben. Diese Perspektiven sind nicht als praktische Anleitungen aufzufassen, sondern sollen den Erwachsenen Mut

machen, das Gespräch mit den Kindern über religiöse Fragen zu suchen.[49]
Des weiteren möchte ich die Ergebnisse der Studie auf den theologischen Forschungsstand zurückbeziehen und Perspektiven für die weitere Forschung aufzeigen (IV.2).

1.1 Eine Herausforderung an die Religiosität der Erwachsenen

Die Frage nach der Religiosität der Kinder hat nicht zuletzt auch mit der Religiosität der Erwachsenen zu tun. Für sie und weniger für die Kinder ist sie oftmals eine Herausforderung. „Probleme mit der religiösen Erziehung haben nicht so sehr die Kinder – im Gegenteil, sie sind in dieser Hinsicht sehr empfänglich –, sondern viel eher die Erwachsenen." (Mette 1998, 135). Bevor ich auf die Frage nach der Unterstützung der Religiosität der Kinder eingehe, möchte ich deshalb den Blick auf die Erwachsenen lenken.
Erwachsene können auch von Kindern lernen. Erwachsene bewegen sich und funktionieren in einem Netz von gesellschaftlichen Rollen und Deutungsmustern, in denen Gott nicht vorkommt. Sie haben es oft verlernt, auf ihr eigenes Erleben und ihre Erfahrungen zu hören und sie phantasievoll auszudeuten. Bei den Mädchen wurde die Fähigkeit sichtbar, die eigene Erfahrungswelt auf Gott hin zu transzendieren und umgekehrt gelerntes religiöses Wissen mit ihren Erfahrungen zu verbinden. Von den Kindern können sich die Erwachsenen anregen lassen, ihre eigenen Erfahrungen wahrzunehmen, ihr Leben und die Welt auf Gott hin zu deuten und Gott in ihren Alltag einzubeziehen.[50]
Die kindlichen religiösen Vorstellungen und Fragen stellen oft eine Herausforderung für die Religiosität der Erwachsenen dar. Vielfach sind sie

---

[49] Hilfreich für religiöse Gespräche mit Kindern ist die Lektüre von Hull 1997 und Coles 1994. Wer pädagogische Anleitungen zum Malen und Interpretieren von religiösen Kinderbildern sucht, wird in Büchern von Krenz (1996; im Anhang dort weitere kommentierte Literaturverweise), Oberthür 1988 und Martini (1977) fündig.

[50] Wie eine solche Auffassung in der kirchlichen Tradition und Dogmatik grundgelegt und entfaltet wird, läßt sich in dem Büchlein von Leonardo Boff: Kleine Sakramentenlehre (1976) sehr schön nachlesen.

den Erwachsenen fremd, da sie zuweilen skurrile Kombinationen oder magische und archaische Anteile aufweisen oder die religiösen Metaphern phantasievoll und detailliert konkret ausgestalten. Doch gerade auch das Befremdliche und Überraschende kann die Erwachsenen anregen, darüber nachzudenken, wie sie sich selbst Gott vorstellen und welche Beziehung sie zu Gott haben.

Manche Erwachsene werden vielleicht daran erinnert, wie sie selbst religiös erzogen worden sind und wollen vermeiden, schmerzlich erfahrene Fehlformen der Erziehung zu wiederholen. Sie vermeiden eine bestimmte Erziehung, sind aber ratlos, welche positiven Impulse sie setzen können, da sie selbst solche nicht erlebt haben. Oftmals werden sie auch mit den kindlichen Vorstellungen in ihrem eigenen Glauben konfrontiert und haben Gelegenheit, sich mit diesen eigenen Glaubensanteilen auseinanderzusetzen. Es darf dann nicht der Abwehr der eigenen unterbewußten Lebensstruktur, der kindlichen Anteile und archaischen Muster im eigenen Leben dienen, wenn Erwachsene diese bei Kindern als unreif und überwindungsbedürftig bearbeiten. Die eigene religiöse Authentizität ist angefragt. „Wer hier den Kindern etwas vermitteln will, ist selbst darin verstrickt, steht selbst vor der Frage, wie er oder sie es mit der Religion halten. Die Kinder spüren sehr schnell, wenn die Erwachsenen ihnen etwas sagen, wozu sie nicht stehen." (Mette 1998, 135).

Kinder stellen manchmal Fragen, die Erwachsene oft schon lange nicht mehr stellen, auf die sie keine Antwort wissen oder gefunden haben. Diese Erfahrung und die Auffassung, auf die Fragen der Kinder Antworten bereit haben zu müssen, verunsichert viele Erwachsene. Sie fragen sich, was die theologisch richtige Antwort ist und wie sie diese so vermitteln können, daß die Kinder sie richtig verstehen. Doch liest man die Gespräche mit Kindern, die John M. Hull (1997) oder Robert Coles (1994) aufgezeichnet haben, so wird deutlich, daß Erwachsene auch gar nicht alles wissen müssen. Sie dürfen den Kindern auch die Antwort schuldig bleiben und dürfen ihr eigenes Unverständnis für manche biblische Geschichte oder theologische Lehre äußern. „Viele Eltern fühlen sich in solchen Situationen überfordert, weil sie glauben, es käme jetzt entscheidend darauf an, dem Kind die rechte Lehre zu vermitteln, und weil sie sich einem solchen Gespräch mit ihren Kindern nicht gewachsen fühlen. Das ist sehr schade, denn das Wichtigste und Befriedigendste für ein Kind ist meistens schon das Gespräch selbst. Dabei sollte man

als Erwachsener ruhig offen auf eventuell auftretende Widersprüche eingehen, und es macht auch nichts, wenn man dem Kind keine endgültige Lösung anbieten kann." (Hull 1997, 83).
Wichtiger als fertige Antworten zu geben ist, daß Erwachsene mit den Kindern gemeinsam suchen und rätseln. Dies ermutigt die Kinder, immer neue Fragen zu stellen, immer neu ihre Theologie weiter zu treiben und so in Auseinandersetzung mit Fragen, Vorstellungen und Antworten von anderen Menschen, mit den Geschichten der Bibel und mit ihren eigene Erfahrungen zu eigenen religiösen Klärungen zu kommen. „Neues soll erlaubt und Überraschungen sollen möglich sein" (Schweitzer 1997, 155), sowohl für Erwachsene als auch für Kinder. „Leben, Lernen und Lehren bezeichnen in diesem Verständnis keine lineare Verbindung, sondern werden gleichsam zu Brennpunkten in einem offenen und dynamischen Prozeß, in dem sich lebensbedeutsames religiöses Lernen ereignen kann" (ebd.). Die Kinder merken, daß Religion kein geschlossenes Wissenssystem mit fertigen Antworten ist, sondern ein gemeinsamer Suchprozeß, an dem alle in einer existentiellen Weise beteiligt sind.

1.2 Den Erfahrungsbezug stärken

Die Mädchen zeigen in ihren Bildern und Gesprächen die unbefangene Bereitschaft, ihre Erfahrungen auf Gott hin zu transzendieren und zugleich erlerntes Wissen von Gott in die eigene Erfahrungs- und Vorstellungswelt zu integrieren. Diese Fähigkeit sollte gewürdigt und unterstützt werden. Denn nur aufgrund der Fähigkeiten, das Leben und die Welt auf Gott hin zu begreifen und das Wissen von der christlichen Tradition mit den eigenen Erfahrungen in Beziehung zu setzen und im eigenen Leben bedeutsam zu machen, kann sich ein auch in krisenhaften Situationen tragfähiger Glaube entwickeln. Wo Menschen von den eigenen Erfahrungen abgeschnitten werden oder sie ignorieren, wo sie den gesellschaftlichen Deutungen, Parolen und Rollenmustern mehr glauben als den eigenen Erfahrungen und Deutungen, da werden sie von sich selbst entfremdet und beherrschbar. Der Zugang auch zu den frühen kindlichen Vorstellungen und die unmittelbare Gewißheit, die mit ihnen oft verbunden ist, kann eine Kraftquelle zur Bewältigung des Lebens sein.

Am Ende der Kindheit vollzieht sich im Wahrnehmen und Denken der Kinder eine große Veränderung. Sie beginnen zu abstrahieren, die Welt naturwissenschaftlich zu betrachten und den Glauben kritisch zu reflektieren. Sie lernen eine große Menge abstrakten Wissens etwa über physikalische und chemische Gesetzmäßigkeiten oder über die Evolution der Erde, das sie nicht mit ihrer eigenen Erfahrung verifizieren können, das aber gesellschaftlich geteilt und nützlich ist. Sie lernen, den gesellschaftlichen Blickwinkel zu teilen und dem gelernten Wissen zu vertrauen. Dabei verlernen sie es oft, auf ihre eigenen Erfahrungen, Eindrücke und Phantasien zu schauen. Und so verlernen sie einen Grundvollzug religiöser Existenz: die Welt, das Geschehen und die Erfahrungen auf Gott hin zu transzendieren. Ein Bruch mit dem Glauben geschieht dann oft nicht aufgrund von logischen Widersprüchen zu einem naturwissenschaftlichen Weltbild, sondern weil die Zugänge zu den eigenen religiösen Erfahrungen und Deutungen abgeschnitten sind und der Glaube als ein Wissenssystem existentiell leer und unbedeutend wird. Die heranwachsenden Kinder sollten darin unterstützt werden, weiterhin nach ihren eigenen religiösen Erfahrungen und Deutungen zu fragen und sie ernst zu nehmen.

Doch nehmen die religiösen Vorstellungen und Darstellungen der Kinder nicht manchmal auch skurrile Formen an? Ist es nicht notwendig, Kindern zu helfen, magische oder archaische Vorstellungswelten zu überwinden? In den Gesprächen unter den Mädchen zeigte sich, daß diese Vorstellungswelten von anderen Kindern oft intuitiv verstanden werden, sie bieten kreative Anschlußmöglichkeiten oder die Möglichkeit zu Rückfragen. Meist lassen die Kinder diese Vorstellungen ohnehin selbst bald hinter sich. Es ist eine Engführung, wenn wir glauben, daß das moderne naturwissenschaftliche Denksystem, in dem sich die Erwachsenen der modernen Gesellschaften zu Hause fühlen, der Inbegriff des reifen Denkens sei – hierauf haben uns Ethnologinnen und Ethnologen aufmerksam gemacht, die Denksysteme in anderen Kulturen untersucht haben.[51]

[51] Bahnbrechend sind besonders die Untersuchungen von Claude Lévi-Strauss gewesen. „Anstatt also Magie und Wissenschaft als Gegensätze zu behandeln, wäre es besser, sie parallel zu setzen, als zwei Arten der Erkenntnis, die zwar hinsichtlich ihrer theoretischen und praktischen Ergebnisse ungleich sind (denn unter diesem Gesichtspunkt hat die Wissenschaft ohne

Manchmal machen sich Kinder jedoch auch selbst über eigene frühere Vorstellungen oder über die Vorstellungen und Bilder jüngerer Kinder lustig. Diese Tendenz sollte man nicht verstärken. Anstatt die Unreife herauszustellen, können die Kinder (und die Erwachsenen) in solchen Situationen lernen, freundlich mit sich selbst und den eigenen Vorstellungen sowie mit denen von anderen umzugehen. Sie können lernen, sie als einen möglichen, kontextuellen Zugang zum göttlichen Geheimnis, der einem Menschen in einer bestimmten Lebenssituation adäquat und vielleicht auch gar nicht anders möglich ist, zu würdigen.[52]
Es gibt zahlreiche biblische Bilder und Geschichten sowie Illustrationen in der christlichen Kunstgeschichte, die mit den verschiedenen, oft auch „skurrilen" oder archaischen Vorstellungen und Erfahrungen von Kindern korrespondieren. Ausgehend von den Vorstellungswelten der Kinder können solche Geschichten erzählt und diskutiert oder Darstellungen betrachtet werden. Die Kinder finden in solchen Geschichten nicht nur Bestätigung ihrer eigenen Vorstellungswelt und Stoff, sie weiter zu entwickeln, sondern auch Provokation und Anregung zur Auseinandersetzung, Klärung und Weiterentwicklung eigener Vorstellungen.

1.3 Zum eigenen Theologie-Treiben anregen

Die oft unbefangene Freude am spielerischen, phantasievollen und spekulativen Theologie-Treiben, die sich in den Gesprächen und Bildern der Mädchen zeigte, sollte unterstützt und das Vertrauen in das eigene

---

Zweifel mehr Erfolg als die Magie ...), nicht aber bezüglich der Art der geistigen Prozesse, die die Voraussetzung beider sind und sich weniger der Natur nach unterscheiden als aufgrund der Erscheinungstypen, auf die sie sich beziehen." (Lévi-Strauss 1991, 25).

52 In diesem Zusammenhang ist ein Streit in der Religionspädagogik Ende der 80er Jahre aufschlußreich, den ich hier nur erwähnen kann. Ausgelöst wurde er von einem Artikel von Anton A. Bucher (1989) in den Katechetischen Blättern, der für das Ernstnehmen der kindlichen „ersten Naivität" plädierte. Bucher handelte sich eine polemische Kritik von Bernhard Grom (1989) ein, der sich für eine Weiterführung und Überwindung archaischer Vorstellungen aussprach. Die religionspädagogische Zunft stellte sich damals allerdings klärend hinter Buchers Position (vgl. die Beiträge von Oser/Reich (1990), Oberthür (1990), Kuld (1990) und Wegenast (1990) in Katechetische Blätter 115).

kritische Theologie-Treiben gestärkt werden. Die Offenheit und Vielfalt der religiösen Vorstellungen helfen, daß die Kinder nicht blockiert werden, daß sie weiter fragen, denken und ihre Vorstellungen entwickeln. Begegnet Religion den Kindern allein in Form von religiösen Wissensinhalten, die gelernt und als richtig und falsch klassifiziert werden, dann werden sie den Mut zu eigenen Fragen, Überlegungen und kreativen Verarbeitungsprozessen verlieren. Sie werden Ängstlichkeiten oder Blockierungen entwickeln, die viele Erwachsene aus ihrer eigenen Kindheit noch kennen und von denen sie sich oft erst über Jahre mühsam befreien mußten.

Bildung beschränkt sich nicht auf die Vermittlung von Wissen. Es geht um die Entfaltung des individuellen und gemeinsamen Lebens und die Entwicklung von tragfähigen Fähigkeiten hierfür. So verstanden fördert religiöse Bildung die Fähigkeit, das eigene Leben, das Zusammenleben, die Welt und das Geschehen immer neu auf Gott hin zu befragen und zu deuten und nach tragfähigen Gestaltungs- und Handlungsmöglichkeiten in der Perspektive des Glaubens zu suchen. Religion ist nicht nur Gegenstand von religiöser Bildung, sondern auch ein ihr innewohnendes Strukturelement: eine tragfähige Kraftquelle zur Bewältigung und Gestaltung existentieller Situationen, in denen es für das Individuum oder die Gesellschaft „ernst wird" (Böhme 1997). In den existentiellen Fragen gewinnt die Suche nach und die Auseinandersetzung mit der biblischen, kirchlichen und theologischen Tradition von selbst eine treibende und erhellende Kraft und eine lebensgeschichtliche Relevanz.

Der ängstliche Versuch, die „richtigen" religiösen Vorstellungen zu vermitteln und die „falschen" zu reglementieren kann dazu führen, daß die immer neue kreative Auseinandersetzung, Weiterentwicklung und Klärung des Glaubens gelähmt wird und bestimmte Vorstellungen fetischartig festgehalten werden. John M. Hull (1997) weist darauf hin, daß genau dadurch die religiöse Entwicklung behindert wird. Die Vorstellungen der Kinder, die mit den eigenen Erfahrungen und Phantasien verbundenen sind, sollten den Charakter von Übergangsobjekten haben. Aus den von außen einströmenden Wahrnehmungen werden Bilder, die im Inneren zu Erinnerungen werden. Sie haben Brückenfunktion, die die Welt des inneren Erlebens mit der äußeren Welt verbinden. Auch Gott kann zu einem Objekt im intermediären Raum werden, denn er ist in der inneren Welt der kindlichen Vorstellung und Phantasie angesiedelt, zugleich aber mit von außen kommenden Eindrücken und emotionalen Beziehungen verknüpft. Die entscheidende Frage für John M. Hull ist: „Wird Gott zu einem echten Übergangsobjekt werden und es auch bleiben, wird die Begegnung mit dem Gottesbegriff die geistige Neugier, die Flexibilität und das Selbstvertrauen des Kindes fördern, oder wird ‚Gott' für das Kind nur eine Art Fetisch-Wort sein, die Beschwörungsformel für eine unbegreifliche, magische Macht, die die Entwicklung des Kindes behindert und es zu einem starren, unkritischen, infantilen Glauben hinführt?" (Hull 1997, 73). Während Übergangsobjekte kurzlebig sind und sich verändern, ist der Fetisch starr, unveränderlich, ist Gegenstand irrationaler Verlustängste oder intensiver Gefühle. Ein schöpferisches Übergangsobjekt wird vor allem dann zum Fetisch, wenn es das Kind nicht selbst auswählen und zum Gegenstand der eigenen schöpferischen Weltgestaltung machen kann. „Das echte Übergangsobjekt dient den Interessen des Kindes, das Fetisch-ähnliche Objekt hingegen den Interessen der Eltern. Vernünftige Eltern bieten ihren Kindern deshalb eine stimulierende Umgebung und reiche Auswahlmöglichkeiten für Übergangsobjekte, lassen das Kind diese jedoch frei wählen; sie fördern die Auseinandersetzung des Kindes mit Dingen und das phantasievolle Spiel und lassen zu, daß die Objekte gleichsam von selbst wichtig werden." (Hull 1997, 75). Auf die Entwicklung religiöser Vorstellungen bezogen heißt das, daß man den Kindern nicht bestimmte Gottesbilder definitiv vorgeben, sondern sie durch eine Vielfalt von Bildern zur immer neuen schöpferischen Entfaltung anregen sollte. Diesen Gedanken möchte ich im folgenden noch etwas weiter ausführen.

1.4 Die Vielfalt der Bilder für das Göttliche fördern

In den Bildern und Gesprächen der Mädchen wurde deutlich, daß in der Vorstellungswelt gerade der jüngeren Kinder häufig verschiedene Bilder vom Göttlichen nebeneinander existieren. Die Kinder lassen sich von verschiedenen Vorstellungen und Darstellungen anregen, ihre eigene Vorstellungswelt zu erweitern und zu klären. Es macht ihnen Spaß, mit verschiedenen Bildern zu experimentieren und sie spielerisch auszutesten. An diese Vielfalt können wir anknüpfen und sie fördern. „Es ist sehr viel besser, wenn Kinder zu viele Bilder statt zuwenig haben."

(Hull 1997, 40). Manche Dimensionen, die den Erwachsenen fremd sind oder von ihnen unbemerkt bleiben, sind für Kinder spontan erhellend und anschlußfähig. Anstatt religiöse Vorstellungen von Erwachsenen in eine (aus Sicht der Erwachsenen) „kindgerechte“ Darstellung zu transformieren, können Kinder gemeinsam mit Erwachsenen ihre eigenen Vorstellungen entfalten und weiter treiben.

Man kann die kindlichen Gedankengänge mit den vielfältigen Geschichten und Bildern vom Göttlichen in der Bibel oder der christlichen Kunst ergänzend oder konfrontativ in Beziehung setzen. Sie erweitern die Vorstellungswelt der Kinder und verhindern ein rigides Denken über Gott (vgl. Hull 1997, 65). Auch Bilder und Erzählungen, die provokativ sind und nicht in unser gängiges Muster passen, brauchen nicht ausgespart zu werden. Sie geben Gelegenheit, kritische Fragen zu stellen. Man kann aufzeigen, daß Religion das menschliche Leben auch entstellen und die Menschen fanatisch machen kann (vgl. Hulls Gespräche über die Geschichte der Tochter des Jiftach: Hull 1997, 68-70).

Hull empfiehlt sogar, auch von anderen Göttern zu erzählen (Hull 1997, 43-45). Dadurch werden die Kinder in ihrer religiösen Neugier angeregt. Es fördert zudem das Verstehen und die Wertschätzung anderer Kulturen und Religionen. Gerade heute ist dies wichtig, wo Kinder in einer multikulturellen Gesellschaft aufwachsen und oft bereits im Kindergarten oder in der Schule mit Kindern aus anderen Religionen und Kulturen zusammen sind. Hull empfiehlt: „Das kindliche Vorstellungsvermögen sollte durch Bilder aus Erzählzyklen gefördert werden, die vorzugsweise von menschlichen Gefühlen und Heldentaten handeln, in denen möglichst viele menschliche und göttliche (weibliche und männliche, S.K.) Gestalten vorkommen und die den vielschichtigen Beziehungen zwischen dem göttlichen und dem menschlichen Universum Rechnung tragen. Es wäre ein Fehler, die Vorstellungskraft des Kindes einzig und allein auf die Bibel und die christliche Überlieferung beschränken zu wollen. Meiner Erfahrung nach werden Kinder durch die Begegnung mit Vorstellungen und Bildern aus anderen Überlieferungen in ihrer Neugier angeregt und haben noch mehr Freude an Gesprächen über Gott, so daß sie sich auch im Alltagsleben häufiger mit religiösen Symbolen beschäftigen.“ (Hull 1997, 43).

Doch relativiert die Vielfalt der Bilder nicht das Profil des christlichen Gottes? Verunsichert sie nicht die Kinder? Solche Befürchtungen muß man meines Erachtens nicht haben. Gerade in der Vielfalt der Bilder wird die theologische Einsicht deutlich, daß jedes von ihnen nur einen Annäherungsversuch an das absolute Geheimnis darstellt (vgl. I.3.2). Die Vorstellungen relativieren sich gegenseitig in ihrem unangemessenen Absolutheitsanspruch. Die Kinder können dies sehr gut verstehen, sie haben ein sehr feines Gefühl dafür, daß sie Vorstellungen und keine Abbilder sind. Vor dem Hintergrund anderer Religionen können die Kinder das Profil der christlichen Tradition kennenlernen und zugleich einen sensiblen Umgang mit dem Glauben von Menschen, die anderen Religionen angehören, einüben, der den Basisregeln des interreligiösen Dialogs entspricht. Im Gespräch über die Bilder kann zudem ein richtiger Umgang mit religiösen Bildern und Vorstellungen eingeübt werden (vgl. I.3.4). Die Vielfalt der Bilder, die sich gegenseitig immer auch relativieren, hilft zu erkennen, daß Menschen in verschiedenen Situationen zu unterschiedlichen Vorstellungen und Aussagen von Gott kommen können. Wenn die eigenen Vorstellungen von Gott unbefangen erzählt oder gemalt und mit eigenen Erfahrungen verknüpft werden dürfen, lernen die Kinder, daß sie einen eigenen, subjektiven Glauben aus ihren Erfahrungen entwickeln und äußeren dürfen und ihn nicht verstecken müssen vor einer Einheitsnorm. Nur solch ein in den biographischen Erfahrungen verankerter Glaube ist auch ein tragfähiger Glaube. Und schließlich regt gerade die Vielfalt von Bildern die Kinder zur Weiterentwicklung von Vorstellungen an, die das abstrakte Denken ergänzen. Das bildliche Denken ist flexibel und vielseitig und hat eine intuitive Kraft. „Bilder machen zufrieden, während abstrakte Interpretationen (im günstigsten Fall) tiefschürfend sein mögen, aber niemals diese integrierende Kraft besitzen." (Hull 1997, 36).

1.5 Weibliche Bilder für das Göttliche ins Spiel bringen

Gerade für die Gottesbeziehung von Mädchen und für ihre religiöse und psychosoziale Entwicklung ist es wichtig, sich Gott personal auch als Frau vorstellen zu können. Dann erst können sie sich im Göttlichen als ganze Person, auch mit ihrem Körper und ihrer Sexualität wiederfinden und werden nicht in einem ausschließlich männlichen Gottesbild von Anfang an die eigene Minderwertigkeit und Gottesferne internalisieren.

Aber auch für Jungen sind weibliche Gottesbilder wichtig, denn sie steuern der Abwertung der Mädchen und Frauen sowie einer unangemessenen Selbstaufwertung und potentiellen Allmachtsphantasien entgegen. Das besonders für Jungen manchmal provokative weibliche Gottessymbol (vgl. Heller 1986, 65f) gibt zu denken und weist auf die Unangemessenheit eines ausschließlich männliches Symbols hin.[53]

Mit weiblichen Gottesbildern ist nicht gemeint, daß dem im Grunde weiterhin männlichen Gott „weibliche" Eigenschaften hinzugefügt werden sollen. Es geht auch nicht um die Umkehrung des Gebrauchs des männlichen Gottesbildes, also um eine ausschließlich weibliche Darstellung. Die männliche Darstellungsweise ist nicht schlechter oder besser als die weibliche, aber der ausschließliche Gebrauch ist problematisch.

Die Darstellung Gottes als Frau oder Mann zeigt, daß Mann und Frau gleichermaßen auf den göttlichen Ursprung hinweisen, daß Frauen und Männer die gleiche Würde besitzen, daß beide „nach dem Bilde Gottes" (Gen 1,27) geschaffen sind. Sie hält zudem die Grenzen der Darstellung im Bewußtsein und zeigt, daß in jeder geschlechtlichen Darstellung Gottes (und nicht in einem Geschlecht der Menschen) etwas fehlt, daß nämlich jeweils das andere Geschlecht ausgeschlossen ist. Eine ausschließlich männliche Darstellung Gottes verstärkt in ihrer Wirkung die gesellschaftliche Randstellung von Frauen und stärkt eine dominante Stellung von Männern, denn das Männliche wird theonom, indem es Gott darstellt (vgl. I.3.3).

Die Spuren internalisierter Denk- und Sprachverbote, die sich bei der Analyse der Bilder und Gespräche der Mädchen fanden, machen darauf

---

[53] Hanisch zieht aus den geschlechtsspezifischen Differenzen seiner Studie freilich andere Folgerungen: Die Mädchen könnten sich „durch die eher ‚männlichen' Darstellungen anregen lassen, ihr Gottesbild zu erweitern", hingegen sei es für die Jungen immerhin „lohnend, das stärker ‚weibliche Gottesbild' zur Kenntnis zu nehmen" (Hanisch 1996, 104). Dieser Ratschlag scheint mir ein Beleg für das von Matthes beschriebene Phänomen zu sein, wie Forscher selbst schon an der Erzeugung des Sachverhalts, den sie beschreiben, beteiligt sind (vgl. I.1.4; Matthes 1990). Hier finden wir Spuren, wie Mädchen, die eine weiblich Gottesdarstellung malen, tendenziell ein verengtes, defizitäres Gottesbild unterstellt wird, das es gilt, zu erweitern, während Jungen ihr Gottesbild nicht verändern müssen, sondern nur die Vielfalt von Gottesbildern registrieren sollen.

aufmerksam, daß zunächst diese Denktabus aufgehoben werden müssen. Es muß explizit die „Erlaubnis" gegeben werden, von Gott als Frau zu sprechen und Gott als Frau darzustellen. Wenn die unbewußten Denkbarrieren aufgebrochen sind, müssen die eigenen Vorstellungen nicht mehr verleugnet und entfremdet werden. Gespräche in der Familie, im Religionsunterricht, im Kommunion- oder Konfirmandenunterricht sind dafür geeignete Orte. Man kann z.B. Mädchen und Jungen bitten, sich Gott auch einmal als Frau vorzustellen und zu malen. Dieser Vorschlag, die Bilder und Reaktionen werden zu weiterführenden und vielleicht auch befreienden Gesprächen Anlaß geben.
Diese „Erlaubnis", die von Denkverboten befreit, müßte freilich durch die gesamte religiöse Darstellungswelt, durch die Theologie, Liturgie und Kunst abgestützt werden, damit Mädchen und Frauen in ihrer authentischen Glaubensentfaltung bestärkt werden. Bezüglich einer befreienden Reflexion und Rede von Gott auch in weiblicher Metaphorik hat die feministische Theologie bereits viele Vorschläge unterbreitet (vgl.; Johnson 1994; Lee-Linke 1997; Imbens-Fransen 1997; Jakobs 1993; Mollenkott 1984; Ruether 1987 u.a.; zu mädchenbezogenem Religionsunterricht vgl. Ahrens/Pithan 1999, Jakobs/Löffler-Mayer/Rembold 1995, Kohler-Spiegel/Schachl-Raber 1991).
Einer unbefangenen weiblichen Ausdrucksweise für das Göttliche steht, wie ich deutlich gemacht habe, theologisch nichts entgegen (vgl. I.3). Allerdings gibt es im Alltagsbewußtsein eine implizite Tendenz, die zuweilen bis hinein in theologische Argumentationen reicht, daß der Analogiecharakter der Rede und Darstellung von Gott vergessen wird. Erst wenn alle personalen Gottesbilder von Gott als Mann, König, Vater u.a. als symbolische, als analoge Gottesbilder und die Rede von Gott als Mann als metaphorische Rede begriffen werden, wird es gleichermaßen möglich, von Gott auch als von einer Frau zu sprechen und Gott als Frau darzustellen. Zugleich wird die unangemessene Verknüpfung von Gott und Mann gesprengt und in einen symbolischen Rahmen zurück gestellt. Es scheint mir allerdings, als sei das Bewußtsein von der Symbolik der männlichen Darstellung Gottes selbst in der Theologie nicht immer präsent. Wenn Hanisch (1996) die anthropomorphen Gottesdarstellungen den symbolischen gegenüberstellt, so als seien personale Vorstellungen nicht gleichermaßen wie nicht-personale Vorstellungen symbolisch, reproduziert und unterstellt er im Grunde anthropomorphe und andromor-

phe Vorstellungen, die der Vorstellungswelt und dem Bewußtseinsstand der Kinder nicht unbedingt gerecht werden. Die Kinder sind sich durchaus bewußt, daß Gott anders ist als ein Mensch, und gerade bei Mädchen scheint es ein sehr ursprüngliches Bewußtsein davon zu geben, daß Gott anders ist als ein Mann.

2 Perspektiven für die weitere Forschung

Die vorliegende Untersuchung ist eine explorative Pilotstudie. Sie hat zu verschiedenen Entdeckungen geführt, die auf der bislang erst schmalen Grundlage vorliegender Literatur zu Gottesbildern in Kinderzeichnungen diskutiert werden konnten. Die gewonnenen Erkenntnisse haben eine begrenzte Reichweite, aber sie können einen theoretischen und methodologischen Grundstock für weitere Forschungen legen. Ich möchte abschließend auf einige Bereiche hinweisen, in denen die Forschungen und Diskussionen fortgesetzt werden können.

2.1 Methodologische Forschungen

Die qualitative Forschung zur Erschließung von Vorstellungswelten und Religiosität von Kindern steht noch ganz am Anfang. Methoden und Verfahren für einen empirischen Zugang zu Vorstellungs- und Erfahrungswelten von Kindern sind bislang noch kaum entwickelt. Die Verfahren zur Erforschung von Vorstellungswelten von Erwachsen, die die qualitative Sozialforschung in den letzten Jahren erarbeitet hat, können zwar nicht unmittelbar auf die Forschung mit Kindern übertragen werden, da die Erhebungssituation unlösbar durch eine asymmetrische kommunikative Struktur zwischen Erwachsenen und Kindern gekennzeichnet ist. Doch können die grundlagentheoretischen Überlegungen zur Kommunikation und zum Fremdverstehen geltend gemacht werden.
Im Verlauf der Untersuchung entwickelte ich eine phänomenologisch orientierte Methode zur Erhebung und Auswertung von Kinderbildern, die auf den Basisregeln der Kommunikation und des Fremdverstehens aufbaut, bei der Erhebung der Daten die komplexe Kommunikationssi-

tuation berücksichtigt und nutzt und bei der Auswertung der Daten von der Wahrnehmung über die Verdichtung der Beobachtungen zur Theoriebildung voranschreitet. Diese Methode hat sich bewährt und zu Ergebnissen geführt. Sie kann für weitere empirische Bild- und Gesprächsstudien übernommen, weiterentwickelt oder modifiziert werden; ich habe deshalb die Daten und Verfahrensweisen gründlich expliziert. Wesentlich für weitere Forschungen scheint mir einmal, den Kontext und die komplexe Interaktionssituation bei der Erhebung der Daten zu berücksichtigen. Es müssen Verfahren ausgebaut und erprobt werden, die den Regelsystemen von Kindern entsprechen und diese zum Vorschein bringen. Um einen angemessenen Zugang zu den religiösen Vorstellungswelten von Kindern zu bekommen, erscheint es mir zudem erforderlich, Sequenzen von *mehreren* Bildern und anderen Äußerungen zu erheben. Ein einzelnes Bild ist wie ein einzelner Satz und birgt die Möglichkeit vieler falscher Interpretationen. Erst in der Zusammenschau, im internen Vergleich mehrerer Äußerungen verdichten sich die Hinweise auf die je eigene Struktur der Vorstellungswelt. Diese Äußerungen können vielfältig sein: Bilder, Skulpturen, verbale Äußerungen, Verhaltensweisen, die etwa im Film oder in Beobachtungsprotokollen festgehalten werden, kurz: alle Externalisierungen eines Kindes. Methodisch lassen sich die hier diskutierten Erhebungs- und Auswertungsverfahren kombinieren und verfeinern – dies am besten anhand der Durchführung von empirischen Studien.

2.2 Empirische theologische Forschungen

Bislang liegen im Bereich der Kinderbildforschung zu religiösen Vorstellungswelten erst wenige empirische Untersuchungen vor. Gerade angesichts des skizzierten Perspektivenwechsels, nach dem Kinder nicht nur als Zu-Erziehende, sondern vor allem auch als eigenständige Subjekte betrachtet werden müssen, sind weitere empirische Forschungen zu den religiösen Vorstellungs- und Erfahrungswelten von Kindern notwendig. Diese müssen in geschlechtsspezifischer Perspektive durchgeführt werden, denn nicht nur die gesellschaftlichen Rollen und Erwartungen, sondern auch die Erfahrungen, Vorstellungen, Konflikte und das Handeln von Mädchen und Jungen unterscheiden sich von einander.

Die vorliegende Studie hat erste Spuren der religiösen Vorstellungswelt von Mädchen sichtbar gemacht. Diese Spuren können durch andere empirische Studien weiter verfolgt werden und zu einer Theoriebildung zur weiblichen religiösen Sozialisation und Identität beitragen. Wichtig ist es, auch die religiösen Vorstellungswelten von Jungen zu erforschen. Hierfür hat die Studie methodische Grundlagen gelegt. Interessant wäre es nun zum Beispiel, eine Spielgruppe von befreundeten Jungen zu suchen und deren religiöse Vorstellungen, Bilder, Interaktionen und theologische Konstruktionsprozesse mit denen der Mädchen zu vergleichen. Welche religiösen Themen sind Jungen wichtig? Welche Fragen beschäftigen sie? In was für Bildern drücken sie ihre Religiosität aus? Was bedeutet die tradierte männliche Symbolik und Metaphorik für Gott für das religiöse Selbstverständnis von Jungen?

Die vorliegende Studie hat sich vorwiegend mit offenen Gottesvorstellungen beschäftigt. Es wäre aber wichtig, eine Vielzahl weiterer Fragestellungen zu untersuchen. Welche Beziehung habe Jungen und Mädchen zu Jesus Christus? Was bedeutet die Männlichkeit des Erlösers für die Religiosität von Jungen und von Mädchen? Welche Vorstellungen entwickeln sie vom Heiligen Geist und von der Trinität? Was sind für sie Heil und Sünde? Wie verändern sich die religiösen Vorstellungen und die religiöse Identitäten von Mädchen und Jungen, wenn sie älter werden? Welche religiösen Fragen und Probleme haben sie dann und welche Lösungen finden sie? Wo sind ihre religiösen Kraftquellen und Kontinuitäten? Wo treten in der Entwicklung des Glaubenslebens von Jungen und Mädchen Brüche auf? Welche Vorstellungen, Bilder und Geschichten werden rezipiert, welche unterstützen die Religiosität, welche behindern sie? Die Fragen ließen sich fortsetzen, und vermutlich werden in explorativen Studien weitere Themen und Fragen auftauchen.

Wenn wir nach der Religiosität von Kindern fragen, geht es nicht allein um eine angemessene Unterstützung des Lebens und des Glaubens der Kinder. Es geht auch um die theologische Erkenntnis und eine angemessene Rede von Gott – und damit um den theologischen Diskurs. Wenn die Theologie nach einer angemessenen Rede von Gott sucht, wenn sie die Selbstoffenbarung Gottes im Leben der Menschen aufspürt und für das Leben und Verstehen der Menschen auslegt und wenn sie über den Glauben der Kirche als der Gemeinschaft der Gläubigen reflektiert, dann muß sie auch die religiösen Erfahrungsweisen, Vorstellungsweisen, Fragen und Deutungen der Mädchen und Jungen mit einbeziehen.

Die Mädchen bewegten zentrale theologische Themen und Fragen: Gottes Sein und Dasein, Gottes Beziehung zur Welt und sein Handeln in der Welt, Gottes Heilswillen für die Schöpfung und die Frage, woher das Böse kommt. Die Fragen, Vorstellungen und Bilder der Kinder können den theologischen Diskurs und das kirchliche Leben bereichern und verhindern, daß die religiöse Sprache, Metaphorik und Symbolik der Kirchen verarmt und daß ein Bruch zwischen den Fragen, Problemstellungen und Ausdrucksweisen der wissenschaftlich betriebenen Theologie und der Alltagstheologie entsteht.

Literaturverzeichnis

Arbeitsgruppe Bielefelder Soziologen (Hg.) 1981: Alltagswissen, Interaktion und gesellschaftliche Wirklichkeit Bd.1+2. Opladen 5. Aufl. (zuerst: Opladen 1980).

Arnold, Ursula, Helmut Hanisch, Gottfried Orth (Hg.) 1997: Was Kinder glauben. 24 Gespräche über Gott und die Welt. Stuttgart.

Augustinus: De trinitate.

Augustinus: Patrologia, Series Latina.

Becker, Sybille, Ilona Nord (Hg.) 1995: Religiöse Sozialisation von Mädchen und Frauen. Stuttgart/Berlin/Köln.

Belotti, Elena Gianini 1975: Was geschieht mit kleinen Mädchen? Über die zwangsweise Herausbildung der weiblichen Rolle in den ersten Lebensjahren durch die Gesellschaft. München (zuerst ital.: Mailand 1973).

Berger, Peter L., Thomas Luckmann 1969: Die gesellschaftliche Konstruktion der Wirklichkeit. Eine Theorie der Wissenssoziologie. Frankfurt a. Main (zuerst amerik.: New York 1966).

Berger, Theresa 1995: Vom Christusmädchen in der Krippe und der Frau am Kreuz. Oder: Die Historizität des Heilsgeschehens und die Inkulturation des Evangeliums. In: Stimmen der Zeit 213, 251-260.

Bertram, Monika 1999: Studie zu Gottesbildern von Kindern. Seminararbeit an der Humboldt-Universität zu Berlin am Fachbereich Evangelische Theologie. Unveröff. Ms Berlin.

Biehl, Peter 1997: Wahrnehmung und ästhetische Erfahrung. Zur Bedeutung ästhetischen Denkens für eine Religionspädagogik als Wahrnehmungslehre. In: Albrecht Grözinger, Jürgen Lott: Gelebte Religion. Im Brennpunkt praktisch-theologischen Denkens und Handelns. Kallentrum, 380-411.

Bilden, Helga 1991: Geschlechtsspezifische Sozialisation. In: Klaus Hurrelmann, Dieter Ulrich, (Hg.): Neues Handbuch der Sozialisationsforschung. Weinheim/Basel, 279-301.

Boff, Leonardo 1976: Kleine Sakramentenlehre. Düsseldorf.

Böhme, Gernot 1997: Ethik im Kontext. Über den Umgang mit ernsten Fragen. Frankfurt a. Main.

Bohnsack, Ralf 1989: Generation, Milieu und Geschlecht. Ergebnisse aus Gruppendiskussionen mit Jugendlichen. Opladen.

Bohnsack, Ralf 1997: Gruppendiskussionsverfahren und Milieuforschung. In: Barbara Friebertshäuser, Annedore Prengel (Hg.): Handbuch Qualitative Forschungsmethoden in der Erziehungswissenschaft. Weinheim/München, 492-502.

Boßmann, Dieter, Georg Sauer, Klaus Deßecker 1984: Wann wird der Teufel in Ketten gelegt? Kinder und Jugendliche stellen Fragen an Gott. Lahr/München.

Brown, Lyn M., Carol Gilligan 1994: Die verlorene Stimme. Wendepunkte in der Entwicklung von Mädchen und Frauen. Frankfurt a. Main/New York (zuerst amrik.: Harward 1992).

Buber, Martin 1953: Gottesfinsternis. Zürich.

Bucher, Anton A. 1989: „Wenn wir immer tiefer graben... kommt vielleicht die Hölle". Plädoyer für die Erste Naivität. In: KatBl 114, 654-662.

Bucher, Anton A. 1991: Gottesbilder von Kindern. In: Praxis. Katechetisches Arbeitsblatt 6.

Bucher, Anton A. 1994: Alter Gott zu neuen Kindern? Neuer Gott zu alten Kindern? Was sich 343 Kinder unter Gott vorstellen. In: Vreni Merz (Hg.): Alter Gott für neue Kinder? Das traditionelle Gottesbild und die nachwachsende Generation. Freiburg/Schw., 79-100.

Cavarero, Adriana 1993: Ansätze zu einer Theorie der Geschlechterdifferenz. In: Diotima. Philosophinnengruppe aus Verona: Der Mensch ist zwei. Das Denken der Geschlechterdifferenz. Wien 2. Aufl. (zuerst dt.: Wien 1989; ital.: Milano 1987), 65-102.

Chodorow, Nancy 1994: Das Erbe der Mütter. Psycholanalyse und Soziologie der Geschlechter. München 4. Aufl. (zuerst dt. München 1985; amerik. Berkeley 1978).

Coles, Robert 1994: Wird Gott naß, wenn es regnet? Die religiöse Bilderwelt der Kinder. München 2. Aufl. (zuerst dt.: Hamburg 1992, amerik.: Boston 1990).

Daly, Mary 1986: Jenseits von Gottvater Sohn & Co. Aufbruch zu einer Philosophie der Frauenbefreiung. München 4. Aufl. (zuerst dt.: München 1980, amerik: Boston 1973).

Daniel, Gesa 1997: Selbst- und Gottesbild. Entwicklung eines Klärungsverfahrens bei Kindern mit Sprachstörungen. Essen.

Denzinger, Heinrich 1991: Enchiridion symbolorum definitorum et declarationum de rebus fidei et morum. Kompendium der Glaubensbekenntnisse und kirchlichen Lehrentscheidungen. Lateinisch-Deutsch, hg. von Peter Hünermann. Freiburg i.Br./Basel/Rom/Wien 37. Aufl.

Fetz, Reto Luzius 1986: Die Entwicklung der Himmelssymbolik. Ein Beispiel genetischer Semiologie. In: JRP Bd. 2. Neukirchen-Vluyn, 206-214.

Fischer, Dietlind, Albrecht Schöll (Hg.) 2000: Religiöse Vorstellungen bilden. Erkundungen zur Religion von Kindern über Bilder. Münster (Bezug: Comenius-Institut, Schreiberstr. 12, 48149 Münster) (im Druck).

Freud, Sigmund 1967: Massenpsychologie und Ich-Analyse / Die Zukunft der Illusion. Frankfurt a. Main.

Garfinkel, Harold 1981: Das Alltagswissen über soziale und innerhalb sozialer Strukturen. In: Arbeitsgruppe Bielefelder Soziologen (Hg.): Alltagswissen, Interaktion und gesellschaftliche Wirklichkeit. Bd. 1+2. Opladen 5. Aufl., 189-262.

Gildemeister, Regine, Angelika Wetterer 1992: Wie Geschlechter gemacht werden. Die soziale Konstruktion der Zweigeschlechtlichkeit und ihre Reifizierung in der Frauenforschung. In: Gudrun-Axeli Knapp, Angelika Wetterer (Hg.): Traditionen Brüche. Entwicklungen feministischer Theorie. Freiburg i. Br., 201-250.

Glaser, Barney G., Anselm L. Strauss 1979: Die Entdeckung gegenstandsbezogener Theorie. Eine Grundstrategie qualitativer Sozialforschung, in: Christel Hopf, Elmar Weingarten (Hg.): Qualitative Sozialforschung. Stuttgart, 91-111.

Glaser, Barney G., Anselm L. Strauss 1998: Grounded Theory. Strategien qualitativer Forschung. Bern/Göttingen/Toronto/Seattle (zuerst amerik.: New York 1967).

Glinka, Hans-Jürgen 1998: Das Narrative Interview. Eine Einführung für Sozialpädagogen. Weinheim/München.

Grom, Bernhard 1989: Zurück zum alten Mann mit Bart? Zu Anton A. Buchers Plädoyer für die „Erste Naivität". In: KatBl 114, 790-793.

Grom, Bernhard 1992: Religionspsychologie. München/Göttingen.

Hagemann-White, Carol 1984: Sozialisation: Weiblich – Männlich? Opladen.

Hanisch, Helmut 1996: Die zeichnerische Entwicklung des Gottesbildes bei Kindern und Jugendlichen. Eine empirische Vergleichsuntersuchung mit religiös und nicht-religiös Erzogenen im Alter von 7-16 Jahren. Stuttgart/Leipzig.

Heller, David 1986: The Children's God. Chicago/London.

Hoffmann-Riem, Christa 1980: Die Sozialforschung einer intepretativen Soziologie. Der Datengewinn. In: Kölner Zeitschrift für Soziologie und Sozialpsychologie 32, 339-372.

Honig, Michael-Sebastian, Andreas Lange, Hans Rudolf Leu (Hg.) 1999: Aus der Perspektive von Kindern? Zur Methodologie der Kindheitsforschung. Weinheim/München.

Hopf, Christel 1978: Die Pseudo-Exploration – Überlegungen zur Technik qualitativer Interviews in der Sozialforschung. In: Zeitschrift für Soziologie 7, 97-115.

Hull, John M. 1997: Wie Kinder über Gott reden. Ein Ratgeber für Eltern und Erziehende. Gütersloh.

Imbens-Fransen, Annie 1997: Befreiende Gottesbilder für Frauen. Damit frühe Wunden heilen. München.

Irigaray, Luce 1980: Speculum. Spiegel des anderen Geschlechts. Frankfurt a. Main.

Jakobs, Monika 1993: Frauen auf der Suche nach dem Göttlichen. Die Gottesfrage in der feministischen Theologie. Münster.

Jakobs, Monika 1999: Die Macht der Bilder. Zur Bedeutung biblischer Gottesbilder für eine christliche feministische Theologie. In: Die Macht der Bilder. Jahrbuch für biblische Theologie 13. Neukirchen-Vluyn, 237-259.

Jakobs, Monika, Irene Löffler-Mayer, Annette Rembold 1995: Vater Gott und Mutter Kirche. Bausteine für den feministischen Religionsunterricht. Münster.

Johnson, Elizabeth A. 1994: Ich bin die ich bin. Wenn Frauen Gott sagen. Düsseldorf (zuerst amerik.: New York 1992).

Kelle, Helga, Georg Breidenstein 1999: Alltagspraktiken von Kindern in ethnomethodologischer Sicht. In: Michael-Sebastian Honig, Andreas Lange, Hans Rudolf Leu (Hg.): Aus der Perspektive von Kindern? Zur Methodologie der Kindheitsforschung. Weinheim/München, 97-111.

Klein, Stephanie 1994: Theologie und empirische Biographieforschung. Methodische Zugänge zur Lebens- und Glaubensgeschichte und ihre Bedeutung für eine erfahrungsbezogene Theologie. Stuttgart/Berlin/Köln.

Klein, Stephanie 2000: Gottesbilder von Mädchen als Zugang zu ihrer religiösen Vorstellungswelt. Methodische Überlegungen zum Erheben und Verstehen von Kinderbildern. In: Dietlind Fischer, Albrecht Schöll (Hg.): Religiöse Vorstellungen bilden. Erkundungen zur Religion von Kindern über Bilder. Münster (Bezug: Comenius-Institut, Schreiberstr. 12, 48149 Münster) (im Druck).

Knapp, Gudrun-Axeli 1995: Unterschiede machen: Zur Sozialpsychologie der Hierarchisierung im Geschlechterverhältnis. In: Regina Becker-Schmidt, Gudrun-Axeli Knapp (Hg.): Das Geschlechterverhältnis als Gegenstand der Sozialwissenschaften. Frankfurt a. Main/New York, 163-194.

Kohler-Spiegel, Helga, Ursula Schachl-Raber 1991: Wut und Mut. Feministisches Materialbuch für Religionsunterricht und Gemeindearbeit. München.
Krenz, Armin 1996: Was Kinderzeichnungen erzählen. Kinder in ihrer Bildersprache verstehen. Freiburg/Basel/Wien.
Kuld, Lothar 1990: Kinder denken anders. Anmerkungen zur Kontroverse um die „Erste Naivität". In: KatBl 115, 180-185.
Lee-Linke, Sung-Hee (Hg.) 1997: "Mache dich auf, meine Freundin". Die sich erinnern schöpfen neue Kraft. Projekt: Gotteserfahrung in Frauenerfahrung in der Evangelischen Akademie Mühlheim a. d. Ruhr. Dortmund.
Lévi-Strauss, Claude 1991: Das wilde Denken. Frankfurt a. Main 8. Aufl. (zuerst franz.: Paris 1962).
Martini, Guido 1977: Malen als Erfahrung. Kreative Prozesse in Religionsunterricht, Gruppenarbeit und Freizeiten. Stuttgart/München.
Matthes, Joachim 1990: Wie erforscht man heute Religion? In: Glauben und Lernen 5, 125-135.
Matthes, Joachim 1992: Auf der Suche nach dem „Religiösen". Reflexionen zu Theorie und Empirie religionssoziologischer Forschung. In: Sociologica Internationalis 30, 129-142.
Mette, Norbert 1996: Kindheit und Jugend. In: JRP 12. Neukirchen-Vluyn 115-130.
Mette, Norbert 1998: Praktisch-theologische Erkundungen. Münster.
Mollenhauer, Klaus 1996: Grundfragen ästhetischer Bildung. Theoretische und empirische Befunde zur ästhetischen Erfahrung von Kindern. Weinheim/München.
Mollenkott, Virginia R. 1984: Gott eine Frau? Vergessene Gottesbilder in der Bibel. München (zuerst amerik.: New York 1984).
Moser, Tilmann 1981: Gottesvergiftung. Frankfurt a. Main, 2. Aufl. (zuerst: Frankfurt a. Main 1976).
Nave-Herz, Rosemarie 1994: Familie heute. Wandel der Familienstrukturen und Folgen für die Erziehung. Darmstadt.
Nipkow, Karl Ernst 1987: Erwachsenwerden ohne Gott? Gotteserfahrung im Lebenslauf. München.
Nipkow, Karl Ernst, Friedrich Schweitzer, James W. Fowler (Hg.) 1988: Glaubensentwicklung und Erziehung. Gütersloh.
Oberthür, Rainer 1990: Die „Erste Naivität" ist in der „Zweiten" „aufgehoben". Überlegungen zum Verhältnis zwischen „Erster" und „Zweiter Naivität". In: KatBl 115, 176-179.
Oberthür, Ruth 1988: Malen im Religionsunterricht. Essen.

Oevermann, Ulrich, Tilmann Allert, Elisabeth Konau 1980: Zur Logik der Interpretation von Interviewtexten. In: Thomas Heinze, Hans-Werner Klusemann, Hans-Georg Soeffner: Interpretationen einer Bildungsgeschichte. Überlegungen zur sozialwissenschaftlichen Hermeneutik. Bensheim, 15-69.

Oevermann, Ulrich, Tilmann Allert, Elisabeth Konau, Jürgen Krambeck 1979: Die Methodologie einer ‚objektiven Hermeneutik' und ihre allgemeine forschungslogische Bedeutung in den Sozialwissenschaften. In: Hans-Georg Soeffner (Hg.): Interpretative Verfahren in den Sozial- und Textwissenschaften. Stuttgart, 352-433.

Orth, Gottfried 2000: Kindergespräche über Bilder – Umgang mit religiöser Differenz, in: Dietlind Fischer, Albrecht Schöll (Hg.): Religiöse Vorstellungen bilden. Erkundungen zur Religion von Kindern über Bilder. Münster (Bezug: Comenius-Institut, Schreiberstr. 12, 48149 Münster) (im Druck).

Orth, Gottfried, Helmut Hanisch 1998: Was Kinder glauben. Teil 2. Glauben entdecken – Religion erlernen. Stuttgart.

Oser, Fritz, Helmut Reich 1990: Nicht zurück zum alten Mann mit Bart, sondern vorwärts zum eigenständigen Kind. Zu Bernhard Groms Replik auf Anton A. Buchers Plädoyer für die „Erste Naivität" (KatBl 11/89 und 9/89). In: KatBl 115, 170-176.

Oser, Fritz, Paul Gmünder 1984: Der Mensch – Stufen seiner religiösen Entwicklung. Ein strukturgenetischer Ansatz. Zürich/Köln.

Oswald, Hans, Lothar Krappmann 1995: Art. Kinder. In: Uwe Flick, Ernst von Kardorff, Heiner Keupp, Lutz v. Rosenstiel, Stephan Wolff (Hg.): Handbuch Qualitative Sozialforschung. Grundlagen, Konzepte, Methoden und Anwendungen. Weinheim 2. Aufl. (zuerst München 1991), 355-358.

Petersen, Kay 1993: Persönliche Gottesvorstellungen. Empirische Untersuchungen – Entwicklung eines Klärungsverfahrens. Ammersbek b. Hamburg.

Pithan, Annebelle, Sabine Ahrens (Hg.) 1999: KU – weil ich ein Mädchen bin. Ideen – Konzepte – Modelle für mädchengerechten KU. Münster.

Popp, Walter 1993: Humor und Sprachwitz des Kindes. In: Ludwig Duncker, Friedemann Maurer, Gerd E. Schäfer (Hg.): Kindliche Phantasie und ästhetische Erfahrung. Wirklichkeiten zwischen Ich und Welt. Langenau-Ulm, 2. Aufl., 95-110.

Rahner, Karl 1959: Über die heilsgeschichtliche Bedeutung des einzelnen in der Kirche. In: ders.: Sendung und Gnade. Beiträge zur Pastoraltheologie. Innsbruck, 89-128.

Rahner, Karl, Herbert Vorgrimler (Hg.) 1979: Kleines Konzilskompendium. Sämtliche Texte des Zweiten Vatikanums. Allgemeine Einleitung – 16 spezielle Einführungen – ausführliches Sachregister. Freiburg/Basel/Wien, 13. Aufl. 1979 (zuerst Freiburg 1966).

Religionspädagogische Beiträge 1999: Themenheft: Religionspädagogik feministisch – jenseits der Trivialisierung. 43. Jg.

Richter, Hans-Günther 1997: Die Kinderzeichnung. Entwicklung, Interpretation, Ästhetik. Berlin.

Ruether, Rosemary Radford 1987: Frauenbilder – Gottesbilder. Feministische Erfahrungen in religionsgeschichtlichen Texten. Gütersloh.

Scheu, Ursula 1977: Wir werden nicht als Mädchen geboren - wir werden dazu gemacht. Zur frühkindlichen Erziehung in unserer Gesellschaft. Frankfurt a. Main.

Schottroff, Luise, Marie-Theres Wacker (Hg.) 1999: Kompendium Feministische Bibelauslegung. Unter Mitarb. v. Claudia Janssen und Beate Wehn. 2. korrig. Aufl. Gütersloh.

Schreiner, Martin 1998: Gottesbilder im Vorschulalter. Eine empirische Studie mit enzyklopädischen Aspekten für den Elementarbereich. In: Werner Ritter, Martin Rothgangel (Hg.): Religionspädagogik und Theologie. Enzyklopädische Aspekte. Stuttgart/Berlin/Köln, 264-279.

Schreiner, Martin, Rahel Thomas 2000: „Man weiß ja auch nicht, wie Gott in echt aussieht...“ – Werkstattbericht über eine empirische Studie zu Gottesvorstellungen in der Grundschule. In: Dietlind Fischer, Albrecht Schöll (Hg.): Religiöse Vorstellungen bilden. Erkundungen zur Religion von Kindern über Bilder. Münster (Bezug: Comenius-Institut, Schreiberstr. 12, 48149 Münster) (im Druck).

Schröder, Anke, Helmut Reich 2000: Mit Bildern Wahrnehmung, Intellekt und Persönlichkeit im Religionsunterricht fördern. Didaktische Impulse und Fragen an die Forschung. In: Dietlind Fischer, Albrecht Schöll (Hg.): Religiöse Vorstellungen bilden. Erkundungen zur Religion von Kindern über Bilder. Münster (Bezug: Comenius-Institut, Schreiberstr. 12, 48149 Münster) (im Druck).

Schüssler Fiorenza, Elisabeth 1988: Zu ihrem Gedächtnis...: Eine feministisch-theologische Rekonstruktion der christlichen Ursprünge. München/Mainz (zuerst amerik.: The Crossroad Publishing Company 1983).

Schütze, Fritz 1976: Zur Hervorlockung und Analyse thematisch relevanter Geschichten im Rahmen soziologischer Feldforschung. In: Arbeitsgruppe Bielefelder Soziologen (Hg.): Kommunikative Sozialforschung. München, 159-260.

Schütze, Fritz 1977: Die Technik des narrativen Interviews in Interaktionsfeldstudien - dargestellt an einem Projekt zur Erforschung von kommunalen Machtstrukturen. Manuskript Universität Bielefeld, Fakultät für Soziologie, Arbeitsberichte und Forschungsmaterialien Nr. 1.

Schütze, Fritz 1987: Das narrative Interview in Interaktionsfeldstudien. Hagen.

Schütze, Fritz, Werner Meinefeld, Werner Springer, Ansgar Weymann 1981: Grundlagentheoretische Voraussetzungen methodisch kontrollierten Fremdverstehens. In: Arbeitsgruppe Bielefelder Soziologen (Hg.): Alltagswissen, Interaktion und gesellschaftliche Wirklichkeit. Opladen 5. Aufl., 433-495 (zuerst Opladen 1980).

Schwab, Ulrich 2000: „Gott ist eine Schwalbe, Mama ein Hund, und ich bin der Schmetterling". Die Religiosität von Kindern im sozialen Kontext der Familie verstehen. In: Dietlind Fischer, Albrecht Schöll (Hg.): Religiöse Vorstellungen bilden. Erkundungen zur Religion von Kindern über Bilder. Münster (Bezug: Comenius-Institut, Schreiberstr. 12, 48149 Münster) (im Druck).

Schweitzer, Friedrich 1987: Lebensgeschichte und Religion. Religiöse Entwicklung und Erziehung im Kindes- und Jugendalter. München.

Schweitzer, Friedrich 1993: Religiöse Entwicklung und Sozialisation von Mädchen und Frauen. In: Der Evangelische Erzieher 45, 411-421.

Schweitzer, Friedrich 1994: Elternbilder – Gottesbilder. In: KatBl 119, 91-95.

Schweitzer, Friedrich 1997: Gelehrte, gelernte, gelebte Religion. Zum Verhältnis von Religion, Leben und Lernen. In: Albrecht Grözinger, Jürgen Lott (Hg.): Gelebte Religion. Im Brennpunkt praktisch-theologischen Denkens und Handelns. Rheinbach-Merzbach, 142-156.

Seckler, Max, Christoph Berchtold 1984: Art. Glaube. In: Peter Eicher (Hg.): Neues Handbuch theologischer Grundbegriffe Bd. 2. München, 91-109.

Siegenthaler, Hermann 1980: Die Entwicklung des Gottesbildes bei Kindern und Jugendlichen. In: entwurf 3, hg. von der Fachgemeinschaft evangelischer Religionslehrer in Baden e.V.

Sies, Gabriele 2000: Der Produktionsprozeß von Gottesvorstellungen. Kinder entwickeln ein Bild von Gott beim Malen und im Gespräch. In: Dietlind Fischer, Albrecht Schöll (Hg.): Religiöse Vorstellungen bilden. Erkundungen zur Religion von Kindern über Bilder. Münster

(Bezug: Comenius-Institut, Schreiberstr. 12, 48149 Münster) (im Druck).
Strauss, Anselm, Juliet Corbin 1996: Grundlagen Qualitativer Forschung, Weinheim (zuerst amerik.: Sage Publications 1990).
Streib, Heinz 2000: Gottesbilder fallen nicht vom Himmel. Kindliche Malprozesse als Gestaltung von Religion. In: Dietlind Fischer, Albrecht Schöll (Hg.): Religiöse Vorstellungen bilden. Erkundungen zur Religion von Kindern über Bilder. Münster (Bezug: Comenius-Institut, Schreiberstr. 12, 48149 Münster) (im Druck).
Sundermeier, Theo, Volker Küster (Hg.) 1999: Die Bilder und das Wort. Göttingen.
Synode der Evangelischen Kirche in Deutschland (Hg.) 1995: Aufwachsen in schwieriger Zeit. Kinder in Gemeinde und Gesellschaft. Gütersloh.
Tamminen, Kalevi 1993: Religiöse Entwicklung in Kindheit und Jugend. Frankfurt a. Main/Berlin/New York/Paris/Wien (zuerst engl.: Helsinki 1991).
Tange, Nina 1999: Religionspædagogiske pejlinger. København.
Thomas von Aquin: Lectura super Evangelium S. Ioannis.
Thomas von Aquin: Summa theologiae I.
Vergote, Antoine, Alvaro Tamayo (Hg.) 1981: The parental figures and the representation of God. A psychological and cross-cultural study. The Hague.
Waardenburg, Jacques 1993: Ansätze zu einer religionswissenschaftlichen angewandten Hermeneutik. In: Zeitschrift für Missionswissenschaft und Religionswissenschaft 77, 216-234.
Weber, Franz 1999: Von macht-vollen Bildern – und macht-losen Armen. Zur Ambivalenz religiöser Symbole in der lateinamerikanischen Volksfrömmigkeit. In: Die Macht der Bilder. Jahrbuch für biblische Theologie 13. Neukirchen-Vluyn, 261-278.
Wegenast, Klaus 1990: Wie ernst sollen wir die Naivität von Kindern nehmen? Zu Anton A. Buchers Plädoyer für die „Erste Naivität". In: KatBl 115, 185-190.
Weiher, Erhard 1999: Mehr als begleiten. Ein neues Profil für die Seelsorge im Raum von Medizin und Pflege. Mainz.